Conoce la Historia Bíblica

El Camino a Nuestra Salvación

Serie de Lecciones para
Grupos Pequeños

Krenly Cruz Medina

2025

Conoce la Historia Bíblica
El Camino a Nuestra Salvación

D.R. © 2024 | Krenly Cruz Medina
D.R. © 2025 | Punto Editorial
ISBN: 978-1-7366692-3-5

Punto Editorial
Vía Lazio 419, Col. Joyas de Anáhuac
C.P. 66055, General Escobedo, Nuevo León, México
www.puntoeditorial.com.mx

©2025 Todos los derechos reservados por el autor
Prohibida la reproducción total o parcial, digital, por internet, sistemas de impresión, fotocopias, audiovisuales, grabaciones o cualquier medio, menos citas breves, sin permiso por escrito del autor.

PALABRAS DE AGRADECIMIENTO

En primer lugar, quiero agradecer a nuestro Señor y Salvador Jesucristo por la oportunidad de producir este trabajo para su gloria y honra.

También quiero expresar mi agradecimiento a la clase de jóvenes de los años 2017 al 2019 de la Primera Iglesia Cristiana (Discípulos de Cristo) en Vega Alta, Puerto Rico, quienes me impulsaron a escribir estas lecciones para beneficio de ellos como estudiantes, y el mío propio como maestro.

Agradezco la colaboración de siempre de mi esposa, la Rvda. Dra. Marta Ramírez de Cruz, en la revisión del texto, y por sus acertados comentarios desde la perspectiva pastoral.

Por último, le estoy sumamente agradecido al Dr. Magdiel Narváez por su valiosa ayuda en la edición de este material, y por la redacción del prólogo que, de forma magistral, sirve de marco introductorio para el lector.

Índice

Prólogo

Prólogo

Dr. Magdiel E. Narváez Negrón

He tenido la bendición de trabajar en esta obra que usted está próximo a leer. Es una obra distinta porque trata de una esencia de la vida que está quedando rezagada en los púlpitos y las cátedras eclesiásticas. Se trata de *"El Camino a Nuestra Salvación"*. Ese camino que es la esencia de la vida cristiana, pues se trata del objetivo único de Dios: salvar al ser humano. En estas líneas quiero validar la importancia de este ejemplar. A la misma vez, deseo cautivar su atención para que se entienda su relevancia y su pertinencia en nuestro tiempo.

Gracias al Señor, llevo más de cuarenta años predicando la Palabra. También impartiendo cátedra en seminarios, universidades, colegios, institutos e iglesias en y fuera de Puerto Rico. Desde mi experiencia con el redil, puedo compartir y vivir las múltiples inquietudes en los diferentes escenarios de la Palabra del Señor. Curiosamente, uno de los más constantes e inquietantes es la interpretación de la Biblia. No tengo duda que una de las líneas más frágiles es la clasificación del texto bíblico. Para algunos, es un documento con base histórica. Para otros, es un manual de codificación moral y estilo de vida. Es posible que en algunos foros se vea como la base de la doctrina cristiana. Es válido que todos tengan razón de una forma u otra, pero quedan incompletos cuando miramos el texto bíblico desde el sacrificio de Cristo en la cruz del Calvario.

La Biblia es la Palabra de Dios. Es un libro de fe que no requiere evidencia alguna. Si hace falta evidencia, podemos prescindir de la fe. La Biblia tiene un tema único: la salvación del ser humano. Es el objetivo inequívoco de Dios en la Biblia manifestando de forma consistente su amor en múltiples actos de la historia de la Humanidad. No existe un documento que pueda recoger esa historia intencional hacia el ser humano que no sea la Biblia. El desconocimiento de ese tema, la interpretación equivocada de los textos por no considerarlo, así como la búsqueda de temas alternos como prioridad, es una de las grandes crisis de la Iglesia de nuestros tiempos.

En esta obra, mi gran amigo y hermano, el Lcdo. Krenly Cruz Medina, lleva al lector de la mano desde el Génesis hasta el Apocalipsis por la ruta inevitable de la historia de la salvación. Conectar los puntos correctos es una tarea ardua en la que el Lcdo. Cruz se esmera en su investigación y redacción para probar dicha tesis. Además de su esmero y dedicación por hacer un trabajo de excelencia, nos invita a releer el texto bíblico para apreciarlo mejor desde el tema de referencia. Me ha llamado la atención la relación de los linajes desde Adán hasta Jesús, así como la importancia y relevancia de las historias bíblicas, que se conectan una y otra vez con un plan maestro matizado en el amor de Dios por el ser humano. Además, he apreciado en sobremanera la línea conectora entre los períodos bíblicos. Esto, entre otros detalles fascinantes para el crecimiento del creyente.

En términos de funcionalidad, esta obra contiene en cada lección múltiples preguntas que van dirigidas a varios objetivos. Primero, la comprensión de la lección leída. Segundo, la interpretación de la lección, y tercero cómo lo aplicaremos a nuestra vida cristiana. En este momento histórico que vivimos, se hace necesario esta lectura con sus preguntas intencionadas. Usted estará de acuerdo conmigo en que cada vez más la interpretación bíblica responde a intereses personales, interpretaciones manipuladas y necesidades egolátricas. Eso hace de esta obra una respuesta honesta que nos confronte con la realidad de qué cristiano debemos ser y cuál será nuestra acción ante dicho reclamo.

La redacción es una composición de textos bíblicos, historia, hermenéutica, apologética, escatología, y la objetividad que distingue al autor. En cuanto a su hermenéutica, hago referencia a su línea central que es el amor de Dios y la apología indiscutible del texto bíblico. Es probable que usted se haya encontrado en esta escaramuza de traducciones bíblicas y la cantidad de comentarios sobre los supuestos errores de las versiones. Pues le admito que al leer estas lecciones todo eso queda a un segundo plano, porque no importa qué texto bíblico esté leyendo, Krenly me reafirmó que Dios me ama, y esa es una verdad absoluta no importa que Biblia usted tenga en la mano.

La estrategia sistemática del autor es llevar al lector de la mano, no en un estudio bíblico, sino más bien en una clase de interacción que sea dinámica, y el resultado, motivador. Necesitamos esta obra para reafirmar la fe desde una estructura de confrontación, desde la misericordia y la gracia. Es lograr apreciar ese plan eterno manifestado en Jesús por amor a cada uno de nosotros. Hay que repasar notas en el texto, pero desde una visión objetiva de la soteriología. Esto, entendiendo que la salvación no es un accidente divino, tampoco el resultado de un análisis o escrutinio de algunos textos bíblicos. Es una obra de amor divino manifestado en una historia sin precedentes.

En fin, es un gran libro. Lea esta obra con calma desde la perspectiva del amor de Dios con relación a usted. Yo, me lo disfruté de principio a fin. Es una bendición. Me vi en esa historia.

Me encontré en ese plan de salvación. Espero que usted tenga la misma experiencia.

Rev. Dr. Magdiel E. Narváez Negrón
Ministerio El Galileo

Diciembre 2024

Introducción

Introducción

Krenly Cruz Medina

En mis más de cuarenta años como maestro de escuela bíblica, me topé con una realidad que me preocupó: mis estudiantes conocían muchas historias bíblicas, pero no conocían **la** historia bíblica. En otras palabras, carecían del conocimiento de los distintos períodos que representan la historia del plan trazado por Dios para la redención de la raza humana. En este sentido, no sabían (por ejemplo) si el tiempo de los jueces era antes o después de la edad del reino. Se confundían al ver que en la Biblia se habla de los reinos de Israel y Judá como reinos separados (o pensaban que eran lo mismo). Tenían dudas sobre el exilio (¿Cuándo fue? ¿Por qué sucedió?). ¿Qué pasó entre el Antiguo Testamento y el Nuevo Testamento? En resumen, muy pocos podían trazar en su mente los eventos principales que van desde el tiempo de los patriarcas, pasando por la historia del pueblo de Israel, y culminando con la llegada de Jesús. Me atrevería a decir que esto es una realidad en la mayoría de nuestras iglesias.

¿Por qué es esto importante? Todo creyente debe estar más que claro en que la llegada de Jesús no fue el resultado de un accidente histórico o una "improvisación" de parte de Dios. De Génesis a Apocalipsis, el tema central de la Biblia es la historia de la salvación de la humanidad a través de Jesucristo. Desde el momento en que la raza humana cayó de la gracia a consecuencia del pecado, Dios concibió un plan para redimirnos. Este plan nos ha sido revelado de forma gradual en las Escrituras, en donde el Salvador anunciado en el Antiguo Testamento, nos es manifestado en el Nuevo Testamento. Cada período de tiempo de esta historia de redención nos ofrece enseñanzas sobre el trato de Dios con la humanidad; enseñanzas que nos ayudan a crecer en nuestra relación con Dios. Nuestra fe se hace más fuerte cuando conocemos **la historia** en el orden correcto y en sus diferentes etapas.

Consciente de esta carencia en mis estudiantes, me propuse hacer algo al respecto. En primera instancia, desarrollé un bosquejo que llamé "Visión Panorámica de la Biblia". Con la ayuda de este bosquejo, ofrecía en dos o tres clases una visión general de Génesis a Apocalipsis. Utilicé este bosquejo con cada grupo que me tocó el privilegio de enseñarles: líderes de célula, matrimonios, adultos, adolescentes y jóvenes. En mis últimos años como maestro de jóvenes, en la Primera Iglesia Cristiana (Discípulos de Cristo) en Vega Alta, me encontré con un grupo de jóvenes muy entusiasta. Eran jóvenes muy activos en los ministerios de la iglesia, que demostraban un gran deseo de aprender a una mayor profundidad. Fue entonces cuando decidí desarrollar esta serie de lecciones con el propósito de prepararlos mejor como futuros líderes y maestros. Haber aportado al crecimiento espiritual de estos jóvenes, ha sido una de las mayores satisfacciones que he tenido en el ministerio de educación cristiana, pues, con el paso de los años los hemos visto crecer en servicio y madurez.

Una vez concluí esta serie de lecciones con mi clase de jóvenes, me percaté de que tenía en las manos un material que podía ser útil a maestros de escuela bíblica y estudiantes de Biblia en general. Así que me propuse revisar y ampliar el material, culminando con el trabajo que tienes en tus manos. Demás está decir que existen excelentes libros que abordan este tema, pero, he visto muy pocos en un formato que sea adecuado para el estudio en grupos pequeños o en la escuela bíblica regular de nuestras iglesias. Aclarando las expectativas, debo decir que este libro no pretende navegar la Biblia libro por libro, sino que tiene el objetivo de presentar de manera lineal los períodos más significativos en el desarrollo de la historia bíblica, en lo que algunos han llamado *"El Camino a Nuestra Salvación"*. Asimismo, se enfoca en proveer espacio para reflexionar sobre las enseñanzas que podemos derivar de cada época de la historia.

El formato de las lecciones es mayormente en forma de bosquejo, de modo que, se le haga más fácil al maestro prepararse y ofrecer la clase. Para cada clase se presenta un texto clave, introducción al tema, un bosquejo detallado de los eventos más significativos para el período de tiempo en discusión, las enseñanzas clave de ese período histórico, y se concluye con preguntas de reflexión para estimular la discusión en grupo. Es bien sabido en el campo de la pedagogía, que la enseñanza es más efectiva cuando se hace en grupos pequeños, y cuando los estudiantes tienen la oportunidad de ser participantes de la clase, y no meros oyentes. En este tipo de dinámica se edifican y aprenden unos de otros. Sin embargo, este material también se presta para ser adaptado a otros formatos como predicaciones o conferencias.

Añado, como parte de esta introducción, que las citas bíblicas utilizan la versión Reina Valera del 1960 a no ser que se indique lo contrario. En el encabezado de las lecciones (cuando aplica) se indican los libros de la Biblia que hacen referencia a la época en discusión; también, se ofrece una fecha estimada sobre cuándo ocurrieron los eventos de dicho período de tiempo. Es importante aclarar que la cronología bíblica puede variar de acuerdo con las estimaciones que se hacen, considerando las genealogías de los personajes bíblicos, las tradiciones textuales y los datos históricos externos. Para este trabajo, he usado como referencia mayormente el libro *"Timeline of the Bible"* de Matt Baker (Thunder Bay Press, 2023).

A continuación, ofrezco algunas sugerencias y consejos para los maestros y maestras:

1. El maestro o maestra, debe evitar ser un conferenciante o predicador. En lugar de esto, debe ser (perdonando la redundancia) un maestro o facilitador que promueva la reflexión y la discusión de grupo.

2. El maestro o maestra no debe limitarse al bosquejo o a las preguntas ofrecidas en la lección. Cada maestro y maestra debe tener la libertad de enriquecer la clase y adaptarla de acuerdo con las necesidades y capacidades de su grupo.

3. En algunas lecciones ofrecemos respuestas a las preguntas sugeridas, y en otras no. No obstante, en ambos casos, el maestro o la maestra debe hacer el ejercicio de contestar las preguntas para sí, de manera que pueda provocar la discusión en caso de que en un principio los estudiantes sean "tímidos" para compartir sus ideas.

4. De la misma manera, el maestro o la maestra también puede aprovechar las enseñanzas incluidas en la lección, pero también debe reflexionar en cuanto a enseñanzas adicionales que sean pertinentes para los estudiantes en su contexto congregacional, familiar y social.

5. Algunos dicen que la historia es "aburrida", pero, creo que estarán de acuerdo conmigo cuando digo que, todo depende de quién cuente la historia. La realidad es que, desde niños, todos disfrutamos de una historia cuando es bien contada.

En este sentido, el maestro o maestra tiene que conocer de memoria la historia que va a compartir para ser efectivo y proyectar la narración de una forma interesante. Claro que debe tener el bosquejo a la mano como ayuda, pero por favor, nada de ofrecer una clase leída, línea por línea.

6. Hay lecciones que, por su naturaleza, pueden tomar más de una clase para cubrirlas. En este sentido, sugerimos que se tome el tiempo que sea necesario para que los estudiantes aprovechen la lección.

Ya para concluir, agradezco el interés que has mostrado en este libro, y espero que sea instrumento de crecimiento en tu vida espiritual. Asimismo, oro para que este trabajo se multiplique en bendiciones al compartir con amigos, familiares y estudiantes *"El Camino a Nuestra Salvación"*.

¡Que Dios te colme de bendiciones!

Krenly Cruz Medina

—

Lección 1:
La Creación y el Principio de todas las cosas
Génesis 1-5 (c. + 4114 a.C.)

A. Texto clave (Génesis 1:1-2)

"En el principio creó Dios los cielos y la tierra. [2]Y la tierra estaba desordenada y vacía, y las tinieblas estaban sobre la faz del abismo, y el Espíritu de Dios se movía sobre la faz de las aguas."

B. Introducción

De Génesis a Apocalipsis la Biblia trata esencialmente de un tema central: la creación, la caída y la redención de la raza humana por medio de Jesucristo. Dios creó al ser humano con el propósito de compartir su amor con seres creados a su imagen y semejanza. Sin embargo, el libro de Génesis nos relata que el hombre desobedeció a Dios y cayó en pecado de rebelión, interrumpiendo así la comunión con su Creador. Ante la caída del hombre, Dios bien pudo optar por: la destrucción de la humanidad o su salvación. En su infinito amor hacia su creación, Dios puso en función el plan de salvación y estableció la estrategia para enviar un Salvador: su hijo Jesucristo. La Biblia es la historia de este plan concebido por Dios desde el momento mismo de la caída del hombre, y ejecutado a través de los siglos.

Esta historia comienza con nuestros padres Adán y Eva, y nos muestra cómo Dios fue revelándose gradualmente a través de los escritores y profetas del Antiguo Testamento, culminando con la revelación suprema de Dios por medio de Jesucristo en el Nuevo Testamento. Esta historia también nos habla del trato de Dios con el pueblo de Israel, creado para dar a conocer al Dios verdadero entre las naciones y para preparar el camino para la llegada del Salvador. Este pueblo tenía la misión de anunciar que:

- hay un solo Dios, el Creador del Cielo y de la Tierra, por lo tanto, los dioses que adoran las naciones son falsos y no tienen ningún poder ante el único y verdadero Dios.
- la prohibición de adorar otros dioses, y que hacerlo constituye pecado de idolatría.
- la humanidad está condenada por su pecado y no puede salvarse a sí misma.
- Dios enviaría un Salvador que traería luz y salvación a todas las naciones.
- este Salvador se conocería como el Mesías o el Cristo (ungido).

En otras palabras, la llegada de Jesús no fue un accidente histórico, sino la plena ejecución del plan diseñado por Dios para la salvación de la humanidad. En estas lecciones deseamos profundizar en cada una de las etapas de esta historia, de manera que podamos reflexionar en el trato de Dios con el ser humano y extraer enseñanzas que nos ayuden a crecer en nuestro caminar como hijos de Dios. Comencemos entonces desde el principio: el Génesis.

C. Desarrollo de la lección

Génesis (Libro de los Principios)

1. **Principio de la Creación – Génesis 1:1-31; 2:1-25**

Resumen de eventos

a. Primer día – Creación de los cielos y la tierra; creación de la luz; separación entre la luz (el día) y las tinieblas (noche).

b. Segundo día – Creación de espacio entre las aguas, para separar las aguas de la tierra de las aguas de los cielos.

c. Tercer día – Junte de las aguas para formar los mares y hacer aparecer la tierra seca; de la tierra brotó vegetación: plantas y árboles de todo tipo.

d. Cuarto día – Creación del sol para que gobernara de día; creación de la luna y las estrellas para que gobernaran de noche.

e. Quinto día – Creación de los peces y todos los animales marinos; creación de las aves.

f. Sexto día – Creación de los animales terrestres; creación del ser humano: hombre y mujer, a imagen y semejanza de Dios, con autoridad para gobernar sobre los seres marinos, las aves del cielo y los animales terrestres, y con el mandato de poblar la tierra y gobernarla. Dios miró todo lo que había creado y vio que era muy bueno.

g. Séptimo día – Dios descansó y santificó el séptimo día.

Discusión

Algunos creyentes interpretan los primeros capítulos del Génesis de manera literal, considerando que la creación se llevó a cabo en siete días de veinticuatro horas. Otros, sostienen que estos pasajes describen el orden de la creación, pero que los "días" representan períodos de tiempo más extensos. Asimismo, existen quienes entienden estos relatos como metáforas que transmiten verdades teológicas sobre el origen del mundo. Independientemente de la interpretación adoptada, la enseñanza central es la misma: Dios es el creador del Universo.

El orden y la complejidad del Universo son la mejor evidencia de que hubo un creador. Una creación de esta magnitud requiere un diseñador. ¿Es posible un edificio sin un ingeniero, sin un constructor? ¿Es posible una escultura sin un escultor? ¿Es razonable concebir que una ciudad surja en medio de la selva sin la intervención de seres humanos? La respuesta lógica a todas estas preguntas es NO, y ciertamente la creación con todos sus elementos es muchísimo más compleja y asombrosa que cualquier otra obra que el hombre pueda pensar.

La teoría del "Big Bang" o Gran Explosión explica que el tiempo y el espacio tuvieron un inicio en un momento específico que corresponde al origen de la materia y la energía. Nosotros, los creyentes, afirmamos que el autor de ese inicio, en un momento preciso en la historia del Universo, es Dios. De hecho, algunos teólogos ven en esta teoría la evidencia de que, en efecto, el Universo, según dicen las Escrituras, tuvo un comienzo (en el tiempo de Dios), y como dicen las escrituras, también tendrá un fin (en el tiempo de Dios).

2. **Principio de la Vida en la Tierra**

No hay duda de que este planeta fue diseñado por Dios con las características necesarias para sostener la vida. Veamos algunos elementos claves de este diseño que hacen posible la vida en nuestro planeta:

a. Distancia precisa entre la tierra y el sol para evitar que la tierra se derrita (si estamos demasiado cerca) o se congele (si estamos demasiado lejos) proveyendo temperaturas apropiadas para los seres vivientes.

b. Ciclo del agua (evaporación, condensación, precipitación) proveyendo agua para sostener la vida de flora y fauna. Sin agua, no hay vida.

c. Ciclo del oxígeno: plantas que "respiran" bióxido de carbono y producen oxígeno; seres humanos que respiran oxígeno y exhalan bióxido de carbono proveyendo una fuente inagotable de aire para flora y fauna.

d. Fuerza de gravedad precisa para evitar que los seres vivos seamos aplastados si es demasiado fuerte, o que quedemos flotando en la atmósfera si es demasiado débil.

e. Cantidad precisa de oxígeno para evitar la sobre oxigenación, que sería tóxica para los seres humanos, y provocaría que el planeta se quemara (una mayor concentración de oxígeno representa mayor combustión).

f. Cadena alimentaria entre las especies: Muestra cómo los organismos vivos se nutren unos de otros en un orden determinado.

g. Balance perfecto entre las fuerzas físicas del universo.

Existen varias constantes físicas en el universo que son esenciales para describir las leyes de la naturaleza. Sin embargo, hay cuatro fuerzas o interacciones fundamentales: la gravitatoria, la electromagnética, la nuclear fuerte y la nuclear débil. Si alguna de estas constantes se alterara, aunque fuera en una mínima parte, el universo no existiría tal como lo conocemos. La materia no podría formarse y, en consecuencia, no habría estrellas, galaxias, planetas ni vida.

En resumen, cualquier variación en estas condiciones, que mantienen un equilibrio perfecto entre sí, haría de la Tierra un lugar inhóspito para la vida tal como la conocemos. El universo está ajustado con precisión para permitir la vida.

Discusión: Creación vs. Evolución

En cuanto al origen de la vida, los evolucionistas teorizan, a grandes rasgos, que la vida surgió a partir de procesos químicos en donde, bajo ciertas condiciones de atmósfera, temperatura y energía, los átomos se combinaron en un proceso no dirigido (o sea, al azar o espontáneo) para formar moléculas simples; y que estas moléculas se auto combinaron (también al azar) para formar moléculas más complejas (como las proteínas), las que también se combinaron (de la misma forma, al azar) para formar los genes y el DNA.

Estas combinaciones accidentales o aleatorias (siguen teorizando los evolucionistas) sucedieron a lo largo de millones de años resultando en la aparición de la primera célula viva. Según esta teoría, de esta primera célula viva, a través de un proceso de mutaciones y selección natural, extendido por millones de años, surgió toda la variedad de vida que conocemos.

Les pregunto: ¿realmente podemos creer que la vida surgió a través de la combinación espontánea de materiales **no vivos**? ¿Es razonable creer que por puro azar se combinaron átomos, moléculas, proteínas y genes **en el orden preciso y bajo las condiciones precisas**, para que, por casualidad, surgiera la vida? Esta conclusión sencillamente desafía toda lógica humana. También pregunto: ¿podemos creer que algo tan extremadamente complejo como el ser humano, junto a la inmensa variedad de vida en el planeta, haya sido el resultado de mutaciones espontáneas, a partir de una primera célula? Mi respuesta y la de muchos otros es NO.

La lógica y las leyes de la probabilidad no nos permiten aceptar con facilidad teorías fundamentadas en argumentos altamente especulativos, basados en el azar o la casualidad. Esto se evidencia en el lenguaje frecuentemente utilizado por algunos de sus propios defensores, quienes, al explicar sus hallazgos o conclusiones, recurren a expresiones tales como: "lo más probable", "podemos deducir", "nos hace pensar", "podríamos suponer", "nos llevaría a concluir", "podríamos extrapolar", o "esto sugiere que...".

Veamos lo siguiente. El **genoma** es el conjunto completo de instrucciones genéticas contenidas en el **ADN** de una persona. Contiene entre **20,000 y 25,000 genes**, los cuales son secuencias específicas de ADN. Estos genes almacenan la información necesaria para la producción de **proteínas**, que desempeñan la mayoría de las funciones esenciales en el cuerpo humano. El **ADN**, por su parte, es una molécula que guarda la información genética que determina las características hereditarias de todos los seres vivos.

No es razonable pensar que el genoma humano (con más de 20,000 genes de instrucciones genéticas) haya surgido **en el orden y secuencia precisa** sin la intervención de una inteligencia superior. Lo mismo aplicaría al genoma de todo lo que tiene vida. El genoma está altamente ordenado y presenta una **secuencia específica y única para cada especie**, ya sea animal o vegetal. Esta especificidad es lo que permite el desarrollo, funcionamiento y reproducción de los organismos.

Piense que el código genético es algo así como un programa de computadora, diseñado para hacer una función en específica. Si ese programa se altera, entonces no puede funcionar. Es por esta razón que algunos científicos llaman al ADN "la firma de Dios". El ADN es como un "manual de instrucciones" que dice a las células cómo construir y mantener un organismo. Desde esta perspectiva, la ciencia, lejos de contradecir la fe, confirma la existencia de un ser superior, creador del universo y de la vida.

Abundando en este punto, consideremos la complejidad del cuerpo humano compuesto por distintos sistemas: digestivo, nervioso, muscular, esquelético, circulatorio, respiratorio, inmunológico, linfático, endocrino, reproductivo y cutáneo. Cada uno de estos sistemas está formado por órganos que se integran y coordinan mediante complejos mecanismos anatómicos, bioquímicos y fisiológicos. A su vez, esta gama de sistemas, totalmente diferentes entre sí, se integran unos a otros dando forma y funcionalidad al cuerpo humano.

¿Cómo ocurrió la integración de estos sistemas que hacen posible la vida humana? ¿Es razonable pensar que surgió por simples alteraciones (mutaciones) aleatorias en el genoma? No lo creo. Cada parte de nuestro cuerpo cumple una función específica, y parece haber sido colocada ahí con propósito e intencionalidad. **Esto equivale a diseño.**

Intelectualmente, resulta difícil aceptar que seamos el resultado de un proceso aleatorio, que, por accidente, dio origen a una célula viva. Mucho menos puedo concebir que la complejidad del ser humano provenga de "millones de mutaciones" entre especies y selección natural. La ciencia ha demostrado que la mayoría de las mutaciones dentro de una especie no son beneficiosas. De hecho, la gran mayoría resultan perjudiciales o neutras, precisamente porque interfieren con una estructura altamente afinada.

Entendamos esto: **somos una maravilla de ingeniería**, diseñados con exactitud para vivir en este planeta —no en otro—. **Fuimos creados por Dios**, con las características necesarias para habitar y prosperar en un entorno perfectamente ajustado para nuestra existencia. Todo apunta a que este planeta fue creado para hacer posible la vida, y que la vida, a su vez, fue creada para habitar este planeta. Cuando te miras al espejo no estás viendo el resultado de una serie de accidentes de la naturaleza; estás contemplando la creación de Dios.

Profundicemos en esto por un momento. Todas las células del cuerpo humano contienen el mismo material genético en su núcleo, pero "activan" solo ciertos genes según la función que deben desempeñar en órganos específicos como el hígado, el corazón o los pulmones. ¿Cómo es posible que cada célula logre diferenciarse para cumplir una función tan precisa en un órgano particular? ¿Cómo se origina la diferenciación entre masculino y femenino? ¿Acaso esto fue producto de un proceso de "prueba y error" a lo largo de millones de años, donde una mutación beneficiosa se conserva y una desfavorable se elimina, según la teoría de la selección natural?

Esta explicación resulta totalmente insatisfactoria. El azar y la selección natural no son la mejor manera de explicar el origen y desarrollo de la vida. De hecho, una comunidad creciente de científicos ha llegado a la conclusión de que la vida es demasiado compleja para haber surgido únicamente por combinaciones aleatorias de moléculas, incluso si se cuentan con millones de años. **La enorme cantidad de variables** hace que el resultado funcional sea **estadísticamente tan improbable** que parece requerir una causa guiada o inteligente.

Los evolucionistas argumentan que el proceso que "guía" la evolución es la selección natural (mecanismo por el cual la naturaleza "selecciona" a los organismos mejor adaptados a su medioambiente, permitiendo que sus rasgos se transmitan a futuras generaciones). No obstante, la selección natural tiene serias dificultades para explicar la inmensa diversidad en los organismos vivos. Veamos las más significativas:

a. No crea nueva información genética compleja (solo actúa sobre genes ya existentes).

b. Mutaciones al azar raramente crean funciones nuevas (la mayoría de las mutaciones son neutras o perjudiciales).

c. No explica sistemas biológicos complejos (muchos sistemas requieren que todas sus partes funcionen simultáneamente; si falta una parte, el sistema deja de funcionar; este principio se conoce como complejidad irreducible).

d. No explica el origen de la vida (la selección natural requiere un organismo vivo que ya se reproduzca; no responde cómo surgió la primera célula viva).

e. Saltos muy grandes entre grupos de organismos (faltan formas intermedias, por ejemplo, entre: Peces > anfibios;

Reptiles > aves; Células simples > complejas; el registro fósil muestra grupos definidos, no transiciones continuas).

f. Solo explica adaptaciones (no genera nuevos órganos ni especies completamente nuevas).

g. Sin intención ni propósito (la selección natural es ciega, sin dirección, pero la naturaleza refleja orden, dirección y propósito).

h. El azar no diseña sistemas funcionales complejos.

Resumen

La complejidad y diversidad de vida en el planeta, la interdependencia entre las especies y su interacción con el medio ambiente, así como su sometimiento a las leyes de la naturaleza, no nos dejan espacio para otra conclusión que no sea que todo cuanto vemos ha sido diseñado por una inteligencia superior. Se requiere mucha más fe para creer en un proceso evolutivo de millones de años "dirigido" por el azar y la selección natural, que para creer en el Dios Creador del universo. Como dice el título del conocido libro de Geisler y Turek: "No tengo fe suficiente para ser ateo".

Me parece que la teoría de la evolución descansa más sobre un fundamento filosófico que científico. ¿Por qué filosófico? Porque muchos de sus defensores, al no aceptar la existencia de un Dios Creador, han decidido depositar su fe en la especulación, la casualidad y el azar, basándose en una cosmovisión naturalista que excluye toda posibilidad de una inteligencia superior.

Al afirmar esto, soy plenamente consciente de que hay hermanos cristianos que aceptan la evolución como uno de los medios que Dios pudo haber utilizado para llevar a cabo la creación. Respeto esa opinión. Sin embargo, me mantengo firme en que una explicación del origen de la vida basada en procesos accidentales y no dirigidos resulta insatisfactoria. El azar no produce orden. El orden genuino —consistente, funcional y orientado a un propósito— no surge sin una guía o principio que lo organice. Por eso, estoy convencido de que la mejor explicación para el origen y desarrollo de la vida se encuentra en las palabras de Génesis 1:1,

"En el principio creó Dios los cielos y la tierra."

3. **Principio del hombre (Varón y Hembra) – Génesis 1:26-28; 2:4-25**

Resumen de la historia

a. Dios formó al hombre del polvo de la tierra, y sopló sobre él aliento de vida.

b. Dios plantó un huerto en el Edén y puso al hombre en el huerto para que lo labrase y lo guardase.

c. Dios hizo brotar los árboles con fruto bueno para comer, y puso en medio del Edén el árbol de la vida y el árbol de la ciencia del bien y del mal.

d. Dios dio mandamiento a Adán diciéndole que podía comer de todos los árboles plantados excepto del árbol de la ciencia del bien y del mal, pues el día que lo hiciera moriría.

e. Dios creó a los animales y a las aves, y los trajo a Adán para que les pusiera nombre.

f. Dios expresó que el hombre necesitaba ayuda idónea y formó a Eva de la costilla de Adán.

g. Adán conoció a Eva y la llamó "hueso de mis huesos y carne de mi carne".

h. Dios dio mandamiento diciendo que el hombre dejará a su madre y a su padre, y se unirá a su mujer, y serán una sola carne.

Dios creó al hombre y a la mujer a su imagen y semejanza para que tuvieran comunión con Él y para la alabanza de su gloria. Es por esto por lo que Dios le concedió al hombre libre albedrío para decidir entre hacer su voluntad o no hacerla. Dios no quería que el hombre fuese un autómata que se relacionara con Él por obligación o por diseño, sino por su propia elección en una relación de amor.

a. Adán y Eva representan el comienzo de la familia como institución, base y fundamento de la sociedad.

b. Dios les crea como complemento y ayuda el uno del otro.

c. Dios les da el mandamiento de crecer y poblar la tierra (Génesis 1:28).

4. **Principio de la familia – Génesis 2:24-25**

a. Adán y Eva representan el comienzo de la familia como institución, base y fundamento de la sociedad.

b. Dios les crea como complemento y ayuda el uno del otro.

c. Dios les da el mandamiento de crecer y poblar la tierra (Génesis 1:28).

5. **La caída del hombre: Principio de la tentación y del pecado – Génesis 3:1-13**

Resumen de la historia

a. Satanás, el tentador, aparece en el huerto del Edén en forma de serpiente y tienta a Eva para que desafíe a Dios comiendo del árbol de la ciencia del bien y del mal.

b. La tienta diciéndole una media verdad: que Dios les había prohibido comer de todo árbol en el huerto del Edén.

c. Cuando Eva responde que solo tenían prohibido comer del árbol de la ciencia del bien y del mal porque si lo hacían morirían, entonces Satanás le hace dudar diciéndole que no morirían, sino que serían como Dios, sabiendo el bien y el mal.

d. Eva cedió a la tentación, comió del fruto y lo dio a Adán, quien también lo comió. Inmediatamente sus ojos fueron abiertos y cobraron conciencia de su desnudez.

e. Adán y Eva son confrontados por Dios por sus acciones. Como respuesta, Adán culpó a Eva, y Eva culpó a Satanás.

Pregunta para la clase:
¿Qué errores cometieron Eva y Adán de acuerdo con este relato?

Posibles respuestas:

a. Abrir sus oídos para escuchar al tentador.

b. Contemplar y desear la tentación que se mostraba agradable y codiciable.

c. Ignorar las instrucciones de Dios que les había prohibido comer del fruto y les había advertido de las consecuencias.

d. Cuestionar las motivaciones de Dios al prohibirles comer de la fruta, y desear ser como Dios.

e. Creerle a Satanás por encima de las instrucciones de Dios y de lo que ellos sabían que era correcto.

f. Tentarse unos a otros en vez de cuidarse unos a otros. Adán debió impedir que Eva probara la fruta, y Eva no debió de ofrecerla a Adán.

g. Ceder a la tentación de lo prohibido.

h. No aceptar su responsabilidad cuando fueron confrontados por Dios y culpar a otros por sus acciones (Adán a Eva, y Eva a Satanás).

6. **Principio de los juicios de Dios – Génesis 3:14-24**

a. La serpiente es maldita, y condenada a arrastrarse por tierra.

b. La tierra será maldita, y el hombre se ganará el pan con dolor y con el sudor de la frente.

c. La mujer parirá los hijos con dolor.

d. Adán se enseñoreará de Eva.

e. Expulsión del ser humano del paraíso.

f. Muerte física del ser humano (volverá al polvo de donde salió).

g. Muerte espiritual (separación de Dios a causa del pecado).

7. **Principio del plan de salvación para el hombre – Génesis 3:15**

a. Promesa de destruir a la serpiente (Satanás) a través de la simiente (descendencia) de la mujer.

b. El sacrificio de Jesús en el Calvario representa la herida que Satanás infligió simbólicamente a la simiente de la mujer en el calcañar.

c. Sin embargo, la victoria de Jesús en la cruz constituye la herida mortal que la simiente de la mujer asestó a la cabeza de Satanás, cumpliendo así la promesa de redención.

d. El nacimiento, sacrificio y resurrección de Jesús son el cumplimiento de esta profecía.

8. **Principio de los crímenes en la tierra (Caín y Abel) – Génesis 4:1-24**

Resumen de la historia

a. Luego de ser expulsados del Edén, Adán y Eva tuvieron dos hijos: Caín, el mayor y Abel, el menor.

b. Caín fue agricultor y Abel pastor de ovejas.

c. Ambos trajeron ofrendas delante de Dios; la ofrenda de Abel fue agradable a los ojos de Dios, mas no así la de Caín.

d. Caín se ensañó (enfureció) contra su hermano.

e. Dios reprendió a Caín por su actitud y le advirtió que si no hace lo correcto estaría abriendo las puertas al pecado y éste (el pecado) puede dominarlo, en vez de él dominar al pecado.

f. A pesar de la advertencia de Dios, Caín siguió ensañado contra su hermano; le invitó a salir al campo y allí le mató.

g. Dios confrontó a Caín preguntándole donde estaba su hermano Abel. Caín respondió que no sabía y que él no era guarda de su hermano.

h. Entonces Dios lo expulsó de la tierra donde cometió el crimen, y lo condenó a vagar por el mundo sin poder descansar. Además, la tierra ya no volvería a darle buenas cosechas.

i. Dios le concedió a Adán y Eva un tercer hijo como sustituto de Abel, llamado Set.

Pregunta para la clase:
¿Qué errores cometió Caín de acuerdo con el relato?

Posibles respuestas:

a. Enojarse contra su hermano en vez de arrepentirse y cambiar de actitud. Debió de hacer lo correcto (según le dijo Dios), de manera que la próxima vez su ofrenda también fuera agradable.

b. Ignorar la advertencia de Dios, en el sentido de que si no hacía lo correcto el pecado lo iba a dominar.

c. Alimentar los celos contra su hermano al punto de llegar a matarlo.

d. Una vez confrontado por Dios, niega saber dónde estaba su hermano (como si Dios no lo supiera).

e. Fue el asesino de su hermano en lugar de ser guardián de su hermano.

9. **Principio del "hilo de sangre" de salvación – Génesis 4:25-26**

Cuando hablamos del "hilo de sangre" nos referimos a la descendencia a través de la cual llegaría Jesús, el Salvador y Mesías comenzando desde Set, hijo de Adán y Eva. A partir de la descendencia de Set llegamos hasta Noé que es el próximo personaje de importancia en esta genealogía. La oración de Noé sobre sus hijos (Génesis 9:24-27) da a entender que hay una bendición especial sobre la descendencia de Sem (Génesis 9:26). De la descendencia de Sem llegamos hasta Heber, de quien toman nombre sus descendientes (hebreos).

Entonces llegamos hasta el próximo personaje de importancia: Abraham (descendiente de Heber), quien recibió la promesa de que en su simiente serían benditas todas las naciones de la tierra. Esta promesa a Abraham fue transmitida a su hijo Isaac y a su nieto Jacob, padre de las doce tribus de Israel. Jacob, antes de morir bendijo a cada uno de sus hijos y declaró una bendición especial sobre la tribu de Judá al decir que "no será quitado el cetro de Judá ni el legislador de entre sus pies, hasta que venga Siloh". Siloh se interpreta como una referencia al Mesías que vendría a través de la descendencia de Judá.

Continuaron pasando generaciones hasta que llegamos a la casa de Isaí, descendiente de la tribu de Judá, sobre quien se pronuncia una impresionante profecía mesiánica (Isaías 11:1-5) que declara que de su descendencia vendrá alguien sobre quien reposará "el espíritu de Jehová", o sea el Mesías. Isaí es el padre de David, a quien Dios le prometió que su trono sería "estable eternamente" y así mismo se le profetizó a Salomón, hijo de David, que "no faltará varón de tu descendencia en el trono de Israel".

Las promesas a Abraham, Isaac, Jacob, Judá, Isaí, David y Salomón tuvieron su pleno cumplimiento con la llegada de Jesús, el Salvador y Mesías. En Jesús son benditas todas las familias de la tierra según se le prometió a Abraham, Isaac y Jacob. Asimismo, Jesús estableció un Reino eterno según prometido a David y Salomón, descendientes de Judá y de Isaí. La siguiente tabla nos muestra el detalle de los personajes principales del "hilo de sangre" desde Adán y Eva, hasta Jesús.

Personajes	Cita	Texto
Adán y Eva	Génesis 1:27	Y creó Dios al hombre a su imagen, a imagen de Dios lo creó; varón y hembra los creó.
Set (hijo de Adán y Eva)	Génesis 4:25	Y conoció de nuevo Adán a su mujer, la cual dio a luz un hijo, y llamó su nombre Set: Porque Dios (dijo ella) me ha sustituido otro hijo en lugar de Abel, a quien mató Caín.
Noé (descendiente de Set)	Génesis 9:8-9	Y habló Dios a Noé y a sus hijos con él, diciendo: He aquí que yo establezco mi pacto con vosotros, y con vuestros descendientes después de vosotros.
Sem (hijo de Noé)	• Génesis 10:1 • Génesis 9:26	• Estas son las generaciones de los hijos de Noé; Sem, Cam y Jafet, a quienes nacieron hijos después del diluvio. • Bendito por Jehová mi Dios sea Sem, y sea Canaán su siervo.
Heber (descendiente de Sem)	Génesis 11:17	• Y vivió Heber después que engendró a Peleg, cuatrocientos treinta años y engendró hijos e hijas. • Sus descendientes son conocidos como hebreos, antepasados de los israelitas.

Abraham (descendiente de Heber – Génesis 14:13)	• Génesis 22:18 • Génesis 12:2	• En tu simiente serán benditas todas las naciones de la tierra, por cuanto obedeciste a mi voz. • Y haré de ti una nación grande, y te bendeciré, y engrandeceré tu nombre, y serás bendición.
Isaac (hijo de Abraham)	Génesis 17:19	... ciertamente Sara tu mujer te dará a luz un hijo, y llamarás su nombre Isaac; y confirmaré mi pacto con él como pacto perpetuo para sus descendientes después de él.
Jacob (Israel) (hijo de Isaac)	• Génesis 28:14b • Números 24:17	• ... y todas las familias de la tierra serán benditas en ti y en tu simiente. • Lo veré, mas no ahora. Lo miraré, mas no de cerca; Saldrá Estrella de Jacob, Y se levantará cetro de Israel, Y herirá las sienes de Moab, Y destruirá a todos los hijos de Set.
Judá (hijo de Jacob)	Génesis 49:10	No será quitado el cetro de Judá ni el legislador de entre sus pies, hasta que venga Siloh; y a él se congregarán los pueblos.
Isaí (padre de David) de la Tribu de Judá	Isaías 11:1-3	Saldrá una vara del tronco de Isaí, y un vástago retoñará de sus raíces. Y reposará sobre él el Espíritu de Jehová; espíritu de sabiduría y de inteligencia, espíritu de consejo y de poder, espíritu de conocimiento y de temor de Jehová. Y le hará entender diligente en el temor de Jehová.

Casa de David	• 2 Samuel 7:16 • Jeremías 23:5	• Y será afirmada tu casa y tu reino para siempre delante de tu rostro, y tu trono será estable eternamente. • He aquí vienen días, dice Jehová, en que levantaré a David renuevo justo, y reinará como Rey, el cual será dichoso, y hará juicio y justicia en la tierra.
Salomón (hijo de David)	1 Reyes 9:5	Yo afirmaré el trono de tu reino sobre Israel para siempre, como hablé a David tu padre, diciendo; no faltará varón de tu descendencia en el trono de Israel.
Jesús (descendiente de David y Salomón)	• Mateo 1:1 • Mateo 1:6	• Libro de la genealogía de Jesús, hijo de David, hijo de Abraham. • Isaí engendró al rey David, y el rey David engendró a Salomón de la que fue mujer de Urías.

D. Preguntas de reflexión

1. El Génesis afirma que somos creación de Dios: ¿Qué implicaciones tiene esta afirmación para nosotros como creyentes?

2. El Génesis afirma que fuimos creados a imagen y semejanza de Dios: ¿En qué sentido somos imagen y semejanza de Dios?

3. Aun cuando Dios creó al ser humano para vivir en comunión con él, le dio la capacidad de rechazar esa relación: ¿Qué nos enseña esto sobre el carácter de Dios?

4. Adán y Eva tomaron la decisión de comer del árbol del conocimiento del bien y del mal. De este modo, rechazaron el propósito de Dios para sus vidas y desearon ser como Dios. ¿En qué medida continúa pasando esto en el tiempo presente?

5. Cuando miras a tu alrededor, ¿puedes ver a personas que viven como si fueran su propio "dios"? ¿Cómo se comportan?

6. Caín mató a su hermano Abel por celos. Fue el asesino de su hermano en vez de ser su guardián. ¿Vemos a gente en nuestro tiempo con este tipo de actitud: "matando" a su hermano en lugar de cuidarle?

7. ¿Cuál debe ser la actitud del creyente en contraste con la actitud de Caín?

E. Oración de cierre

Alabemos a Dios por su maravillosa creación. Oremos para que siempre reconozcamos su señorío sobre nosotros, pues Él es nuestro hacedor, y para que siempre seamos guardas de nuestros hermanos.

Lección 2:
Noé, el diluvio y la torre de Babel
Génesis 5-11 (c. 2458 a.C.)

A. Texto clave (Génesis 6:17-19)

"[17]Y he aquí que yo traigo un diluvio de aguas sobre la tierra, para destruir toda carne en que haya espíritu de vida debajo del cielo; todo lo que hay en la tierra morirá. [18]Mas estableceré mi pacto contigo, y entrarás en el arca tú, tus hijos, tu mujer, y las mujeres de tus hijos contigo. [19]Y de todo lo que vive, de toda carne, dos de cada especie meterás en el arca, para que tengan vida contigo; macho y hembra serán."

B. Introducción

El capítulo cinco del Génesis relata la descendencia de Adán a partir de Set, el tercero de sus hijos, hasta llegar a Noé. En cada uno de sus descendientes se afirma que engendraron hijos e hijas comenzando así a poblar la tierra. En este capítulo nos llama la atención el hecho de que Enoc, uno de los descendientes de Adán, no vio muerte, sino que Dios se lo llevó. Algunos teólogos ven en la historia de Enoc un tipo del levantamiento o rapto de la iglesia que tendrá lugar previo al regreso de Jesús a la tierra. Al llegar al capítulo 6 vemos que hasta el tiempo de Noé el ser humano vivía cientos de años, siendo Matusalén quien más años vivió: novecientos sesenta y nueve. Sin embargo, nos dice el relato, que Dios afirmó que no contendería (en otra versión dice "tolerar") con el hombre para siempre, así que limitó la vida del ser humano a no más de 120 años (Génesis 6:3). Es en este capítulo en donde vemos que el deterioro moral de la humanidad es tal que Dios toma la decisión de destruir a la raza humana y a todos los seres vivientes que están sobre la tierra. Veamos como lo dice el relato bíblico.

> *"[5]Y vio Jehová que la maldad de los hombres era mucha en la tierra, y que todo designio de los pensamientos del corazón de ellos era de continuo solamente el mal. [6]Y se arrepintió Jehová de haber hecho hombre en la tierra, y le dolió en su corazón. [7]Y dijo Jehová: Raeré de sobre la faz de la tierra a los hombres que he creado, desde el hombre hasta la bestia, y hasta el reptil y las aves del cielo; pues me arrepiento de haberlos hecho. [8]Pero Noé halló gracia ante los ojos de Jehová."* (Génesis 6:5-8)

En medio de un mundo lleno de maldad Noé halló gracia delante de Dios. Entonces, Dios decidió darle una nueva oportunidad a la raza humana a través de Noé y su familia, y se propuso rescatarlos del juicio que traería sobre la tierra por medio de un diluvio. La historia del diluvio y de Noé se encuentra entre los capítulos 6 al 10 del Génesis. Luego, en el capítulo 11, tenemos la historia de la torre de Babel y la dispersión de la humanidad por toda la tierra. Por último, en este capítulo, nos encontramos con el relato de los descendientes de los hijos de Noé siendo de particular interés para la historia de nuestra salvación la descendencia de Sem, de quien desciende Abraham, el padre de la nación de Israel, también llamado el padre de la fe.

C. Desarrollo de la lección

1. El Diluvio y Noe (Génesis 6-11)

Resumen de la historia

a. Dios le comunicó a Noé su decisión de destruir la tierra a causa de la violencia y la maldad del hombre.

b. Dios le dio a Noé medidas e instrucciones específicas para la construcción de un arca en donde se salvarían él, su esposa, sus hijos (Sem, Cam, Jafet), y las esposas de sus hijos (ocho personas en total).

c. Noé recibió instrucciones de traer al arca siete parejas de cada especie de los animales limpios, siete parejas de las aves y una pareja de los animales no limpios, cada uno según su especie, para que también fueran salvos de la destrucción.

d. Dios dio instrucciones a Noé de guardar en el arca comida para su familia y los animales.

e. Una vez todo estaba listo, Dios le ordenó a Noé que entrara al arca con su familia y le indicó que haría llover sobre la tierra por cuarenta días. Cuando comenzó el diluvio, Noé tenía seiscientos años.

f. Todo ser viviente (todo ser que tenía aliento de vida) fue destruido: hombres, bestias, aves, reptiles, etc. Solo Noé y los que estaban en el arca sobrevivieron.

g. El diluvio cubrió toda la tierra e incluso cubrió los picos de las montañas.

h. Al cabo de los cuarenta días, cesó la lluvia y las aguas comenzaron a decrecer. Entonces, el arca se asentó sobre el monte Ararat que se encuentra al extremo este de lo que hoy es Turquía, cerca de la frontera con Irán y Armenia.

i. Las aguas prevalecieron sobre la tierra ciento cincuenta días, en donde fueron decreciendo gradualmente hasta quedar la tierra seca.

j. Al cabo de los ciento cincuenta días, Dios le dijo a Noé que salieran del arca y que liberaran a los animales con la encomienda de poblar la tierra nuevamente.

k. Dios bendijo a Noé y familia y les ordenó fructificar y llenar la tierra. Además, les dio autoridad sobre todos los seres creados: terrestres, aves y peces.

l. Dios les dijo que podían comer "de todo lo que se mueve y vive" y de todas "las legumbres y plantas verdes". Tan solo se les prohibió comer la carne con su sangre; este mandato se les dio en el contexto de que el hombre no puede derramar la sangre de otro hombre, pues en la sangre está la vida. Dios demandará y castigará a quien derrame la sangre de su hermano, pues éste ha sido hecho a su imagen y semejanza.

m. Noé construyó un altar y ofreció sacrificios que fueron agradables a Dios.

n. Dios hizo pacto con Noé, su descendencia y todos los seres creados:

"[8]Y habló Dios a Noé y a sus hijos con él, diciendo: [9]He aquí que yo establezco mi pacto con vosotros, y con vuestros descendientes después de vosotros; [10]y con todo ser viviente

> *que está con vosotros; aves, animales y toda bestia de la tierra que está con vosotros, desde todos los que salieron del arca hasta todo animal de la tierra. [11]Estableceré mi pacto con vosotros, y no exterminaré ya más toda carne con aguas de diluvio, ni habrá más diluvio para destruir la tierra. [12]Y dijo Dios: Esta es la señal del pacto que yo establezco entre mí y vosotros y todo ser viviente que está con vosotros, por siglos perpetuos: [13]Mi arco he puesto en las nubes, el cual será por señal del pacto entre mí y la tierra."* (Génesis 9:8-13)

La mayor parte de las civilizaciones antiguas (egipcias, babilónicas, griegas, sumerias, etc.) hablan de un diluvio universal o por lo menos regional en la zona de Mesopotamia. Así mismo, hay geólogos y arqueólogos que afirman que en excavaciones alrededor del mundo se han encontrado grandes extensiones de sedimentación que junto al hallazgo de fósiles marinos en altas montañas podrían confirmar el fenómeno de una gran inundación universal. Como es de esperar no toda la comunidad científica está de acuerdo con estas teorías y tienen otras explicaciones para estos hallazgos. Sin embargo, más allá de teorías que podrían corroborar lo que dice la Biblia, para nosotros como creyentes, debe ser suficiente el hecho de que Jesús en los evangelios afirma la historicidad de Noé y del diluvio, y sobre todo meditar en las enseñanzas que esta historia representa para nuestro tiempo.

o. Los hijos de Noé comenzaron a poblar la tierra, y comenzaron a surgir las grandes ciudades y centros urbanos.

p. Noé plantó una viña, y en un momento dado bebió del vino y se embriagó.

q. Noé quedó desnudo en medio de su tienda a causa de su embriaguez.

r. Cam, su hijo menor y padre de Canaán, vio la desnudez de su padre, lo que Noé consideró una gran ofensa, posiblemente porque en lugar de cubrirlo fue, y lo dijo a sus hermanos. En la cultura semita, la desnudez en público era algo vergonzoso. Sem y Jafet cubrieron a su padre, caminando de espaldas para no verle desnudo. Como consecuencia de este acto de Cam, Noé pronunció la siguiente maldición en contra de Canaán (hijo de Cam), combinada con bendiciones para sus otros dos hijos (Génesis 9:25-27):

"25 *y dijo:*

Maldito sea Canaán;
Siervo de siervos será a sus hermanos.

26 *Dijo más:*

Bendito por Jehová mi Dios sea Sem,
Y sea Canaán su siervo.
27 *Engrandezca Dios a Jafet,*
Y habite en las tiendas de Sem,
Y sea Canaán su siervo."

Al analizar la descendencia y desplazamientos de los hijos de Noé, los estudiosos entienden que, a grandes rasgos, de Sem proceden los elamitas, asirios, caldeos, lidios, arameos, árabes, así como los hebreos e israelitas. Éstos se ubicaron en áreas que hoy corresponden a Irán, Irak, Siria, Israel, Palestina, Jordania, la península Arábiga y Turquía. Las naciones que descienden de Cam incluyen pueblos del norte y este de África, que hoy corresponden a Egipto, Sudán, Etiopía, Libia, Israel, Palestina, Líbano, Siria y Jordania. Las naciones y pueblos que se consideran descendientes de Jafet incluyen a los cimerios, escitas, medos, griegos, tracios, y otros pueblos europeos y asiáticos. Estos descendientes de Jafet se establecieron en áreas que hoy corresponden principalmente a Europa oriental, el Mediterráneo, Asia Menor y el Cáucaso.

La bendición sobre Sem es de valor particular para la historia de nuestra salvación, ya que es a través de la descendencia de Sem que vienen Abraham, el pueblo de Israel y eventualmente Jesús. Las palabras de Noé predicen el sometimiento de los descendientes de Canaán por parte del pueblo de Israel, especialmente en el tiempo de la conquista de Canaán y en el período del reino; eventos en la historia de Israel que veremos más adelante.

***Pregunta:* ¿Qué enseñanzas podemos extraer de la historia de Noé y del diluvio?**

Posibles respuestas:

a. Dios no tolera la violencia y la maldad.

b. El pecado trae consecuencias nefastas.

c. El justo siempre halla gracia delante de Dios.

d. Dios le dio una nueva oportunidad a la humanidad; en la historia bíblica vemos que es un Dios de segundas oportunidades para el que demuestra arrepentimiento.

e. En su empeño por salvar a la humanidad, Dios está dispuesto a pactar con el hombre.

f. Para algunos teólogos, la historia de Noé representa un tipo (símbolo bíblico) del rapto o levantamiento de la iglesia antes de venir los grandes juicios de Dios sobre la Tierra en el tiempo del fin.

2. **La Torre de Babel (Génesis 11)**

c. En términos cronológicos esta historia debe ser ubicada después de la salida del arca y antes de la dispersión de los descendientes de Noé por toda la tierra. En ese entonces eran un solo pueblo y hablaban una misma lengua.

d. Los sobrevivientes del diluvio se movieron desde el oriente y llegaron a un valle en la tierra de Sinar (región de la antigua Mesopotamia, que corresponde aproximadamente a la actual Irak).

e. Una vez allí decidieron construir una torre manifestando lo siguiente:

"[4] Y dijeron: Vamos, edifiquémonos una ciudad y una torre, cuya cúspide llegue al cielo; y hagámonos un nombre, por si fuéremos esparcidos sobre la faz de toda la tierra." (Génesis 11:4)

f. En este texto podemos ver varias intenciones de parte del pueblo:

i. Llegar al cielo – retar la soberanía de Dios; posiblemente para adorar a otros dioses o para sentirse iguales a Dios.
ii. Hacerse un nombre – señal de orgullo y vanidad (rebelión).

iii. Temor de ser esparcidos por la tierra – el no llenar la tierra iba en contra del mandato de Dios.

e. Dios desciende para ver la obra y se da cuenta de que no tienen la intención de interrumpir la construcción hasta alcanzar su meta.

f. Dios decide confundir sus lenguas de manera que cada uno no comprendía al otro (Babel significa "confusión"). De este modo, se vieron obligados a suspender la obra y a esparcirse sobre la tierra como era el mandato de Dios.

***Pregunta:* ¿Qué enseñanzas obtenemos de esta historia?**

Posibles respuestas:

a. El pecado que vemos en este relato es el mismo que vemos en la historia de la creación: retar a Dios y desear ser como dioses.

b. Así mismo, el pecado de este pasaje es el mismo de Satanás (Lucifer) que conllevó su expulsión del cielo y de la presencia de Dios: orgullo y deseo de tomar el lugar de Dios.

c. De la misma forma, el juicio de Dios ante el orgullo y pretensión de retar su gloria y autoridad no se hizo esperar, causando confusión en este pueblo y esparciéndolos sobre la tierra.

d. El mayor pecado en nuestro tiempo es precisamente el "endiosamiento" del ser humano en donde "adoramos" a otros, queremos que nos adoren y, además, nos adoramos a nosotros mismos. El ser humano en general se ha puesto a sí mismo en el centro de su vida en lugar de poner a Dios.

e. En este tiempo hacemos muchas obras y demostramos varias conductas para hacernos de un nombre: levantamos torres de riquezas, títulos universitarios, crímenes, fama de bravos, fama de buenos. Algunas de estas cosas no son malas en sí mismas, pero... cuando se hacen con la motivación incorrecta lo que traen es sufrimiento y confusión.

D. Preguntas de reflexión

1. ¿En qué se parece el tiempo presente a los días de Noé?

2. Dios hizo un pacto con Noé como parte del plan para salvar a la humanidad, ¿qué otros pactos de Dios con el hombre encontramos en la Biblia?

   a. Abraham – bendición para toda la tierra

   b. Moisés y pueblo de Israel – ser el pueblo de Dios para ser luz a las naciones

   c. David y Salomón – no faltaría varón en su trono (Jesús)

   d. Jesús – salvación a través de su sacrificio

3. En un pacto hay responsabilidad y compromiso en ambos lados. En términos generales

   a. ¿A qué se comprometía Dios en estos pactos?

   b. ¿A qué se comprometía el ser humano?

4. Dios dio una nueva oportunidad a la humanidad al rescatar a Noé y su familia; ¿qué nos dice esto sobre el carácter de Dios en su trato con la humanidad?

5. ¿Podemos nosotros testificar sobre nuevas oportunidades que Dios nos ha dado a pesar de nuestra:

   a. desobediencia?

   b. infidelidad?

   c. conductas erráticas?

   d. decisiones erróneas?

Permita a los miembros de la clase compartir testimonios sobre la fidelidad de Dios y nuevas oportunidades concedidas por Él.

E. Oración de cierre

Oremos para que, al igual que Noé, nosotros nos comportemos de tal manera que hallemos gracia delante de Dios, y podamos ser luces en medio de las tinieblas en este tiempo tan parecido a los días de Noé.

Lección 3:
El llamado de Abraham y la Era de los Patriarcas — Parte I (Los inicios de una nación)
Génesis 12-25 (c. 2030 a.C.)

A. Texto clave (Génesis 12:1-3)

"Pero Jehová había dicho a Abram: Vete de tu tierra y de tu parentela, y de la casa de tu padre, a la tierra que te mostraré. [2]Y haré de ti una nación grande, y te bendeciré, y engrandeceré tu nombre, y serás bendición. [3]Bendeciré a los que te bendijeren, y a los que te maldijeren maldeciré; y serán benditas en ti todas las familias de la tierra."

B. Introducción

Como resultado de la caída del hombre en el huerto del Edén, Dios tenía dos alternativas, destruir a su creación o salvarla. Dios, en su infinito amor optó por lo segundo. Al mirar al hombre, hecho a su imagen y semejanza, decidió enviar un Salvador, a su propio Hijo, para enseñarnos el camino de salvación, ofrecer perdón por nuestros pecados y reconciliarnos con Él. Sin embargo, según hemos expuesto en lecciones anteriores, este Salvador no podía llegar desde la nada o de un vacío, y Dios decide levantar a una nación que sea su testigo ante el mundo.

Esta nación debía modelar al mundo lo que es ser pueblo de Dios viviendo en limpieza moral (en lugar de las prácticas inmorales de los pueblos paganos), adorando a un solo Dios (en lugar del politeísmo rampante), respetando la vida humana (en lugar de los continuos crímenes de sangre y violencia) y, sobre todo, preparando el camino para la llegada del Salvador y Mesías en el tiempo establecido por Dios. Para comenzar esta nación, que se conocería en la historia como Israel, Dios escogió a una pareja: Abram y Saraí. Según nuestros criterios humanos, esta pareja no sería la indicada para esta misión, pues cuando Dios los llama, ya eran ancianos (Abraham tenía setenta y cinco años y Saraí era estéril), pero precisamente, esto nos demuestra que Dios llama a quien quiere y que, como dice la escritura, *"todas las cosas son posibles para Dios."* (Marcos 10:27b)

C. Desarrollo de la lección

1. **¿Quién era Abraham?**

   a. Descendiente de Sem (hijo de Noé, quien a su vez era descendiente de Set, hijo de Adán y Eva), y de Heber (también de la descendencia de Sem), por lo que a los judíos también se les conoce como semitas y hebreos.

   b. Vivía un estilo de vida nómada buscando los mejores pastos para su ganado.

   c. Era un líder tribal (de acuerdo con la organización social de la época) con autoridad absoluta sobre su familia, criados y criadas. En un momento dado se menciona que tenía 318 criados varones nacidos en su casa aptos para pelear.

d. Era un hombre rico cuya riqueza estaba basada en el ganado, pero también tenía oro y plata.

e. Era original de Ur de los caldeos (originales de Caldea), al sur de Mesopotamia. Se mudó con su padre Taré a la ciudad de Harán, ubicada al norte de Mesopotamia. Toda esta región más tarde se conoció como Babilonia y hoy en día es parte de Irak. En su tiempo tanto Ur como Harán eran grandes centros urbanos, y de comercio.

f. Abraham es considerado como el padre del monoteísmo por las principales religiones monoteístas del mundo (judaísmo, cristianismo, islam).

g. Asimismo, también se le conoce como el padre de la fe por su obediencia absoluta a las instrucciones que recibió de parte de Dios.

h. Su esposa se llamaba Saraí, quien era media hermana suya por parte de padre.

i. Abraham murió de 175 años.

2. **El llamado de Abram (luego Dios cambiaría su nombre a "Abraham")**

   a. Dios le pidió que dejara su tierra en Harán y que se dirigiera a la "tierra que te mostraré", viaje que lo llevó a la tierra de Canaán. Más adelante en la historia, esta tierra fue conocida como Judea en tiempos romanos. Luego se le impuso el nombre de Palestina, y en el tiempo presente esta región se conoce como: Israel-Palestina.

b. Dios le prometió que:

i. esta tierra sería para él y su descendencia.

ii. darle una descendencia numerosa y poderosa:
"[17]de cierto te bendeciré, y multiplicaré tu descendencia como las estrellas del cielo y como la arena que está a la orilla del mar; y tu descendencia poseerá las puertas de sus enemigos" (Génesis 22:17)

iii. haría de él una nación grande y que en su simiente (descendencia) serían benditas *"todas las familias de la tierra."* (Génesis 12:1-3)

3. **La respuesta de Abraham**

a. Obedeció al llamado de Dios y se estableció en la tierra de Canaán llevando consigo a su esposa Saraí, a su sobrino Lot, todas sus posesiones, y a los miembros de su clan.

b. Luego de su llamado, pasaron los años y Abram aún no tenía hijos. Entonces Abram le cuestionó a Dios quien sería su heredero. Según las costumbres de la época, al no tener hijos, lo heredaría su mayordomo de nombre Eliezer. Entonces Dios se le reveló y le confirmó que:

i. un hijo suyo sería su heredero.

ii. su descendencia sería numerosa.

iii. él moriría en paz y en buena vejez.

iv. la tierra en donde estaba sería entregada a su descendencia. No obstante, también le reveló que, antes de que esto sucediera, su descendencia habitaría en tierra ajena y que allí sería esclava por cuatrocientos años.

v. al final de este tiempo, Él juzgaría a la nación que los esclavizó.

vi. saldrían de aquel lugar con gran riqueza, y que regresarían para tomar posesión de Canaán.

vii. aún no era el tiempo de poseer la tierra de Canaán porque la maldad de sus habitantes aún no había llegado al colmo como para provocar el juicio sobre ellos, que consistiría en despojarlos de sus tierras.

c. Abram le creyó a Dios *"y le fue contado por justicia."* (Génesis 15:6b)

4. **Abram, Agar e Ismael**

a. Pasaron los años, pero Abram y Saraí aún no tenían hijos. Ante el atraso de la promesa, Saraí le ofreció a Abram tener un hijo con Agar, su esclava.

b. De acuerdo con la costumbre de la época, el hijo de Agar sería legalmente de Saraí. Abram aceptó el ofrecimiento de Saraí y durmió con Agar.

c. Agar, al verse encinta, comenzó a mirar con desprecio a su señora. Entonces, Saraí comenzó a afligirla en desquite, al punto de que ésta huyó de la casa de Abram hacia el desierto.

d. Dios tuvo misericordia de Agar y le envió un ángel que le dio instrucciones de regresar y comportarse sumisa ante su señora.

e. El ángel también le dijo a Agar que su descendencia sería una multitud y que debía ponerle a su hijo por nombre Ismael, que significa "Dios oye", porque Dios había oído su aflicción. Además, le reveló que su hijo sería un hombre poderoso.

f. Agar obedeció al ángel y regresó con Saraí.

g. Abraham tenía ochenta y seis años cuando Agar dio a luz a Ismael.

5. **La circuncisión como señal del pacto**

   a. Siendo Abram de 99 años y Saraí de 90, Dios estableció la circuncisión como señal de pacto perpetuo entre Él, Abram y su descendencia.

   b. Como parte del pacto, a Abram le correspondía andar "delante de Dios y ser perfecto" y enseñarle a su descendencia a hacer lo mismo.

   c. Al establecer el pacto de la circuncisión, Dios le anunció que tendría un hijo de Saraí y que debía ponerle por nombre Isaac.

   d. En ese momento (al igual que haría Saraí al recibir la noticia), Abraham se rio debido a que ambos eran ya viejos. No obstante, Dios le confirmó la promesa de que tendría un hijo a quien le confirmaría el pacto y las promesas hechas a su padre.

e. Como parte de esta revelación, Dios cambió el nombre de Abram por "Abraham", que significa "padre de multitudes". Asimismo, cambió el nombre de Saraí a "Sara", que significa "princesa", pues ella sería "madre de naciones".

f. Abraham obedeció y circuncidó a todos los varones de su casa incluyendo a todos sus siervos, a sí mismo y a Ismael. Abraham tenía noventa y nueve años e Ismael trece cuando fueron circuncidados.

6. **Anuncio del nacimiento de Isaac**

a. Después de estas cosas, Dios se reveló a Abraham a través de tres varones que llegaron a su tienda. Abraham, siguiendo las costumbres de hospitalidad de su tiempo les rogó que se quedaran para comer y descansar, y luego seguir su camino.

b. Uno de los varones le anunció que Sara tendría un hijo al cumplirse "el tiempo de la vida", o sea, al cabo de nueve meses.

c. Sara, que escuchaba la conversación desde la carpa, se rio al escuchar la noticia dado lo avanzado de su edad. Dios le preguntó a Abraham porqué Sara se había reído. En este texto, vemos la respuesta de Dios ante la incredulidad de Sara.

"[13]*Entonces Jehová dijo a Abraham: ¿Por qué se ha reído Sara diciendo: ¿Será cierto que he de dar a luz siendo ya vieja?*
[14]*¿Hay para Dios alguna cosa difícil? Al tiempo señalado volveré a ti, y según el tiempo de la vida, Sara tendrá un*

hijo. [15]Entonces Sara negó, diciendo: No me reí; porque tuvo miedo. Y él dijo: No es así, sino que te has reído." (Génesis 18:13-15)

7. **Isaac e Ismael**

   a. Isaac nació al cumplirse el tiempo (según la promesa de Dios) siendo Abraham de cien años.

   b. Abraham hizo un banquete el día en que Isaac fue destetado de su madre. En este día, Sara vio que Ismael se burlaba de Isaac, y le pidió a Abraham que los echara de la casa.

   c. Esto le pareció grave a Abraham por causa de Ismael, pero Dios le dijo que hiciera lo que Sara pedía, ya que también de Ismael haría una gran nación, pues él también era descendiente suyo.

   d. No obstante, el plan de Dios para con Abraham y su descendencia sería a través del linaje de Isaac.

   e. Al día siguiente, Abraham despidió a Agar e Ismael con apenas pan y un odre de agua.

   f. Luego de caminar errantes por el desierto, se acabó el agua del odre. A Agar e Ismael lo que les esperaba era la muerte, pero el ángel de Dios intervino al escuchar el llanto de Ismael. Le dijo a Agar que no temiera, y le confirmó que haría de Ismael una gran nación.

   g. El ángel de Dios abrió los ojos de Agar para que viera una fuente de agua en donde bebieron y llenaron el odre.

h. Ismael vivió en el desierto, y Dios estaba con él. Su madre le tomó mujer de la tierra de Egipto, y fue el padre de doce príncipes con sus familias.

i. Ismael es el padre de los árabes.

8. **Dios ordena a Abraham que sacrifique a Isaac**

a. Dios le pidió a Abraham que le sacrificara a Isaac, su único hijo, en el monte que Él le mostraría en la tierra de Moriah.

b. Abraham se dispuso a cumplir el mandato de Dios y partió para la tierra de Moriah con Isaac, dos siervos, y la leña para el holocausto.

c. Luego de tres días de camino, llegaron al lugar indicado. Entonces Abraham dejó a sus siervos, y subió al monte con Isaac y la leña.

d. Cuando iban de camino al monte, Isaac llamó la atención de su padre diciéndole que tenían la leña y el fuego para el holocausto, pero que no tenían el cordero; a lo que Abraham contestó: *"Dios se proveerá de cordero para el holocausto."* (Génesis 22:8b)

e. Abraham preparó un altar en donde colocó la leña. Luego amarró a Isaac y lo puso sobre la leña.

f. Cuando se disponía a dar el golpe mortal con el cuchillo, el ángel de Dios intervino diciendo: *"[12]No extiendas tu mano sobre el muchacho, ni le hagas nada; porque ya conozco que temes a Dios, por cuanto no me rehusaste tu hijo, tu único."* (Génesis 22:12)

g. Entonces Abraham levantó la mirada, y vio a un carnero trabado en un zarzal por los cuernos. Lo tomó, y lo ofreció en el altar en holocausto, en lugar de su hijo.

h. Abraham puso por nombre a aquel lugar "Jehová proveerá" (Jehová-Jireh, en hebreo).

i. Dios reafirmó las promesas a Abraham, y confirmó que éstas se cumplirían a través de su hijo Isaac diciéndole:

"[16]*y dijo: Por mí mismo he jurado, dice Jehová, que por cuanto has hecho esto, y no me has rehusado tu hijo, tu único hijo;* [17]*de cierto te bendeciré, y multiplicaré tu descendencia como las estrellas del cielo y como la arena que está a la orilla del mar; y tu descendencia poseerá las puertas de sus enemigos.* [18]*En tu simiente serán benditas todas las naciones de la tierra, por cuanto obedeciste a mi voz."* (Génesis 22:16-18)

Comentario

La mayoría de los teólogos ven en esta historia algún tipo de Cristo, en donde Abraham representa al Padre celestial, Isaac representa a la raza humana, y el carnero representa a Jesús tomando el lugar del ser humano como ofrenda y sacrificio a Dios.

D. Enseñanzas de la vida de Abraham

1. Abraham estuvo dispuesto a abandonar su tierra y a su familia para cumplir el propósito de Dios en su vida. De la misma manera, nosotros debemos estar dispuestos a dejar ciertas cosas ante el llamado de Dios para nuestras vidas.

***Pregunta:* ¿Qué cosas podría Dios estar pidiendo que abandonemos, de manera que Él pueda cumplir su voluntad en nosotros?**

Posibles respuestas:

a. ¿Amistades o relaciones que no convienen?

b. ¿Actitudes que no le agradan a Dios?

c. ¿La comodidad que nos lleva a la complacencia?

d. ¿Rencores que no permiten progresar espiritualmente?

e. ¿Temores y ansiedades que limitan nuestro servicio?

f. ¿Malos hábitos que nos hacen daño?

g. ¿Posesiones y bienes que nos atan?

2. Dios llamó a Abraham para que saliera de su tierra hacia un lugar que Él le mostraría en el camino. En otras palabras, Abraham salió sin saber hacia dónde iba, pero confiando en que Dios le dirigiría.

Preguntas:

- **¿Qué nos dice esto sobre la fe de Abraham?**
- **¿Estaremos dispuestos a caminar en fe, aunque no sepamos exactamente cómo será el camino?**
- **¿Puede alguien compartir algún testimonio en donde Dios le llamó sin saber exactamente para qué o para donde, y lo fue descubriendo en el camino?**

Comentario

La vida cristiana es un buen ejemplo en donde la voluntad de Dios para nuestra vida se va descubriendo en el camino. Solo nos corresponde seguir caminando, confiando en la dirección de Dios, y Él nos sorprenderá en la jornada.

3. Dios le prometió un hijo a Sara y Abraham, pero, ante el aparente atraso en su cumplimiento, ellos se idearon la manera de "ayudar" a Dios, a través de Agar. Estas no fueron las instrucciones de Dios, sino que lo hicieron de su propio corazón y voluntad.

Preguntas:

- **¿Por qué creen que Sara y Abraham tomaron esta decisión?**
- **¿Cuáles fueron las consecuencias para Abraham y su familia?**
- **¿Cuáles fueron las consecuencias para Agar e Ismael? ¿Fue esto justo para ellos?**
- **¿Alguna vez hemos sufrido las consecuencias de actuar precipitadamente sin consultar a Dios en oración? ¿Cómo nos hemos recuperado de este tipo de situación?**

Comentario

Tomar decisiones sin consultarlas con Dios resulta en complicar las circunstancias para con nosotros y para quienes nos rodean. Estoy seguro de que todos podemos mirar hacia atrás e identificar momentos en que la impaciencia nos hizo tomar decisiones equivocadas, fuera de su voluntad. Pero, también estoy seguro, de que en el proceso hemos visto la mano de Dios ayudándonos a enderezar el camino.

4. Los patriarcas fueron personas llamadas por Dios, pero, eran humanos y también cometieron errores. Abraham y Sara utilizaron a Agar para sus propósitos, y luego la descartaron junto a Ismael cuando ya no era necesaria por la llegada de Isaac. Esto fue un acto de injusticia en donde fueron víctimas de su propia familia. No obstante, Dios les hizo justicia, tuvo cuidado de ellos, y los reivindicó. Tengamos mucho cuidado de cómo usamos el poder con personas que están bajo nuestra autoridad o bajo nuestra influencia. Procuremos el no hacer en otros las injusticias que no queremos que hagan con nosotros.

5. Dios le prometió a Abraham que tendrían un hijo con Sara, pero esperó hasta que éste tuviera la edad de cien años y Sara noventa y uno para cumplir su promesa. De hecho, cuando Dios les dice que ha llegado el tiempo de la promesa, ambos tuvieron la misma reacción: se rieron dudando de la noticia porque ya eran viejos.

***Pregunta:* ¿Por qué Dios se tardaría tanto tiempo en contestar?**

Posibles respuestas:

a. Dios quería demostrarle a Sara y Abraham que el cumplimiento de la promesa era en efecto un milagro y no un acto de su propia voluntad.

b. Dios quería confirmar a través del milagro del nacimiento de Isaac que era a través de éste que cumpliría la promesa a Abraham de darle una descendencia numerosa y no a través de Ismael. En otras palabras, que Isaac era el hijo de la promesa.

6. Dios le pidió a Abraham que le entregara a su único hijo; es decir, el hijo de la promesa, y él estuvo dispuesto a hacerlo.

***Pregunta:* ¿Qué cosas Dios nos está pidiendo que debemos entregarle de manera que él pueda glorificarse aún más en nuestras vidas?**

Posibles respuestas:

a. ¿Nuestros planes?

b. ¿Nuestros sueños?

c. ¿Nuestros talentos?

d. ¿Nuestro tiempo?

e. ¿Nuestras prioridades?

7. Al considerar la historia de Abraham y Sara en su conjunto: ¿qué cosas podemos aprender del trato de Dios con esta pareja de patriarcas?

Posibles respuestas:

a. No importa el tiempo que pase, no debemos perder la fe, pues Dios es fiel y cumplirá lo prometido en su tiempo.

b. Para Dios no hay nada difícil ni imposible; por lo tanto, debemos caminar en fe aun cuando las circunstancias nos sean contrarias.

c. Dios no improvisa. Él tiene un plan para nuestras vidas. Tan solo nos toca someternos a su voluntad, seguir adelante y confiar en Él.

d. Cuando Dios nos llama, no debemos descualificarnos a nosotros mismos por ningún motivo: edad, limitaciones físicas, prejuicios de otros, o aún prejuicios contra nosotros mismos.

e. Nuestra edad no limita a Dios para cumplir sus propósitos para con nosotros. Seamos jóvenes o mayores, estemos dispuestos a responder a su llamado. Él nos dará las fuerzas y nos respaldará.

f. Abraham pudo ver el cumplimiento de la promesa de que tendría un hijo con Sara. Pero no vio el cumplimiento de la promesa de que su descendencia poseería aquella tierra. Dios le dejó saber que pasarían generaciones antes de que esto sucediera. No obstante, le creyó a Dios de que así sucedería. De la misma manera, tenemos que confiar en Dios aun cuando no veamos en nuestro tiempo el cumplimiento de alguna de sus promesas.

g. No nos sintamos mal si en algún momento nos encontramos dudando de las promesas de Dios. Como hemos visto, aún Abraham, al verse viejo con una esposa mayor y estéril, dudó de que fuera posible tener un hijo. Sin embargo, Dios no lo descartó, sino que le animó y le reafirmó la promesa. Asimismo, Dios nos levanta cuando ponemos nuestra mirada en Él, y reafirma su bendición para con nosotros.

E. Preguntas de reflexión

1. Abraham no presentó excusas para responder al llamado de Dios, sin embargo, algunos personajes bíblicos sí presentaron excusas antes de aceptar su llamado. ¿Cuáles son algunos de estos personajes?

Posibles respuestas:

a. Moisés – dijo que no sabía hablar y que no le creerían, además de dudar de su capacidad para dirigir al pueblo.

b. Isaías – dijo que era un hombre pecador, de labios inmundos.

c. Jeremías – dijo que era muy joven y que no sabía hablar.

d. Gedeón – dijo que su familia era la más débil en la tribu de Manasés y que él era el menor en su casa.

e. Ananías – expresó miedo debido a la reputación de Saulo como perseguidor de cristianos.

En cada uno de estos casos, Dios los capacitó y respaldó, para que llevaran a cabo la misión que les estaba encomendando.

- **¿Cuáles son algunas de las excusas que utilizamos para no responder a los llamados de Dios?**
- **¿Podemos confiar en que Él nos capacitará y respaldará?**
- **¿Puede alguien testificar sobre cómo Dios le ha capacitado para ejercer algún ministerio?**

2. Dios llamó a Abraham y a Sara, quienes le siguieron en fe. Relata alguna experiencia en la cual Dios te haya llamado a dar un paso de fe. ¿Como respondiste? ¿Cuál fue el resultado de esa acción?

3. Sara entendía que Dios no avanzaba con suficiente rapidez en su proyecto de edificar una gran nación. Por lo tanto, tomó la decisión de "ayudar" a Dios utilizando a su sierva Agar como un "vientre de alquiler". Comparte alguna experiencia en la cual posiblemente te hayas adelantado a la voluntad de Dios. ¿Por qué a veces se nos hace difícil ser pacientes y esperar en el Señor?

4. Abraham fue llamado a ser bendición a las naciones por medio de su descendencia, comenzando por Isaac, luego Jacob, continuando con las doce tribus de Israel, hasta la llegada de Jesucristo. ¿Cómo podemos ser de bendición "a las naciones"?

Posibles respuestas:

a. Testificando de Cristo a familiares y amigos.

b. Respaldando a las misiones.

c. Sirviendo en la comunidad.

d. Dando testimonio con nuestras vidas.

F. Oración de cierre

Orar para que el Señor aumente nuestra fe en medio de nuestro diario vivir, de manera que podamos confiar plenamente en que Él tiene un plan y el control de nuestras vidas, aun cuando las circunstancias nos puedan ser adversas.

Lección 4:
La Era de los Patriarcas — Parte II
(Jacob y Esaú) Génesis 25-36 (c. 1930 a.C.)

A. Texto clave (Génesis 28:10-14)

*"10 Salió, pues, Jacob de Beerseba, y fue a Harán. 11 Y llegó a un
cierto lugar, y durmió allí, porque ya el sol se había puesto; y tomó
de las piedras de aquel paraje y puso a su cabecera, y se acostó en
aquel lugar. 12 Y soñó: y he aquí una escalera que estaba apoyada
en tierra, y su extremo tocaba en el cielo; y he aquí ángeles de Dios
que subían y descendían por ella. 13 Y he aquí, Jehová estaba en
lo alto de ella, el cual dijo: Yo soy Jehová, el Dios de Abraham tu
padre, y el Dios de Isaac; la tierra en que estás acostado te la daré
a ti y a tu descendencia. 14 Será tu descendencia como el polvo de
la tierra, y te extenderás al occidente, al oriente, al norte y al sur; y
todas las familias de la tierra serán benditas en ti y en tu simiente."*

B. Introducción

En la lección pasada, pudimos ver que las promesas de Dios a Abraham le fueron confirmadas a su hijo Isaac. Isaac se casó con Rebecca, quien era estéril, pero Dios, fiel a las promesas que había hecho desde el inicio, le concedió el concebir y dar a luz a unos gemelos: Jacob y Esaú. De acuerdo con la costumbre de la época, el heredero de las promesas a Abraham e Isaac debía ser Esaú por ser el mayor de ambos. Sin embargo, desde antes de que nacieran, Dios, en su omnisciencia, le reveló a Isaac y a Rebecca que el mayor (Esaú) le serviría al menor (Jacob). Al decir esto, les estaba anticipando que Jacob sería el heredero de las promesas a Abraham e Isaac en cuanto a que su descendencia poseería la tierra de Canaán y de que serían bendición para todas las familias de la tierra. Veamos los detalles de esta historia.

C. Desarrollo de la lección

1. **Abraham busca esposa para Isaac**

a. Tras la muerte de Sara, Abraham comisionó al criado que administraba sus posesiones para que buscara esposa para su hijo.

b. Le dijo que la mujer no podía ser cananea, sino de su tierra y parentela.

c. El criado se dirigió a Mesopotamia y llegó hasta la ciudad de Harán en donde vivía Nacor, hermano de Abraham.

d. Al llegar a la ciudad, el criado oró a Dios y le puso una señal para saber quién era la elegida para ser la esposa de Isaac:

   "12Y dijo: Oh Jehová, Dios de mi señor Abraham, dame, te ruego, el tener hoy buen encuentro, y haz misericordia con mi señor Abraham. 13He aquí yo estoy junto a la fuente de agua, y las hijas de los varones de esta ciudad salen por agua. 14Sea, pues, que la doncella a quien yo dijere: Baja tu cántaro, te ruego, para que yo beba, y ella respondiere: Bebe,

y también daré de beber a tus camellos; que sea esta la que tú has destinado para tu siervo Isaac; y en esto conoceré que habrás hecho misericordia con mi señor." (Génesis 24:12-14)

e. No había terminado de hablar el criado, cuando apareció una joven llamada Rebeca, hija de Betuel, quien a su vez era hijo de Nacor (hermano de Abraham); o sea, sobrina de Abraham y prima de Isaac. El criado se le acercó y le pidió que le diera agua, lo cual ella hizo, y también le dio agua para sus camellos.

f. Habiéndose cumplido la señal, el criado fue a la casa de Nacor y habló con su familia. Allí les habló de su misión, y de como Dios le había dirigido para llegar hasta Rebeca.

g. Nacor estuvo de acuerdo en que era la voluntad de Dios que Rebeca fuera la esposa de Isaac, y accedió a que se marchara a Canaán con el criado.

h. Ya llegando al lugar en donde habitaba Isaac en Canaán (junto al "pozo del viviente que me ve"), Isaac vio de lejos la caravana y se acercó. El criado le contó todo lo que había hecho.

i. Entonces Isaac tomó a Rebecca por mujer, y la amó, y se consoló de la muerte de su madre. Isaac tenía cuarenta años.

Comentario

Abraham murió de ciento setenta y cinco años, y fue sepultado por sus hijos Ismael e Isaac en la cueva de Macpela, lugar que Abraham había comprado para la sepultura de Sara. A su muerte,

Abraham dejó todo lo que tenía a su hijo Isaac, y Dios lo bendijo de la misma manera en que había bendecido a su padre.

2. **Jacob y Esaú**

   a. Raquel era estéril y no podía tener hijos, pero Isaac oró a Dios y éste le concedió el concebir a gemelos cuando Isaac tenía 60 años.

   b. Durante su embarazo, Rebeca sentía que había una lucha en su vientre, aunque aún no sabía que tenía gemelos. Entonces consultó a Dios y éste le contestó (Génesis 25:23):

      "23 *Y le respondió Jehová:*

      Dos naciones hay en tu seno,
      Y dos pueblos serán divididos desde tus entrañas;
      El un pueblo será más fuerte que el otro pueblo,
      Y el mayor servirá al menor."

   c. Llegado el momento de dar a luz, Esaú fue el primero en nacer seguido por su hermano, quien al salir sujetaba a Esaú por el calcañar (el talón del pie). De ahí su nombre, Jacob, que significa el que toma por el calcañar o el que suplanta, adelantándose así a lo que sucedería en el futuro, con Jacob usurpando el lugar de Esaú.

   d. Esaú era hombre de caza y favorito de su padre, pues comía de lo que él traía. Por otro lado, Jacob era el favorito de su madre, pues éste era de espíritu tranquilo, y prefería quedarse en la tienda.

e. Este favoritismo, como suele suceder, provocó rivalidad entre los hermanos.

f. En un incidente en donde Esaú llegó con hambre del campo, le pidió a Jacob que le diera del guiso que éste estaba preparando. Jacob accedió a darle del guiso con la condición de que le vendiera su primogenitura.

g. Esaú, pensando que moriría de hambre si no comía, aceptó el trato y le vendió la primogenitura a Jacob. Al ceder su primogenitura, cedió también el derecho a ser la cabeza del clan y de heredar las riquezas de su padre.

h. Con este acto, Esaú también renunció a las promesas de Dios para los descendientes de Abraham de las cuales él debía tener conocimiento a través de su padre Isaac.

   "Así menospreció Esaú la primogenitura." (Génesis 25:34c)

Aquí vemos que ambos hermanos obraron mal, uno tomando ventaja de la necesidad de su hermano y el otro, poniendo la necesidad física por encima de las promesas y dignidad que representaban la primogenitura.

3. **Jacob engaña a Isaac**

a. Isaac, ya siendo muy mayor y ciego, le pidió a Esaú que fuera a cazar y le preparara un guiso para entonces bendecirle, y confirmar los derechos de su primogenitura.

b. Rebeca escuchó los planes de Isaac y convenció a Jacob de robarse la bendición de su hermano mediante engaño.

c. Rebeca preparó la comida que Isaac esperaba de Esaú, vistió a Jacob con las ropas de su hermano, y cubrió sus manos con pieles de cabras. Esto, con la intención de que Isaac confundiera a Jacob con Esaú a través del olor de la ropa y los pelos de las pieles, ya que Esaú era velludo.

d. Jacob trajo la comida a su padre haciéndose pasar por Esaú según el plan de su madre. En un principio, Isaac dudó sobre si verdaderamente quien estaba ante sí era Jacob o Esaú.

e. Isaac le preguntó quién de los dos era, y Jacob persistió en la mentira. Isaac inclusive le pidió que se acercara para olerlo y tocar sus manos para comprobar si era Esaú.

f. Finalmente, el engaño funcionó, y Jacob recibió la bendición de Isaac como hijo primogénito.

4. **Jacob en Harán**

a. Al descubrirse el engaño, Esaú le rogó a su padre que lo bendijese, pero ya era tarde.

b. Esaú se propuso en su corazón matar a Jacob una vez su padre muriera y esto llegó a oídos de Rebeca.

c. Rebeca convenció a Isaac de que enviara a Jacob a Harán, a la casa de su tío Labán, con el pretexto de que buscara esposa. No obstante, la verdadera razón era alejarlo de Esaú con la esperanza de que con el tiempo éste desistiera de su plan.

d. Jacob partió camino a Harán. En el camino, Jehová se le reveló mediante un sueño en el que veía una escalera con ángeles que subían y bajaban de la misma. Jehová estaba en lo alto de la escalera y le habló confirmándole las promesas hechas a su padre y a su abuelo Abraham. Jacob llamó Bet-el (casa de Dios) el lugar donde tuvo esta experiencia.

"[13]Y he aquí, Jehová estaba en lo alto de ella, el cual dijo: Yo soy Jehová, el Dios de Abraham tu padre, y el Dios de Isaac; la tierra en que estás acostado te la daré a ti y a tu descendencia. [14]Será tu descendencia como el polvo de la tierra, y te extenderás al occidente, al oriente, al norte y al sur; y todas las familias de la tierra serán benditas en ti y en tu simiente. [15]He aquí, yo estoy contigo, y te guardaré por dondequiera que fueres, y volveré a traerte a esta tierra; porque no te dejaré hasta que haya hecho lo que te he dicho. [16]Y despertó Jacob de su sueño, y dijo: Ciertamente Jehová está en este lugar, y yo no lo sabía. [17]Y tuvo miedo, y dijo: ¡Cuán terrible es este lugar! No es otra cosa que casa de Dios, y puerta del cielo." (Génesis 28:13-17)

e. Una vez en Harán, Jacob fue recibido por su tío Labán, y se enamoró de su prima Raquel.

f. Labán y Jacob acordaron que Jacob trabajaría siete años por Raquel y entonces podría casarse.

g. Jacob hizo su parte del trato, pero la noche de su boda, Labán engañó a Jacob y le entregó a Lea, alegando que según las costumbres de esa región, la hermana menor no podía casarse antes que la mayor.

h. Ante el reclamo de Jacob, Labán le ofreció darle a Raquel como esposa, pero tuvo que comprometerse a trabajar otros siete años, aunque Labán le permitió casarse con Raquel al final de la semana nupcial de Lea.

i. Con el tiempo, Jacob se hizo más rico que Labán, y hubo disputas entre Jacob y los hijos de Labán.

j. Para resolver las diferencias, y también por instrucciones de Dios, Jacob decidió irse en secreto de Harán hacia Canaán, pero su suegro se percató de su salida y lo persiguió hasta alcanzarlo. Finalmente, se reconciliaron y se despidieron amistosamente.

5. **Reconciliación de Jacob y Esaú**

a. Jacob se dirigió a Canaán con sus dos esposas, sus once hijos y su hija (aún no había nacido Benjamín), sus siervos y su ganado.

b. La noche antes del encuentro con su hermano, Jacob luchó con un varón hasta el amanecer. El varón le reclamaba que lo soltara, pero Jacob dijo que no lo haría hasta no recibir su bendición. Finalmente, consiguió la bendición, y el varón le dijo que de ahí en adelante su nombre sería Israel, que significa "el que lucha con Dios". Jacob llamó el lugar de este encuentro Peniel (el rostro de Dios).

"[24]Así se quedó Jacob solo; y luchó con él un varón hasta que rayaba el alba. [25]Y cuando el varón vio que no podía con él, tocó en el sitio del encaje de su muslo, y se descoyuntó el muslo de Jacob mientras con él luchaba. [26]Y dijo: Déjame, porque raya el alba. Y Jacob le respondió: No te dejaré, si no me bendices. [27]Y el varón le dijo: ¿Cuál es tu nombre? Y él respondió: Jacob. [28]Y el varón le dijo: No se dirá más tu nombre Jacob, sino Israel; porque has luchado con Dios y con los hombres, y has vencido." (Génesis 32:24-28)

c. Cuando la comitiva estaba llegando cerca de Esaú, Jacob desarrolló toda una estrategia para aplacar la ira de su hermano. Lo primero que hizo fue enviar tres grupos de mensajeros con regalos anunciando su llegada. Los mensajeros regresaron, avisando que Esaú venía a su encuentro con cuatrocientos hombres.

d. Temiendo Jacob que Esaú tuviera intenciones de atacarlo, dividió la comitiva en tres grupos dejando espacio entre uno y otro. Al frente iban las siervas con sus hijos, seguidos por Lea con sus hijos, y por último Raquel (la favorita) con José, su hijo. El propósito era ganar tiempo para que sus esposas pudieran escapar en caso de que el primer grupo fuera atacado.

e. Jacob se puso al frente de la caravana y según se acercaba a Esaú, se inclinó a tierra siete veces hasta encontrarse con él. Sin embargo, los temores de Jacob fueron infundados, pues su hermano corrió hacia él, le abrazó y le besó. Juntos lloraron y se reconciliaron.

f. Luego de reconciliarse con su hermano, Jacob se quedó a vivir en la tierra de Canaán, cumpliéndose la palabra que Dios le había dado en Betel de que regresaría a la tierra de donde había salido.

g. Jacob tuvo un total de seis hijos de Lea (Rubén, Simeón, Leví, Judá, Isacar, Zabulón) y una hija (Dina). De la esclava de Lea, tuvo dos hijos (Gad y Aser). De la esclava de Raquel tuvo dos hijos (Dan y Neftalí), y de Raquel (quien también era estéril) tuvo dos hijos (José y Benjamín), quienes fueron los favoritos de Jacob, repitiendo el error de sus padres de favorecer a unos hijos en contra de otros.

Raquel murió dando a luz a Benjamín. El total de hijos varones de Jacob fue de 12, siendo estos los patriarcas de las 12 tribus de Israel.

h. Un detalle importante que queremos adelantar de la próxima lección es que antes de morir, Jacob adoptó a los dos hijos de José (Manasés y Efraín) como hijos suyos, y los bendijo como a tales. Por tanto, llegaron a ser cabezas de tribus y participaron de la repartición de las tierras de Canaán junto con el resto de los hijos de Jacob-Israel. A las tribus de Manasés y Efraín se les conoce como las medias tribus que, en conjunto, debieron ser la tribu de José.

i. La tribu de Efraín jugó un papel prominente en la historia de Israel, según profetizó su abuelo, quien bendijo a Efraín como si fuera el mayor, por encima de su hermano Manasés que era el mayor de los dos.

D. Enseñanzas de la historia de Jacob y Esaú

1. En esta lección vemos a Dios dirigiendo paso a paso el camino del siervo de Abraham en la búsqueda de esposa para Isaac. No fue casualidad que Rebeca se acercara al pozo justo cuando el siervo oró a Dios y puso una señal para identificarla. No fue casualidad que Nacor estuviera de acuerdo con que era la voluntad de Dios que Rebeca fuera la esposa de Isaac. Tampoco fue casualidad que Rebeca estuviera de acuerdo en salir de su tierra hacia Canaán. Desde antes de salir, Dios había preparado el camino como parte de su plan maestro para levantar una nación de la descendencia de Abraham, y había identificado a los personajes principales para sus propósitos.

***Pregunta:* ¿Puede alguien testificar de alguna situación en donde ha visto la mano de Dios dirigiéndole paso a paso? (Situaciones en donde Dios pone en el camino a las personas que pueden ayudarnos)**

2. La esterilidad de Rebeca fue otra oportunidad para Dios demostrar su poder y fidelidad a través del milagro de la maternidad. Sin duda, las pruebas y dificultades son escenarios que nos permiten ver a Dios obrando a nuestro favor. Sus planes para con nosotros se cumplirán, a pesar de cualquier circunstancia negativa u oposición.

3. El favoritismo demostrado por Isaac y Rebeca hacia sus hijos trajo consecuencias funestas para la familia: celos, engaños, traición, resentimientos, codicia, sufrimiento, deseos de venganza, separación entre hermanos, desprecio de uno en favor del otro, etc. El favoritismo en las familias siempre traerá problemas y heridas profundas que son muy difíciles de sanar. Los padres y familiares en general no deben de mostrar preferencias por los suyos. Esto producirá en los menos favorecidos heridas de baja autoestima y autocompasión que arrastrarán hasta la vida adulta limitando su realización plena y felicidad. Estoy seguro de que todos hemos visto ejemplos del daño causado por el favoritismo en alguna familia, quizás la nuestra. Procuremos no repetir el error de Isaac y de Rebeca en nuestra propia familia; y si lo hemos cometido, estamos a tiempo de pedir perdón.

4. Dios le reveló a Rebeca que el mayor serviría al menor, pero Dios no necesita de trampas y trucos para hacer cumplir su voluntad. Los caminos de Dios son rectos y justos. El cumplimiento de esta palabra hubiese sido por otro camino que no conllevara engaño

y traición. Tenemos que cuidarnos de querer "ayudar" a Dios de maneras que no son aceptables ni buenas, pues sin lugar a duda, sufriremos las consecuencias.

5. El engaño de Rebeca le costó el perder a su hijo, al que posiblemente no volvió a ver, pues Rebeca no es mencionada al momento del regreso de Jacob. Por su parte, Jacob vivió un largo proceso de aprendizaje y consecuencias a causa de su pecado.

   a. El engañador, también fue engañado por su tío Labán.
   b. Estuvo en el exilio unos veinte años, lejos de la casa de sus padres.
   c. Enemistado con su hermano.
   d. Viviendo con el temor de la venganza de su hermano.

6. Jacob se humilló ante su hermano reconociendo que había obrado mal, y su hermano le perdonó. El poder del perdón es inmensurable (no se puede medir). Para que haya sanidad en las relaciones, tiene que haber la voluntad de pedir perdón por parte de los ofensores, y la voluntad de perdonar de parte de los ofendidos. Jacob trató de compensar su error con regalos, pero pienso, que lo que tocó el corazón de su hermano fue su humillación.

7. En esta historia vemos la misericordia de Dios, quien a pesar de nuestros errores es fiel a sus promesas, y nos ofrece la oportunidad de ser perdonados y de comenzar de nuevo. Esto no quiere decir que no sufriremos las consecuencias de nuestro pecado; pero sí quiere decir, que, si nos volvemos a Dios en arrepentimiento, Él perdona y restaura. Jacob vivió las consecuencias de su pecado, pero también experimentó la restauración de Dios.

a. Dios le cuidó en su camino.

b. Dios confirmó las promesas hechas a sus padres Abraham e Isaac.

c. Jacob tuvo la oportunidad de reconciliarse con su hermano.

d. Jacob llegó a tiempo para enterrar a su padre.

e. Dios le prosperó materialmente, le dio descendencia, y le permitió ver los hijos de sus hijos.

f. Dios le reveló el futuro de su pueblo para testimonio de sus hijos, y de las futuras generaciones, incluyéndonos a nosotros.

g. Dios le permitió morir en paz.

8. Ninguna circunstancia debe llevarnos a sacrificar nuestros valores y nuestra integridad como lo hizo Esaú al vender la primogenitura, ni como lo hizo Jacob al engañar a su padre. Las necesidades van a sobrar en el camino y habrá momentos en que el enemigo de las almas nos ofrecerá soluciones "fáciles" y deshonestas disfrazadas de "oportunidades". Tenemos que pedir discernimiento y sabiduría de parte de Dios para:

a. No involucrarnos en ofertas que son negocios turbios.

b. No confundir fe con imprudencia para lanzarnos a proyectos o soluciones que no son su voluntad.

c. No mentir para obtener beneficios que no nos corresponden.

d. Medir bien las consecuencias para nosotros, nuestras familias y el evangelio, antes de arriesgarnos a desobedecer a Dios y poner en duda nuestro testimonio como creyentes en Jesucristo.

E. Preguntas de reflexión

1. La corrupción y el engaño son parte del estilo de vida de esta sociedad, y hasta hay quien se enorgullece diciendo que es cuestión de ser más listo que nadie. ¿Cuáles han sido las consecuencias que estamos viviendo como pueblo ante gente que vende sus valores para alcanzar dinero, poder y fama a costa del beneficio de otros?

2. ¿Cuáles son las posibles consecuencias para una familia en donde se vive el favoritismo de los padres al favorecer un hijo sobre otro, de un nieto sobre otro, etc.?

3. Si hemos practicado el favoritismo con nuestros hijos o nietos: ¿Cómo podemos enmendar nuestros errores?

4. Dios tiene promesas para nosotros y para nuestros hijos; sin embargo, las promesas de Dios no son incondicionales y demandan acciones de parte de nosotros para poder ver su cumplimiento: ¿Qué acciones debemos tomar para no retrasar o impedir el cumplimiento de las promesas de Dios?

Posibles respuestas:

a. Ser fieles a Dios.

b. Ser pacientes esperando el tiempo de Dios.

c. Hacer la parte que nos toca (trabajar, estudiar, hacer las gestiones correspondientes, dar testimonio, etc.)

d. Mantenernos en honestidad e integridad.

e. Ser justos con nuestros semejantes, empezando por nuestra familia.

f. Intercesión constante en oración por nuestra familia.

g. Mostrar el modelaje correcto dentro y fuera del hogar.

h. Tener la capacidad de pedir perdón a Dios y a nuestra familia cuando nos hemos equivocado.

i. Procurar enmendar nuestros errores.

j. Recordar cuales son las prioridades:

   "[33]*Mas buscad primeramente el reino de Dios y su justicia, y todas estas cosas os serán añadidas.*" (Mateo 6:33)

F. Oración de cierre

Oremos para que Dios nos ayude a ser honestos e íntegros en todas las facetas de nuestra vida: hogar, trabajo, iglesia y comunidad. Oremos por fe, paciencia y fortaleza mientras esperamos el cumplimiento de sus promesas.

CONOCE LA HISTORIA BÍBLICA
El Camino a Nuestra Salvación

Lección 5:
La Era de los Patriarcas — Parte III
De esclavo a gobernador de Egipto
Génesis 37-50 (c. 1880 a.C.)

A. Texto clave (Génesis 41:38-41)

"[38]y dijo Faraón a sus siervos: ¿Acaso hallaremos a otro hombre como este, en quien esté el espíritu de Dios? [39]Y dijo Faraón a José: Pues que Dios te ha hecho saber todo esto, no hay entendido ni sabio como tú. [40]Tú estarás sobre mi casa, y por tu palabra se gobernará todo mi pueblo; solamente en el trono seré yo mayor que tú. [41]Dijo además Faraón a José: He aquí yo te he puesto sobre toda la tierra de Egipto."

B. Introducción

Hace muchos años escuché al Rvdo. Gamaliel Ortiz, padre, en un sermón titulado: Gracias Señor por las pruebas. En mi mente de un joven de apenas unos 20 años de vida, me resultaba difícil decir: "gracias por las pruebas", cuando en la naturaleza humana, una de las cosas más difíciles de aceptar es precisamente la prueba y la adversidad. Cuando algo difícil nos viene encima la primera pregunta casi siempre es ¿por qué pasó esto? La segunda es parecida ¿por qué a mí (o a nosotros)? Lo tercero usualmente es una queja: "no es justo, no lo merezco". Sin embargo, con el pasar de los años, he aprendido que las pruebas son parte de los procesos de Dios para nuestra madurez y que como dice el apóstol Pablo: *"[28]Y sabemos que a los que aman a Dios, todas las cosas les ayudan a bien, esto es, a los que conforme a su propósito son llamados."* (Romanos 8:28)

En la vida de José, que es el tema de esta clase, veremos el cumplimiento de esta enseñanza bíblica. Les exhorto a que según vayamos avanzando en el estudio de la lección meditemos en los siguientes puntos:

1. ¿Qué cosas hizo José para obtener victoria sobre sus pruebas?

2. ¿De qué maneras compensó Dios la fidelidad de José?

3. ¿Cómo las pruebas han sido de bendición para nosotros?

C. Desarrollo de la lección

1. En la casa de su padre

a. José era hijo de Raquel (la esposa favorita de Jacob). Debido a esto y al hecho de haberlo tenido en su vejez, José recibió un trato preferencial por parte de su padre. Su padre le amaba más que al resto de sus hermanos, y lo demostraba.

b. El favoritismo de Israel hacia José provocó celos y envidia de parte de sus hermanos.

c. El joven José tuvo dos sueños que daban a entender que sus hermanos mayores algún día se inclinarían ante él. José compartió los sueños con sus hermanos y éstos le aborrecieron aún más. Además de esto, José le informaba a su padre sobre la mala conducta de sus hermanos, lo que agravó el sentimiento de ellos hacia José.

d. El aborrecimiento fue tal, que los hermanos conspiraron para matar a José aprovechando que estaban en el campo. Le atraparon y echaron en una fosa, pero, finalmente optaron por venderlo como esclavo a unos ismaelitas (árabes) que iban camino a Egipto.

e. Como parte de la conspiración tomaron la túnica de colores que le había regalado su padre, y la mancharon con sangre para hacerle creer que José había muerto despedazado por un animal.

f. Le llevaron la túnica manchada con sangre a su padre, quien lloró sin consuelo la aparente muerte de su hijo.

2. **Esclavo y preso en Egipto**

a. Una vez en Egipto, José fue vendido a Potifar, capitán de la guardia de Faraón.

b. Aun cuando estaba bajo la condición de esclavo, el relato bíblico dice: *"Mas Jehová estaba con José y fue varón próspero."* (Génesis 39:2a)

c. Potifar se percató de las capacidades de José y le puso a cargo de todos los asuntos de su casa como mayordomo principal. Todo lo que estaba bajo la administración de José prosperaba, y su amo estaba muy complacido.

d. Dice la Biblia que José era de *"hermoso semblante y bella presencia"*, y la esposa de Potifar puso los ojos en él.

e. La esposa de Potifar trató de seducirlo para que durmiera con ella, pero él se negó por respeto a su amo y por no pecar contra Dios. Ella lo atacó agarrándolo por su ropa, pero él salió corriendo, dejando la ropa en sus manos.

f. En venganza por no aceptar dormir con ella, la esposa de Potifar lo acusó ante su esposo de intento de violación.

g. Potifar lo envió a la cárcel, y aquí también dice el relato bíblico que Dios estaba con él. José halló gracia ante el jefe de la cárcel, quien lo puso a cargo de todos los presos y asuntos de la prisión.

h. El copero y el panadero de Faraón fueron puestos en la prisión donde estaba José. Ambos tuvieron sueños que tenían que ver con su futuro inmediato, y José los interpretó. Las interpretaciones se cumplieron a cabalidad: el panadero fue ejecutado, y el copero fue reestablecido en su puesto.

i. Pasados dos años, Faraón tuvo dos sueños que nadie podía interpretar. Entonces, el copero se acordó de José y le dijo a Faraón que este joven podía interpretar los sueños.

j. Faraón hizo venir a José y éste le dio la interpretación de los sueños: vendrían siete años de abundancia en las cosechas, seguidos por siete años de escasez. Al ofrecer la interpretación, José reconoció que no era él, sino Dios quien daba la interpretación.

k. Junto con la interpretación, José le recomendó a Faraón el construir almacenes para almacenar el trigo en los años de abundancia, y así preparar al país para los años de escasez.

3. **Gobernador de Egipto**

   a. Faraón aceptó la interpretación de los sueños y los consejos de José.

   b. Reconociendo la sabiduría que había en José, Faraón lo nombró gobernador de Egipto, de manera que estuviera a cargo de ejecutar el plan propuesto por él mismo por inspiración de Dios.

   c. Cuando llegaron los años de escasez, el país estaba preparado, y los pueblos que estaban alrededor iban a Egipto a comprar alimento.

   d. José hizo prosperar la casa de Faraón, al punto de que, todas las propiedades y ganado de los egipcios llegaron a ser propiedad de Faraón, pues, cuando la gente no tuvo más dinero ni ganado para pagar por el alimento, entonces pagaron con sus propiedades.

4. **Reencuentro con su padre y hermanos**

   a. A consecuencia de la escasez, Jacob envió a sus hijos a Egipto a comprar alimento, resultando en el reencuentro de José con sus hermanos. Sus hermanos no lo reconocieron, y José hizo como que no los conocía.

   b. En el momento del encuentro, sus hermanos se inclinaron ante José, pues él estaba a cargo de la distribución del alimento. De esta manera, se cumplieron los sueños que tuvo José en su juventud.

c. José indagó (sin darse a conocer aún) sobre su padre, y supo que aún vivía, y que tenía un hermano menor (hijo de su madre Raquel) a quien no conocía.

d. José acusó a sus hermanos de ser espías, lo que ellos negaron, pues no era cierto. José les permitió regresar a Canaán con alimento para sus familias, pero se quedó con uno de ellos (Simeón) como rehén, con el propósito de hacerlos regresar con su hermano menor.

e. Al llegar a Canaán, le contaron a Jacob todo lo acontecido, pero, en un principio, éste se negó a enviar a Benjamín por temor a perderlo. No obstante, la posibilidad de morir de hambre le obligó a ceder, y finalmente envió a sus hijos de vuelta a Egipto con Benjamín.

f. En este segundo encuentro con sus hermanos, José tampoco se dio a conocer en un principio hasta que al fin no pudo contenerse y ante el asombro de sus hermanos les reveló que él era su hermano José. Al darse a conocer, José les dijo lo siguiente:

"4 Entonces dijo José a sus hermanos: Acercaos ahora a mí. Y ellos se acercaron. Y él dijo: Yo soy José vuestro hermano, el que vendisteis para Egipto. 5 Ahora, pues, no os entristezcáis, ni os pese de haberme vendido acá; porque para preservación de vida me envió Dios delante de vosotros. 6 Pues ya ha habido dos años de hambre en medio de la tierra, y aún quedan cinco años en los cuales ni habrá arada ni siega. 7 Y Dios me envió delante de vosotros, para preservaros posteridad sobre la tierra, y para daros vida por medio de gran liberación. 8 Así, pues, no me enviasteis acá vosotros, sino Dios, que me ha puesto por padre de Faraón y por señor de toda su casa, y por gobernador

en toda la tierra de Egipto. [9]Daos prisa, id a mi padre y decidle: Así dice tu hijo José: Dios me ha puesto por señor de todo Egipto; ven a mí, no te detengas." (Génesis 45:4-9)

g. José hizo venir a Jacob con toda su familia, sus siervos y su ganado a Egipto. Eran todos un total de sesenta y seis personas, sin contar las mujeres de sus hijos.

h. Jacob y sus hijos fueron presentados ante Faraón, quien los recibió con agrado, y les autorizó a vivir en la tierra de Gosén que era la mejor tierra de Egipto para el ganado.

5. **Muerte de Jacob**

a. Llegado el momento de morir, Jacob hizo las siguientes cosas:

i. Llamó a José, y le confirmó la promesa de Dios de que ellos volverían a Canaán para poseerla.

ii. Pidió ser enterrado en la cueva de Macpela en Canaán, en donde estaban enterrados: Abraham, Sara, Isaac, Rebeca, y Lea.

iii. Adoptó a los hijos de José como hijos propios. Al momento de bendecirlos, bendijo a Efraín por encima de Manasés, aunque Manasés era el mayor. Con este gesto, anticipó el rol de liderato que tendría la tribu de Efraín entre las tribus del norte de Israel.

iv. Bendijo a cada uno de sus hijos, pero es necesario destacar la bendición a Judá, tribu que asumiría en el futuro el rol de tribu líder, y a través de cuya descendencia vendría el Mesías (Génesis 49:8-10).

"[8]Judá, te alabarán tus hermanos;
Tu mano en la cerviz de tus enemigos;
Los hijos de tu padre se inclinarán a ti.

[9]Cachorro de león, Judá;
De la presa subiste, hijo mío.
Se encorvó, se echó como león,
Así como león viejo: ¿quién lo despertará?

[10]No será quitado el cetro de Judá,
Ni el legislador de entre sus pies,
Hasta que venga Siloh;
Y a él se congregarán los pueblos."

b. Jacob murió, y fue enterrado en Canaán según su deseo.

c. Luego de su muerte, los hermanos de José tuvieron temor de que éste tomaría venganza por el mal que le hicieron en el pasado; sin embargo, José les contestó lo siguiente:
"[19]Y les respondió José: No temáis; ¿acaso estoy yo en lugar de Dios? [20]Vosotros pensasteis mal contra mí, más Dios lo encaminó a bien, para hacer lo que vemos hoy, para mantener en vida a mucho pueblo. [21]Ahora, pues, no tengáis miedo; yo os sustentaré a vosotros y a vuestros hijos. Así los consoló, y le habló al corazón." (Génesis 50:19-21)

d. José vivió para ver a los hijos de sus hijos hasta la tercera generación.

e. Antes de morir, José les recordó a los suyos que Dios los llevaría a la tierra que le prometió a Abraham, Isaac y Jacob, y les hizo jurar que llegado ese día llevarían sus huesos consigo.

f. Murió toda aquella generación de los hijos de Jacob, y sus descendientes se multiplicaron hasta ser un pueblo numeroso en la tierra de Egipto.

D. Enseñanzas de la vida de José

1. José sufrió la traición de sus hermanos, y la venganza de la esposa de Potifar. Con todo, Dios siempre estuvo con Él, y todo aquello que sucedió con la intención de hacerle mal, Dios lo cambió en bendición para él y para todo un pueblo. En medio de las pruebas, Dios siempre estuvo presente. Nosotros podemos afirmar lo mismo: Dios siempre estará con nosotros, y es capaz de tornar las pruebas en bendición.

2. Jamás tomemos acciones contra otros bajo el impulso de enojos, celos o envidia como hicieron los hermanos de José. Estas emociones nos ciegan y nos pueden llevar a hacer o decir cosas que luego lamentaremos. El dejarnos llevar por resentimientos acarrea dolor, injusticias, y consecuencias trágicas para todos, inclusive para nosotros mismos.

3. José prefirió mantener su integridad y fidelidad a Dios antes que ceder a la tentación de la esposa de Potifar. De hecho, el hacer lo correcto le costó su posición en la casa de Potifar y la cárcel, pero, se mantuvo íntegro y al final Dios lo exaltó. Recordemos esta historia cuando nos encontramos en circunstancias que puedan ser comprometedoras. Es posible, que en algún momento tengamos que pagar el precio por ser honestos, pero es preferible

que comprometer nuestro testimonio ante Dios y ante los hombres.

4. José decidió perdonar a sus hermanos, aunque tenía el poder para vengarse. En lugar de enfocarse en el mal que le causaron, puso sus ojos en como Dios había tornado el mal en bien para salvación de su familia. En lugar de usar su autoridad para desquitarse, decidió perdonar y tener misericordia, lo que hizo de su perdón un acto aún más significativo. Los nombres de los hijos de José nos dejan ver esta actitud de perdón y nuevo comienzo: Manasés "hacer olvidar", y Efraín "hacer fructificar".

Las heridas de la casa de nuestros padres, de aquellos que se suponían que nos cuidaran, pueden enfermarnos, atarnos, esclavizarnos, y ser impedimento para nuestra felicidad y crecimiento. Es mejor perdonar, que mantener vivo el rencor hacia aquellos que nos han herido. Repetimos lo que ya hemos mencionado: sin perdón, no hay sanidad.

5. La vida de José nos enseña que, más allá de las pruebas, Dios tiene un plan y un propósito especial con nuestra vida. Entendamos (aunque no sea fácil) que las pruebas serán parte del camino para alcanzar una bendición mayor. Las pruebas son parte de los procesos de Dios para llevarnos a la madurez y el crecimiento, además de que nos sensibilizan y capacitan para ser de bendición para otros. José no imaginó que las experiencias de trabajo en la casa de Potifar y en la cárcel serían parte de su preparación para asumir el rol de gobernador de Egipto. Veamos en cada prueba la posibilidad de que Dios nos esté adiestrando para un propósito mayor.

6. José pudo haber asumido una actitud de rebeldía, protesta y coraje con Dios ante todo lo que le estaba pasando. Así mismo, pudo haberse sumido en sentimientos de auto conmiseración, llorando y lamentando su situación. Sin embargo, no se dejó llevar por estos sentimientos, sino que mantuvo su fe y una actitud de lucha, aprovechando cada oportunidad y puerta que Dios abría para salir adelante. Imitemos la actitud de José ante las crisis. Sigamos siempre adelante con la expectativa de que Dios va al frente abriendo camino para nuestro bien.

7. José, aun estando en condición de servidumbre, se destacó por ser responsable y diligente ganándose la confianza de aquellos que estaban por encima de él. El tener esta actitud fue determinante en los planes de Dios para con él. Usemos de forma diligente los talentos y capacidades que Dios nos ha dado. Es necesario que los cristianos nos destaquemos por ser personas responsables, dedicadas, trabajadoras y confiables. Nuestro trabajo es parte integrante de nuestro testimonio, y facilita la obra de Dios en nuestras vidas.

E. Preguntas de reflexión

1. Desde la perspectiva humana, José estaba en la peor situación posible. Sin embargo, visto desde el plano divino, José estaba en el lugar indicado para cumplir con la misión que Dios le había asignado.

- **¿Te has sentido alguna vez en una situación similar, en donde sabes que estás en el lugar donde Dios te puso, pero las circunstancias son extremadamente difíciles? ¿Qué has hecho para mantenerte en pie y seguir adelante?**

2. La Biblia dice que Dios estuvo con José, aún en los momentos más difíciles de su vida. ¿Puede alguien testificar sobre como Dios ha provisto consuelo y fortaleza en tiempos de prueba?

3. José pasó años en la cárcel, esperando que alguien se acordara de él y le ayudara a salir en libertad. Piensa en algún momento en el cual hayas tenido que esperar por largo tiempo la respuesta a una oración.

- **¿Cómo lograste perseverar en la fe durante este tiempo de espera?**

4. José tuvo la oportunidad de tomar venganza contra sus hermanos. Hasta pudo haber pensado que cualquier castigo para ellos hubiera sido justo. Sin embargo, optó por perdonarles.

- **¿Qué nos enseña esta historia sobre el perdón?**
- **¿Qué nos enseña esta historia sobre cómo manejar los malos recuerdos?**
- **¿Qué nos enseña esta historia sobre las relaciones familiares?**
- **¿Qué nos enseña esta historia sobre cómo comportarnos cuando estemos en posiciones de autoridad?**

5. Habiendo leído su historia, ¿qué es lo más que te impresiona del carácter de José? ¿Qué podemos aprender de su ejemplo de fe y perseverancia?

6. En medio de las pruebas como esclavo y prisionero, José pasó por experiencias que fueron clave en su preparación para ser gobernador de Egipto. ¿Puede alguien testificar sobre cómo las

pruebas han sido parte de su crecimiento para enfrentar nuevas experiencias de vida? En otras palabras, ¿puede alguien decir: "si no hubiese pasado por esta experiencia aparentemente negativa o difícil, no hubiese podido superar esta otra situación?

7. Romanos 8:28 declara:

   "[28]Ahora bien, sabemos que Dios dispone todas las cosas para el bien de los que lo aman, es decir, de los que él ha llamado de acuerdo a su propósito." (Versión Reina Valera Contemporánea)

¿Cómo se relaciona la enseñanza de este versículo con la historia de José y con tu propia historia?

F. Oración de cierre

Oremos para que seamos capaces de ver a Dios obrando en medio de nuestras pruebas y dificultades. Oremos para que, al igual que José, podamos tener las actitudes correctas (fe, esperanza, diligencia, paciencia, etc.) que nos ayuden a superar los momentos difíciles que nos toque enfrentar en la vida.

CONOCE LA HISTORIA BÍBLICA
El Camino a Nuestra Salvación

Lección 6:
Esclavitud y Liberación
Éxodo 1-15 (c. 1876 a.C. - 1446 a.C.)

A. Texto clave (Éxodo 3:9-12)

"9 El clamor, pues, de los hijos de Israel ha venido delante de mí, y también he visto la opresión con que los egipcios los oprimen.
10 Ven, por tanto, ahora, y te enviaré a Faraón, para que saques de Egipto a mi pueblo, los hijos de Israel. 11 Entonces Moisés respondió
a Dios: ¿Quién soy yo para que vaya a Faraón, y saque de Egipto a los hijos de Israel? 12 Y él respondió: Ve, porque yo estaré contigo; y
esto te será por señal de que yo te he enviado: cuando hayas sacado de Egipto al pueblo, serviréis a Dios sobre este monte."

B. Introducción

Dios tiene el control de la historia. En el libro del Éxodo vemos la continuación de su plan para redimir a la humanidad a través de Israel, su pueblo escogido, cumpliendo las promesas a Abraham, Isaac y Jacob. Repasemos brevemente estas promesas:

Promesa de Dios a Abraham (Génesis 15:13-19)

"Entonces Jehová dijo a Abram: Ten por cierto que tu descendencia morará en tierra ajena, y será esclava allí, y será oprimida cuatrocientos

años. Mas también a la nación a la cual servirán, juzgaré yo; y después de esto saldrán con gran riqueza. Y tú vendrás a tus padres en paz, y serás sepultado en buena vejez. Y en la cuarta generación volverán acá; porque aún no ha llegado a su colmo la maldad del amorreo hasta aquí. Y sucedió que puesto el sol, y ya oscurecido, se veía un horno humeando, y una antorcha de fuego que pasaba por entre los animales divididos. En aquel día hizo Jehová un pacto con Abram, diciendo: A tu descendencia daré esta tierra, desde el río de Egipto hasta el río grande, el río Eufrates; la tierra de los ceneos, los cenezeos, los cadmoneos, los heteos, los ferezeos, los refaítas, los amorreos, los cananeos, los gergeseos y los jebuseos."

La promesa es confirmada a Isaac (Génesis 26:2-4)

"Y se le apareció Jehová, y le dijo: No desciendas a Egipto; habita en la tierra que yo te diré. Habita como forastero en esta tierra, y estaré contigo, y te bendeciré; porque a ti y a tu descendencia daré todas estas tierras, y confirmaré el juramento que hice a Abraham tu padre. Multiplicaré tu descendencia como las estrellas del cielo, y daré a tu descendencia todas estas tierras; y todas las naciones de la tierra serán benditas en tu simiente, por cuanto oyó Abraham mi voz, y guardó mi precepto, mis mandamientos, mis estatutos y mis leyes."

La promesa es confirmada a Jacob (Génesis 35:10-12)

"Y le dijo Dios: Tu nombre es Jacob; no se llamará más tu nombre Jacob, sino Israel será tu nombre; y llamó su nombre Israel. También le dijo Dios: Yo soy el Dios omnipotente: crece y multiplícate; una nación y conjunto de naciones procederán de ti, y reyes saldrán de tus lomos. La tierra que he dado a Abraham y a Isaac, la daré a ti, y a tu descendencia después de ti daré la tierra."

Profecía de Jacob sobre su pueblo (Génesis 48:21)

"Y dijo Israel a José: He aquí yo muero; pero Dios estará con vosotros, y os hará volver a la tierra de vuestros padres."

Profecía de José sobre su pueblo (Génesis 50:24-25)

"Y José dijo a sus hermanos: Yo voy a morir; mas Dios ciertamente os visitará, y os hará subir de esta tierra a la tierra que juró a Abraham, a Isaac y a Jacob. E hizo jurar José a los hijos de Israel, diciendo: Dios ciertamente os visitará, y haréis llevar de aquí mis huesos."

C. Desarrollo de la lección

1. **El pueblo de Israel en Egipto**

    a. Al pasar el tiempo, el pueblo de Israel se multiplicó de tal modo que llegó a ser más numeroso que el pueblo de Egipto.

    b. Cuando nos enfrentamos al libro de Éxodo, vemos que se había levantado un Faraón que no conocía a José. Este faraón sometió al pueblo de Israel a esclavitud por temor de que éstos se rebelaran contra ellos.

    c. Luego de cuatrocientos treinta años en Egipto (según Dios le había revelado a Abraham, Génesis 15:13) llegó el tiempo de sacar al pueblo de Egipto y llevarlo a Canaán, la tierra prometida. Para llevar a cabo esta misión Dios levantó a Moisés como libertador quien guio al pueblo hasta Canaán en un peregrinaje que duró cuarenta años.

¿Qué dice la arqueología sobre la esclavitud en Egipto?

Aunque no hay pruebas arqueológicas definitivas de la esclavitud hebrea en Egipto tal como se describe en la Biblia, hay evidencia indirecta que sugiere la presencia de semitas en Egipto, y que la esclavitud y trabajos forzados de extranjeros eran una práctica común en la época. Dicha evidencia, aunque indirecta, según se ha indicado, es acorde con el contexto del relato bíblico en el Éxodo. Veamos un resumen de los puntos más importantes de este tópico.

a. **Excavaciones en Tell el-Dab'a (Avaris)** han revelado restos de una población semita que habitó esta región del delta del Nilo en el segundo milenio a.C. Avaris fue la capital de los hicsos, un grupo semita que gobernó el norte de Egipto. Aunque no se ha demostrado que estos habitantes fueran específicamente hebreos, su presencia indica la existencia de pueblos semitas en Egipto en una época que podría coincidir con la estadía de los hebreos.[1]

b. **Restos de arquitectura y cerámica en Avaris** son similares a los hallazgos en Canaán, lo cual sugiere que los semitas que habitaban esta región provenían de áreas cercanas a los hebreos.[2]

c. **Papiro de Brooklyn:** Un documento egipcio conocido como el Papiro de Brooklyn (datado entre 1809 y 1743 a.C.) contiene una lista de nombres de esclavos en

---

[1]Hallote, R. (Fall 2021). *Does Archaeology confirm Joseph time in Egipt?* Biblical Archaeology Society Library. https://library.biblicalarchaeology.org/article/does-archaeology-confirm-josephs-time-in-egypt/

[2]Ver pie de página anterior.

Egipto. Muchos de estos nombres son semitas y tienen características similares a nombres hebreos, lo que sugiere que semitas fueron parte de la fuerza laboral esclavizada en Egipto. Aunque no prueba la presencia de los hebreos en particular, muestra que había personas de origen semita trabajando en condiciones de servidumbre.[3]

d. **Estelas y documentos egipcios:** Algunos textos egipcios mencionan la presencia de grupos semitas en Egipto que realizaban trabajos forzados en proyectos de construcción. Aunque estos textos no mencionan específicamente a los hebreos, sí documentan la existencia de trabajadores extranjeros o "asiáticos" que realizaban trabajos duros.[4]

e. **La Estela de Merneptah:** Esta inscripción, fechada aproximadamente en 1208 a.C., es uno de los primeros registros egipcios que menciona a "Israel" como un grupo étnico en Canaán, lo que sugiere que, para esa época, Israel ya estaba establecido fuera de Egipto. Algunos estudiosos interpretan esto como un indicio de que los israelitas ya podrían haber pasado por un éxodo.[5]

---

[3]H. (February 1998). *First person a name in search of a story.* Biblical Archaeology Society Library. https://library.biblicalarchaeology.org/department/first-person-a-name-in-search-of-a-story/

[4]Phillips, K. (December 7th, 2021). *The Rekhmire Tomb Scenes.* Tyndale House Cambridge. https://tyndalehouse.com/explore/articles/the-rekhmire-tomb-scenes/#:~:text=This%20scene%2C%20with%20its%20adjoining,purposes%2C%20events%20that%20actually%20occurred.&text=What%20evidence%20is%20there%20that%20the%20Israelites%20were%20slaves%20in%20Egypt?&text=If%20playback%20doesn't%20begin%20shortly%2C%20try%20restarting%20your%20device.

[5]Meynel, J. (June 14, 2024). *Artifacts in focus.* Tyndale House Cambridge. https://tyndalehouse.com/explore/articles/merneptah-stele/

f. **Ladrillos de barro:** En varios lugares de Egipto, especialmente en el delta del Nilo, se encuentran ladrillos de barro, algunos de ellos con paja y otros sin ella. Aunque esto no constituye evidencia directa de los hebreos, es interesante en relación con el relato bíblico en Éxodo 5:7-18, donde los esclavos hebreos se vieron forzados a hacer ladrillos con paja y sin ella.[6]

g. **Prácticas de esclavitud y trabajos forzados:** La arqueología y los textos antiguos muestran que el uso de mano de obra esclava y de trabajos forzados era común en Egipto, especialmente en proyectos de construcción para el faraón. Estos datos muestran que el contexto en el que se narra la historia de la esclavitud en Egipto era una práctica real y documentada.[7]

2. **Moisés en Egipto**

   a. Era hijo de Amram y Jocabed (ambos de la tribu de Leví) y hermano menor de Aarón (futuro primer sumo sacerdote de la casa de Leví) y de María.

   b. Fue protegido por sus padres de la orden de Faraón a las nodrizas, de que echaran al río Nilo a los varones hebreos recién nacidos y dejaran vivir a las niñas. Faraón dio esta orden para evitar que los israelitas siguieran multiplicándose por temor a que se rebelaran contra los egipcios.

---

[6]Falk, D. (November 2, 2024). *Brick by Brick.* Biblical Archaeology Society Library. https://library.biblicalarchaeology.org/article/brick-by-brick/

[7]Ver pie de página anterior.

c. Las nodrizas se negaron a obedecer a Faraón poniendo como excusa que las mujeres hebreas eran fuertes y que daban a luz solas.

d. Los padres de Moisés le escondieron por tres meses, pero cuando ya no podían esconderle le pusieron en una canasta y lo echaron a flotar por la orilla del río en un área frecuentada por los egipcios con la esperanza de que alguien le rescataría.

e. Su hermana María se mantuvo observándolo de lejos para ver qué acontecería.

f. La hija de Faraón llegó al lugar junto con sus doncellas para lavarse y vio la canasta. Le ordenó a una de sus doncellas que se la trajera.

g. Al recibir la canasta, tomó al niño, y al verle llorando tuvo compasión de él.

h. La princesa reconoció que el niño era hebreo.

i. Su hermana María, al ver lo acontecido, se acercó a la princesa y le ofreció buscarle una nodriza de entre las hebreas para que lo alimentara. La princesa accedió y María trajo a Jocabed, la madre de Moisés.

j. La princesa le dio instrucciones de que criara al niño y que ella le pagaría.

k. Una vez el niño creció Jocabed se lo entregó a la hija de Faraón, quien lo adoptó como hijo y le puso por nombre Moisés (sacado de las aguas).

l. Moisés fue criado en la corte de Faraón como príncipe, pero estaba consciente de que era hebreo de nacimiento.

3. **Moisés en el desierto**

   a. Moisés, siendo ya de cuarenta años, fue a ver a sus hermanos hebreos en sus labores que eran muy duras.

   b. Presenció cuando un egipcio maltrataba a uno de los hebreos.

   c. Moisés, pensando que estaban solos, intervino y mató al egipcio.

   d. Al día siguiente, Moisés presenció una riña entre dos hebreos y reprendió al que estaba maltratando a su prójimo. Entonces el hebreo le contestó: *"[14] Y él respondió: ¿Quién te ha puesto a ti por príncipe y juez sobre nosotros? ¿Piensas matarme como mataste al egipcio?"* (Éxodo 2:14)

   e. Moisés, al verse descubierto, huyó al desierto, pues Faraón procuraba matarle por este crimen.

   f. Habitó por cuarenta años en la tierra de Madián con la familia de un hombre llamado Jetro.

   g. Estando en Madián, Jetro le entregó a su hija Séfora por esposa con quien tuvo dos hijos (Gersón y Eliezer), y trabajó como pastor de las ovejas de su suegro.

4. **Llamado de Moisés**

   a. Siendo Moisés de ochenta años, llevó sus ovejas por el desierto buscando pastos. Estando en el desierto, en el monte Horeb, el Ángel de Jehová se le apareció en medio de una zarza (arbusto) que ardía, pero no se consumía.

b. Moisés se acercó para ver de cerca esta visión. Al acercarse, Dios se le reveló y le dio instrucciones de quitar su calzado porque estaba en un lugar santo.

c. Dios se le reveló como el Dios de su padre, Dios de Abraham, Dios de Isaac y Dios de Jacob.

d. Dios le dio instrucciones de ir a Egipto, presentarse a Faraón junto con los ancianos de Israel, y exigir que dejara ir al pueblo tres días de camino en el desierto para ofrecerle sacrificios.

e. Moisés puso reparos y excusas ("¿quién soy yo?", "no sé hablar", "no me creerán", "¿quién les digo que me envía?")

f. Dios refutó todas las excusas de Moisés e hizo varias señales para demostrarle que estaría con Él y que no debía temer. Además, le puso al lado a su hermano Aarón para que hablara por él cuando fuera necesario.

g. Cuando Moisés le preguntó su nombre para poder decirle a los ancianos de Israel y a Faraón quien lo enviaba, Dios le contestó:

"14 Y respondió Dios a Moisés: YO SOY EL QUE SOY. Y dijo: Así dirás a los hijos de Israel: YO SOY me envió a vosotros. 15 Además dijo Dios a Moisés: Así dirás a los hijos de Israel: Jehová, el Dios de vuestros padres, el Dios de Abraham, Dios de Isaac y Dios de Jacob, me ha enviado a vosotros. Este es mi nombre para siempre; con él se me recordará por todos los siglos." (Éxodo 3:14-15)

Comentario

Es interesante notar que, en los evangelios, en momentos en que Jesús quiere afirmar o dar a entender su divinidad, habla de sí mismo como "Yo Soy".

> *"[61]Mas él callaba, y nada respondía. El sumo sacerdote le volvió a preguntar, y le dijo: ¿Eres tú el Cristo, el Hijo del Bendito? [62]Y Jesús le dijo:* ***Yo soy****; y veréis al Hijo del Hombre sentado a la diestra del poder de Dios, y viniendo en las nubes del cielo."* (Marcos 14:61-62)

> *"[28]Les dijo, pues, Jesús: Cuando hayáis levantado al Hijo del Hombre, entonces conoceréis que* ***yo soy****, y que nada hago por mí mismo, sino que según me enseñó el Padre, así hablo."* (Juan 8:28)

> *"[58]Jesús les dijo: De cierto, de cierto os digo: Antes que Abraham fuese,* ***yo soy****."* (Juan 8:58)

> *"[5]Le respondieron: A Jesús nazareno. Jesús les dijo:* ***Yo soy.*** *Y estaba también con ellos Judas, el que le entregaba. [6]Cuando les dijo:* ***Yo soy****, retrocedieron, y cayeron a tierra."* (Juan 18:5-6)

h. Dios le advirtió a Moisés que Faraón se endurecería, pero que Él haría maravillas para forzarlo a ceder como testimonio para Faraón y para los israelitas.

i. Moisés obedeció al llamado de Dios. Tomó a su esposa e hijos y salió rumbo a Egipto.

5. **Liberación de Israel**

a. Moisés y Aarón se presentaron ante Faraón e hicieron su petición según las instrucciones de Dios.

b. Faraón se negó a ceder y se endureció.

c. Dios envió nueve plagas consecutivas sobre los egipcios con el propósito de persuadir a Faraón y de mostrar su poder a los israelitas: sangre en el agua de los ríos, ranas, piojos, moscas, muerte del ganado, úlceras en los cuerpos de hombres y animales, granizo, langostas (insectos que atacan las cosechas), y tinieblas.

d. Faraón no cedió, y ante cada plaga, se endurecía aún más. En ocasiones cedía y le decía a Moisés que podían salir, pero luego se arrepentía viniendo sobre ellos una plaga aún peor que la anterior.

e. En todo este proceso Dios hizo diferencia entre el hebreo y el egipcio. Ninguna de estas plagas tocó al pueblo de Israel que estaba en la región de Gosén.

f. La última y décima de estas plagas fue la muerte de los primogénitos en donde Dios pasó por toda la tierra de Egipto matando a los primogénitos de animales y hombres, incluyendo al hijo de Faraón.

g. Los primogénitos de Israel fueron librados de la muerte a través del sacrificio de un cordero que debía ser sacrificado por cada familia. En un sentido simbólico, el cordero sacrificado tomaba el lugar del primogénito.

h. Veamos las instrucciones para aquella primera Pascua (la fiesta en la cual hoy en día se celebra la liberación de Egipto):

   i. El día diez del mes (de ahí en adelante ese sería el primer mes en su calendario) cada familia debía escoger un cordero para la pascua. El cordero tenía que ser macho y sin defectos.

ii. Todo el pueblo inmolaría el cordero el día 14 del mes y lo prepararía para comerlo.

iii. Las familias comerían el cordero, vestidos y listos para salir de Egipto, ya que esa misma noche serían liberados de la esclavitud.

iv. La carne se comería asada, con panes sin levadura, y con hierbas amargas. Los panes sin levadura porque saldrían de Egipto sin tiempo para leudar la masa, y las hierbas amargas simbolizando lo amargo del cautiverio.

v. Lo que quedase del cordero se quemaría (no debía descomponerse).

vi. No se quebraría hueso alguno del cordero.

vii. La sangre del cordero sería puesta en los dos postes y en el dintel de las puertas.

viii. La sangre serviría como señal a Dios de que un cordero había tomado el lugar del primogénito y pasaría por alto aquella casa (en inglés, "*passover*").

ix. Esta fue la primera pascua del pueblo de Israel, y de ahí en adelante la debían celebrar cada año como memorial de su liberación.

x. El cordero de la pascua es tipo (símbolo) del sacrificio sustitutivo de Jesús por todos nosotros, y representa elementos de las profecías mesiánicas que se cumplirían en Jesús:

1. Jesús es el cordero de Dios que quita el pecado del mundo. (Juan 1:29)
2. Jesús fue arrestado y crucificado en medio de la fiesta de la Pascua. (Lucas 22:1-2, Marcos 14:1)
3. Ningún hueso suyo fue roto. (Juan 19:32-33)
4. La sangre de Jesús nos limpia de todo pecado. (Efesios 1:6-7)

i. Faraón finalmente cedió, y permitió la salida del pueblo; de hecho, los egipcios les rogaron que se fueran.

j. Los hebreos, por instrucciones de Dios, le pidieron a los egipcios prendas y ropa a manera de botín por el tiempo que estuvieron esclavizados, y éstos los llenaron de oro, plata y vestidos.

k. El pueblo (cerca de seiscientos mil hombres sin contar los niños, junto con su ganado y ovejas) comenzó el peregrinaje, guiado por una columna de nube de día y una columna de fuego en la noche, hasta llegar a orillas del mar Rojo.

l. Faraón se arrepintió de haberlos dejado ir y persiguió al pueblo de Israel con su ejército para hacerles volver a Egipto.

m. El pueblo, al verse acorralado frente al Mar Rojo y Faraón a sus espaldas pensaron que iban a morir y comenzaron a quejarse con Moisés.

n. Entonces el pueblo vio una vez más la manifestación del poder de Dios a su favor:

i. La columna de humo se puso entre ellos y el ejército de Faraón de modo que los egipcios no pudieron acercarse.

ii. Dios le dijo a Moisés que extendiera su vara hacia el mar y el mar se abrió, de modo que el pueblo pasó al otro lado en seco por tierra seca.

iii. Cuando el ejército de Faraón también trató de pasar por el mismo camino en medio de las aguas, las aguas cayeron sobre ellos y perecieron ahogados.

"[15]Entonces Jehová dijo a Moisés: ¿Por qué clamas a mí? Di a los hijos de Israel que marchen. [16]Y tú alza tu vara, y extiende tu mano sobre el mar, y divídelo, y entren los hijos de Israel por en medio del mar, en seco. [17]Y he aquí, yo endureceré el corazón de los egipcios para que los sigan; y yo me glorificaré en Faraón y en todo su ejército, en sus carros y en su caballería; [18]y sabrán los egipcios que yo soy Jehová, cuando me glorifique en Faraón, en sus carros y en su gente de a caballo." (Éxodo 14:15-18)

o. El pueblo celebró y festejó en la otra orilla la liberación final de la opresión de los egipcios.

D. Enseñanzas de esta lección

1. Como hemos mencionado en otras lecciones, Dios tiene un plan con respecto a la historia de Israel y lo lleva a cabo en su tiempo (no en el tiempo del hombre). Podemos pensar, ¿por qué cuatrocientos años en Egipto?

a. Dios es justo y sabía el tiempo preciso en que la maldad de los cananeos demandaría el castigo de ser despojados de sus tierras para entregarla a los israelitas (Génesis 15:16).

b. El pueblo de Israel debía de crecer en número hasta ser lo suficientemente grande para constituir una nación al nivel de los otros pueblos.

2. En la vida de Moisés, vemos que Dios llama, capacita y respalda a quien él quiere:

a. Dios preservó la vida de Moisés y por cuarenta años estuvo en palacio preparándose (sin estar consciente de ello) en la sabiduría de los egipcios para la tarea que le esperaba como líder de una nación.

b. Al igual que en la vida de José, Dios cambió la prueba en bendición, y sus cuarenta años en el desierto fueron un período de adiestramiento y aprendizaje para el futuro peregrinaje de Israel.

c. Dios le puso al lado la ayuda que él necesitaba: a su hermano Aarón, y en su momento, a setenta ancianos para que le ayudaran a gobernar al pueblo.

d. Dios hizo milagros, señales y prodigios para demostrar que estaba con Moisés.

Aplicación

Al igual que Moisés, cada uno de nosotros hemos tenido experiencias de vida, estudio y trabajo que nos han provisto de recursos y herramientas para servir de una manera efectiva en los ministerios que Dios nos ha llamado. De la misma manera, hemos pasado pruebas, que nos han servido de aprendizaje, a través de las cuales hemos crecido y nos han capacitado para servir con mayor sabiduría y sensibilidad.

Así mismo, hemos visto la mano de Dios a través de las personas que ha puesto a nuestro lado para que nos ayuden y sostengan en las distintas etapas de nuestra vida. De la misma forma, hemos visto la mano de Dios haciendo milagros que alientan nuestra fe, y que son testimonio a los no creyentes. Evaluemos cada una de estas experiencias y meditemos en el cuidado de Dios de modo que se fortalezca nuestra fe, sabiendo que el Dios que ha estado con nosotros en el pasado es el mismo Dios que seguirá acompañándonos y guiándonos en nuestro caminar.

3. Moisés era un hombre de ochenta años, fugitivo de la justicia, que había vivido por cuarenta años en el exilio y cuyo trabajo era ser pastor de ovejas. En su mente él no era la persona adecuada para la misión de liberar a Israel y probablemente tenía razón. Sin embargo, aunque él no estaba consciente, Dios le había elegido hacía tiempo, y le estuvo preparando para esa tarea. No pongamos excusas cuando Dios nos llame a su obra. Aunque no estemos conscientes, hace tiempo que Él nos eligió, y ha venido preparándonos para servirle.

4. En el caso de Faraón, vemos que la soberbia, la desobediencia y la arrogancia contra Dios, siempre tendrá consecuencias nefastas, no solo para quien se comporta de esta manera, sino también para quienes le rodean. En otras palabras, la humildad es una gran virtud, y el orgullo un gran defecto. Procuremos siempre ser mansos y humildes al trato de Dios para con nosotros.

5. Cuando parece que no hay salida, Dios puede "abrir el mar" que tenemos delante y concedernos la victoria. En momentos de prueba y estrechez, cuando sintamos que somos "perseguidos por Faraón", y que tenemos de frente un mar que parece insalvable, recordemos estas promesas:

> *"[18]**En** las alturas abriré ríos, y fuentes **en** medio de los valles; abriré **en el desierto** estanques de aguas, y manantiales de aguas **en** la tierra seca."* (Isaías 41:18)

> *"[19]He aquí que yo hago cosa nueva; pronto saldrá a luz; ¿no la conoceréis? Otra vez abriré camino **en el desierto**, y ríos **en** la soledad."* (Isaías 43:19)

6. Moisés siguió las instrucciones de Dios en todo momento, y pudo vencer a los enemigos de Israel. Procuremos estar en comunión con Dios para poder discernir su voluntad en cada decisión, y así vencer a los enemigos, y superar las pruebas que se nos presenten.

7. La sangre del cordero de la Pascua, colocada en las puertas de las casas, libró a los hebreos de la muerte de los primogénitos que vino sobre todo Egipto. De la misma manera, la sangre de Jesús (el Cordero de Dios que quita el pecado del mundo) sobre nuestras vidas, nos libra de la muerte causada por el pecado, y nos garantiza vida eterna.

8. Moisés fue el instrumento de Dios para liberar al pueblo de Israel de la esclavitud de Faraón, y dirigirlo a través del desierto a la tierra prometida. Nosotros, los hijos de Dios, somos sus instrumentos para liberar a los perdidos de la condenación causada por el pecado, y dirigirlos a una nueva vida en Cristo Jesús.

E. Preguntas de reflexión

1. ¿Qué nos dice este pasaje sobre el trato de Dios con su pueblo? *"[7]Dijo luego Jehová: Bien he visto la aflicción de mi pueblo que está en Egipto, y he oído su clamor a causa de sus exactores; pues he conocido sus angustias..."* (Éxodo 3:7)

2. Al igual que los patriarcas (Abraham con Agar y Jacob con Esaú), Moisés cometió el error de tratar de adelantarse al plan de Dios, y llevar a cabo la misión de liberar a su pueblo por sus propios medios (matando al egipcio), resultando en su exilio.

- **¿Cómo podemos aplicar esta experiencia de Moisés a nuestra toma de decisiones? ¿Qué puede pasar si tratamos de hacer las cosas a nuestra manera en vez de la manera de Dios?**

3. El pueblo se quejó ante Moisés cuando se vieron acorralados entre Faraón y el Mar Rojo. De momento se olvidaron de las maravillas que había hecho Dios para sacarlos de Egipto, y dudaron de que pudiera salvarles. Esta reacción del pueblo de Israel, ¿se parece en algún modo a nuestras propias actitudes cuando nos enfrentamos a una prueba?

4. Las nodrizas se negaron a seguir las órdenes de Faraón, exponiendo sus vidas al no hacer algo que consideraban que era inmoral.

- **¿Estaremos dispuestos a tomar posiciones a favor de nuestros valores, aun cuando esto represente un riesgo o un costo para nosotros?**

5. En la Biblia vemos cómo Dios eligió y capacitó a varios líderes para misiones específicas como por ejemplo: Moisés, Elías, David, Daniel, Isaías, Pablo, etc.

- **¿Para qué misión, sea grande o "pequeña", crees que Dios te ha estado llamando y preparando?**

F. Oración de cierre

Oremos para que, al igual que Moisés, seamos libertadores, llamados a liberar al mundo de la esclavitud del pecado, y dirigirlos a la libertad en Cristo. Oremos para que, en momentos de prueba, cuando tengamos un mar frente a nosotros, no perdamos la fe, sino que podamos levantar nuestros ojos, y ver que Dios siempre abre camino para nuestra salvación.

Lección 7:
El Peregrinaje en el Desierto
Éxodo 15-40, Levítico, Números, Deuteronomio
(c. 1446 - 1406 a.C.)

A. Texto clave (Deuteronomio 6:4-9)

"[4]Oye, Israel: Jehová nuestro Dios, Jehová uno es. [5]Y amarás a Jehová tu Dios de todo tu corazón, y de toda tu alma, y con todas tus fuerzas. [6]Y estas palabras que yo te mando hoy, estarán sobre tu corazón; [7]y las repetirás a tus hijos, y hablarás de ellas estando en tu casa, y andando por el camino, y al acostarte, y cuando te levantes. [8]Y las atarás como una señal en tu mano, y estarán como frontales entre tus ojos; [9]y las escribirás en los postes de tu casa, y en tus puertas."

B. Introducción

El peregrinaje del pueblo de Israel a través del desierto, camino a la tierra de Canaán, fue un período de preparación en donde se formaron como nación. Dios les entregó a través de Moisés las leyes religiosas, ceremoniales y civiles que les permitirían vivir en paz y armonía los unos con los otros, y tener una relación correcta con Dios. Los elementos principales de estas leyes que servirían de guía al pueblo los encontramos en los diez mandamientos, el tabernáculo (que representaba la presencia de Dios en medio de su pueblo), las ofrendas, y el sistema de sacrificios. Los sacrificios fueron el mecanismo creado por Dios para reconciliar al hombre con el hombre, y al hombre con Dios, cuando la relación entre unos y otros se afectara a causa del pecado. Es durante este peregrinaje de 40 años, que Dios le entregó a Moisés, y éste al pueblo, los primeros cinco libros de la Biblia conocidos como el Pentateuco (Génesis, Éxodo, Levítico, Números y Deuteronomio). Es en los últimos cuatro libros de esta lista que vemos los detalles de lo vivido por el pueblo en su peregrinaje hacia la tierra prometida.

C. Desarrollo de la lección

Parte A – Eventos principales del peregrinaje en el desierto

a. Luego de cruzar el Mar Rojo, y de la liberación final de Faraón, el pueblo de Israel continuó su camino por el desierto hacia la tierra de Canaán.

b. Jetro, el suegro de Moisés, vino a verlo, y observó que Moisés estaba todo el día, desde la mañana hasta la tarde, juzgando los asuntos del pueblo. Jetro le hizo ver que el trabajo era demasiado, y que tanto él como el pueblo desfallecerían si continuaba de esa manera. Entonces, le recomendó que se dedicara a enseñar al pueblo las ordenanzas y leyes de Dios, y que designara a jefes de mil, cien, cincuenta y diez que le ayudaran juzgando las causas más pequeñas, y que solo trajeran a él los asuntos más complejos. Moisés siguió el consejo de Jetro aliviando así su carga, y atendiendo mejor al pueblo.

c. Siguieron camino a Canaán y acamparon al pie del Monte Sinaí.

d. Moisés subió al monte, y allí Dios le propone un pacto para el pueblo: Si ellos aceptaban cumplir con sus mandamientos, Él sería su Dios, y haría de ellos su *"especial tesoro"*, un *"reino de sacerdotes, y gente santa."* (Éxodo 19:5-8)

e. El pueblo aceptó el pacto, comprometiéndose a cumplir todo lo dicho por Dios.

f. Moisés subió nuevamente al monte Sinaí por cuarenta días, en donde recibió instrucciones sobre varias leyes sociales, la construcción del tabernáculo de reunión, la institución del sacerdocio, las fiestas solemnes y los diez mandamientos, los cuales recibió en dos tablas de piedra escritas por Dios.

g. Viendo que Moisés no regresaba del Sinaí, el pueblo pidió a Aarón que le hiciera dioses que fueran delante de ellos.

h. Aarón cedió y construyó un becerro de oro, y el pueblo proclamó que ese era el dios que les había sacado de Egipto.

i. Dios le avisa a Moisés lo que estaba sucediendo con el pueblo. Le dice que, a causa de su infidelidad, lo destruirá, y que le daría un pueblo mejor. Moisés intercedió por el pueblo, recordándole las promesas a Abraham, Isaac y Jacob.

j. Dios escuchó a Moisés, y perdonó al pueblo.

k. Moisés descendió del monte, y confrontó al pueblo con su pecado. En su indignación, destruyó las tablas del testimonio con los diez mandamientos, fundió el becerro de oro, e hizo juicio contra el pueblo.

l. El pueblo se arrepintió, y el pacto con Dios fue renovado.

m. Moisés volvió al monte por otros cuarenta días, y reescribió en tablas de piedra los mandamientos de Dios.

n. El pueblo reinició su camino hacia Canaán.

o. Antes de llegar a Canaán, Moisés envió, por instrucciones de Dios, a doce espías a reconocer la tierra, uno por cada tribu. Su misión era explorar la tierra y traer un informe sobre sus habitantes, las ciudades, sus fortificaciones, y los terrenos de cultivo, con miras a hacer los planes para la conquista.

p. Luego de cuarenta días de exploración, los espías regresaron con su informe. Diez espías ofrecieron un informe negativo diciendo que sus moradores eran más fuertes que ellos, y que sus ciudades estaban fortificadas. Solo dos de los espías (Josué y Caleb) dieron un informe positivo, asegurando que con la ayuda de Dios conquistarían la tierra.

q. El pueblo, al escuchar el informe, se convenció de que no podrían conquistar la tierra, e incluso hablaron de designar un capitán para regresar a Egipto.

r. Josué y Caleb hablaron en favor de seguir adelante y conquistar la tierra, pero el pueblo en su rebeldía habló de apedrearlos.

s. Entonces Dios se manifestó, y una vez más le dijo a Moisés que destruiría a ese pueblo, y le daría un pueblo mejor. Moisés intercedió por el pueblo argumentando que el nombre de Dios sería desprestigiado entre las naciones diciendo que Él no pudo llevar a su pueblo hasta Canaán según les había prometido. Moisés clamó por perdón y misericordia.

t. Dios escuchó a Moisés y se arrepintió del juicio que pensaba ejecutar sobre los israelitas. Sin embargo, decidió castigar a aquella generación que no se atrevió a confiar en sus promesas, y les condenó a peregrinar por cuarenta años en el desierto (uno por cada día en que los espías recorrieron aquella tierra) y no permitió que entraran a la tierra prometida.

u. Todos los que tenían más de veinte años murieron en el desierto, y fueron sus hijos quienes eventualmente entraron a la tierra prometida. La única excepción fueron Josué y Caleb, por ser los únicos de aquella generación que le creyeron a Dios.

v. En el peregrinaje, vemos que, ante cada situación de prueba, la actitud del pueblo no era de fe o confianza, sino de queja, protesta, lamento, desesperanza, y rebeldía, contra Dios y sus líderes.

w. Cumplidos los cuarenta años, llegó el momento de entrar a Canaán. Dios le mostró a Moisés la tierra prometida de lejos, sin embargo, no le permitió entrar a ella.

x. La razón por la cual Dios no permitió a Moisés entrar a la tierra prometida la encontramos en Números 20. En este incidente, Moisés no siguió las instrucciones de Dios, y parece atribuirse el poder o la autoridad para hacer salir agua de la peña. En lugar de hablarle a la peña, que eran las instrucciones de Dios, la golpeó dos veces con la vara.

y. Dios asignó la tarea de la conquista a Josué como sucesor de Moisés.

Parte B – Eventos principales en los libros que relatan el peregrinaje (Éxodo, Números, Levítico, Deuteronomio)

1. **Éxodo (Salida)**

   a. Dios cuida de su pueblo:

      i. Provee alimento de forma milagrosa (maná, agua, codornices).

      ii. Provee nube en el día (protegiendo del sol), y fuego en la noche (protegiendo del frío).

      iii. Les guio por el camino del desierto: cuando la nube se movía, ellos se movían, y cuando la nube se detenía, ellos se detenían.

      iv. No hubo enfermedad, ni desgaste de ropa o calzado.

   b. Dios hace pacto con el pueblo en el Sinaí:

      i. Este es un momento clave en la historia de Israel en donde Dios se compromete a ser su Dios, y ellos se comprometen a ser su pueblo.

ii. Este pacto estaba condicionado a que el pueblo fuera obediente y cumpliera toda la ley que recibieron de parte de Moisés (la obediencia traería bendición y la desobediencia sufrimiento, y maldición).

iii. Un elemento importante de este pacto era la circuncisión de todos los varones como señal del pacto.

c. Dios entrega a través de Moisés los diez mandamientos, que en resumen definen cómo debe ser la relación del hombre con:

i. **Dios (Éxodo 20: 3-11)**

__1)__ No tendrás dioses ajenos delante de mí. __2)__ No te harás imagen, ni ninguna semejanza de lo que esté arriba en el cielo, ni abajo en la tierra, ni en las aguas debajo de la tierra. No te inclinarás a ellas, ni las honrarás; porque yo soy Jehová tu Dios, fuerte, celoso, que visito la maldad de los padres sobre los hijos hasta la tercera y cuarta generación de los que me aborrecen, y hago misericordia a millares, a los que me aman y guardan mis mandamientos. __3)__ No tomarás el nombre de Jehová tu Dios en vano; porque no dará por inocente Jehová al que tomare su nombre en vano. __4)__ Acuérdate del día de reposo para santificarlo. Seis días trabajarás, y harás toda tu obra; mas el séptimo día es reposo para Jehová tu Dios; no hagas en él obra alguna, tú, ni tu hijo, ni tu hija, ni tu siervo, ni tu criada, ni tu bestia, ni tu extranjero que está dentro de tus puertas. Porque en seis días hizo Jehová los cielos y la tierra, el mar, y todas las cosas que en ellos hay, y reposó en el séptimo día;

ii. **El prójimo (Éxodo 20:12-17)**

__5)__ Honra a tu padre y a tu madre, para que tus días se alarguen en la tierra que Jehová tu Dios te da. __6)__ No matarás. __7)__ No cometerás adulterio. __8)__ No hurtarás. __9)__ No hablarás contra tu prójimo falso testimonio. __10)__ No codiciarás la casa de tu prójimo, no codiciarás la mujer de tu prójimo, ni su siervo, ni su criada, ni su buey, ni su asno, ni cosa alguna de tu prójimo.

d. Institución del día de reposo (tiene dos propósitos principales):

i. Consagración a Dios

ii. Descanso del hombre

Es importante aclarar que el mandamiento de observar el sábado como día de reposo, es exclusivo para el pueblo de Israel. En el Nuevo Testamento no es requerido a la iglesia (compuesta de judíos y no-judíos) el guardar el sábado. Siendo que Jesús resucitó en domingo, la iglesia primitiva consagró el domingo para sus reuniones, pero el domingo, no es equivalente al sábado judío. Por otro lado, el resto de los diez mandamientos son reafirmados en el Nuevo Testamento como parte de las enseñanzas de Jesús.

e. Entrega de las leyes morales que tienen que ver con la conducta del pueblo para reflejar el carácter de Dios (ej. prohibiciones de: adulterio, idolatría, asesinatos, explotación del pobre, corrupción, etc.)

f. Entrega de las leyes civiles que tienen que ver con el orden social de Israel como nación (ej: matrimonio, divorcio, propiedades, trabajo, trato a los extranjeros, trato a los esclavos, trato a las viudas y huérfanos, trato de crímenes de violencia, restitución de lo robado, etc.)

g. Leyes ceremoniales que tienen que ver con los ritos y ceremonias establecidos para ser limpios del pecado, y reconciliarse con Dios y con el prójimo (ej. Ofrendas y sacrificios).

h. Establecimiento de las Fiestas Religiosas:

   i. Pascua – conmemoración de la salida de Egipto y salvación de los primogénitos a través del sacrificio del cordero de la pascua.

   ii. Cosechas – también llamada la fiesta de pentecostés.

   iii. Tabernáculos – recordaban que habían vivido en tabernáculos o tiendas en el desierto.

   iv. Expiación – día en donde se ofrecían sacrificios por el pecado de todo el pueblo.

i. Construcción del tabernáculo con sus muebles y utensilios (carpa que hacía las veces de templo y lugar de encuentro con Dios con tres áreas principales):

   i. Atrios del tabernáculo – patio donde estaba el altar del sacrificio; todo varón sano (sin defectos físicos) podía entrar aquí.

ii. Lugar santo – entraban solo los sacerdotes para ofrecer el incienso, mantener el candelero ardiendo y presentar los panes de la proposición (simbolizaban la presencia constante de Dios y su provisión para el pueblo de Israel).

iii. Lugar santísimo – solo el sumo sacerdote podía entrar una vez al año en el día de la expiación; aquí se encontraba el arca del pacto; solo Moisés podía entrar en cualquier momento.

iv. Se construyó con las ofrendas hechas por el pueblo.

j. Establecimiento de la institución del sacerdocio, comenzando con la consagración de Aarón y de sus hijos como sacerdotes. El ministerio sacerdotal era de naturaleza hereditaria.

2. **Levítico**

a. Describe el servicio de los levitas y sacerdotes (descendientes de la tribu de Leví) en el tabernáculo.

b. Contiene leyes sobre las ofrendas y sacrificios de expiación (el pago de una ofensa contra Dios o el prójimo mediante un sacrificio). El significado del sistema de sacrificios en el AT lo podemos resumir en los siguientes puntos:

i. La reconciliación (restablecimiento de la comunión entre Dios y el pecador) es instituida por Dios, y es obra totalmente suya.

ii. La sangre (símbolo de la vida) del animal sacrificado, es la que realiza la expiación (los pecados son anulados o cubiertos por la sangre).

iii. La víctima toma el lugar del pecador, que es quien debería morir por su pecado (simbolizado en la imposición de las manos del que trae la ofrenda sobre la víctima confesando sus pecados).

iv. El sacerdote (quien ejecuta el sacrificio), es el mediador para proveer la propiciación (sacrificio ofrecido para evitar la ira divina) al pecador en un acto sacramental (simbólico). El sacerdote representa a Dios ante el pueblo y representa al pueblo ante Dios.

v. Dios, en su justicia, no puede pasar por alto o ignorar el pecado. Por esto, quien pecaba contra Dios o su prójimo, y deseaba reconciliarse, tenía que traer una víctima que tomara su lugar.

vi. El pecado tiene que ser cubierto y alejado de la vista de Dios.

vii. Dios es santo y el pueblo debe ser santo (separado del pecado).

viii. La separación de lo malo y la restitución del pecador.

ix. Lo grande del amor de Dios es que provee un medio de reconciliación para restablecer la paz entre sí mismo y el ser humano.

x. Todo el sistema de sacrificios es tipo de Cristo y de su muerte expiatoria por el pecador.

c. Leyes de limpieza y pureza moral.

d. Leyes sanitarias.

e. Leyes sobre alimentos puros e impuros.

f. Leyes adicionales (ej. agricultura, leprosos, etc.)

g. Bendiciones de la obediencia (Levítico 26:1-13)

h. Consecuencias de la desobediencia (Levítico 26:14-46)

3. **Números**

a. Números narra varias historias sobre el peregrinaje del pueblo a través del desierto.

b. Se realizó un censo del pueblo por tribu, por familias y por la casa de los padres contando los hombres de veinte años hacia arriba (los que podían ir a la guerra).

c. Los levitas no fueron considerados para la guerra, sino que se les consagró para todo lo relacionado con el cuidado, servicio y transportación del tabernáculo.

d. Siendo que los sacerdotes y levitas no recibirían tierras para cultivar en Canaán, se establecieron leyes para su sostenimiento a través del diezmo y ofrendas especiales, que debían ser ofrecidas por el resto de las tribus que sí recibirían tierras.

e. Moisés envió la misión de los doce espías a Canaán.

f. El pueblo es castigado a peregrinar por el desierto por cuarenta años, por haber dudado de la promesa de Dios de que conquistarían la tierra de Canaán.

g. Un grupo de israelitas, al ser confrontados con su falta de fe y el castigo de Dios, se propusieron salir y comenzar la conquista, pero fueron derrotados, ya que estaban fuera de su voluntad. Ya Dios había decretado su juicio por su desobediencia.

h. Los israelitas cometieron varios actos de desobediencia contra Dios; los culpables fueron castigados.

4. **Deuteronomio**

a. La generación que no tuvo fe no entró a Canaán.

b. Moisés hizo un recuento delante del pueblo del peregrinaje a través del desierto, enfatizando en el trato de Dios para con ellos, y su respuesta inconstante a los reclamos de Dios.

c. Moisés exhortó al pueblo a la obediencia, y les recordó las consecuencias de la desobediencia.

d. Dios hizo fuertes advertencias en contra del pecado de idolatría (no debían contaminarse con las costumbres de los cananeos).

e. Moisés reafirmó la ley ante el pueblo, y renovó el pacto entre Dios y los israelitas antes de comenzar la conquista de Canaán.

f. Moisés hizo los preparativos para entrar a la tierra prometida.

g. Dios confirmó que les daría la victoria sobre los cananeos, y que la tierra daría su fruto en abundancia.

h. Se dieron las instrucciones sobre la repartición de las tierras conquistadas entre las 12 tribus.

i. Moisés escribió la ley, y dio instrucciones de guardarla junto al arca del pacto en el tabernáculo como testimonio del pacto.

j. Moisés subió al monte Nebo, y desde allí Dios le mostró la tierra prometida en toda su extensión, pero no le permitió entrar.

k. Moisés murió y fue enterrado por Dios. Nadie supo el lugar de su sepultura.

l. Josué asumió el rol como líder y sucesor de Moisés.

D. Enseñanzas de la lección

1. Dios provee para las necesidades de su pueblo.

   a. Nuestra falta de fe es la que produce quejas, ansiedades y lamentos.

   b. La falta de fe es la que nos lleva a tomar acciones equivocadas para "resolver" una situación o sentir seguridad (ej. el becerro de oro).

   c. Confiemos siempre en el respaldo y la provisión del Señor.

2. Los mandamientos de Dios no son gravosos, ni tienen el propósito de limitar nuestra felicidad. Todo lo contrario, los mandamientos de Dios tienen el propósito de llevarnos a vivir en paz los unos con los otros, y en comunión con Él. Los

mandamientos nos ayudan a ser libres de la esclavitud del pecado y de sus consecuencias.

3. La obediencia trae bendición mientras que la desobediencia resulta en maldición.

4. Las leyes del Antiguo Testamento aplicaban al pueblo de Israel y tenían el propósito de enseñarles a través de los ritos y ceremonias los conceptos de santidad vs. pecado, así como limpieza moral vs. contaminación. Estos ritos eran válidos si había sinceridad de corazón, pero no tenían efecto alguno si se hacían de forma ritual y sin arrepentimiento genuino. Lamentablemente, llegó el momento en que el pueblo hacía los ritos, pero mecánicamente; peor aún, pecaban y pensaban que conseguirían perdón a través del rito, aunque no hubiera arrepentimiento.

5. Todo el sistema de sacrificio, perdón y reconciliación nos hace ver de forma clara la gravedad del pecado, que el hombre no puede salvarse a sí mismo, y la necesidad de mantener una relación correcta con Dios.

6. Los sacrificios eran tipo (símbolo) del futuro sacrificio de Jesús en expiación y propiciación por nuestro pecado. Es por esto por lo que tenía que venir Jesús, el sacrificio perfecto, hecho una sola vez y para siempre para beneficio, no solo de los judíos, sino para beneficio de toda la humanidad según fue dicho a Abraham, Isaac y Jacob.

7. En más de una ocasión, Dios escuchó la intercesión de Moisés en favor del pueblo, y les perdonó. Sin embargo, esto no impidió el que sufrieran las consecuencias por su desobediencia y rebeldía.

E. Preguntas de reflexión

1. Ante las pruebas y dificultades, el pueblo de Israel respondía con queja y rebeldía, ¿se parece esto a la actitud de algunos cristianos al día de hoy? ¿Cuál debe ser nuestra actitud ante las pruebas y dificultades?

2. Podemos decir que los cristianos también tenemos ceremonias y costumbres, que algunos pueden llevar a cabo de forma mecánica, sin profundizar en su significado. ¿Cuáles pueden ser estos ritos y costumbres? ¿Por qué es importante tener plena conciencia de su significado?

3. Dios instituyó fiestas solemnes en el pueblo. ¿Cómo ayudaban estas fiestas al pueblo en su vida espiritual y social? ¿Cuáles son las fiestas del pueblo cristiano hoy día? ¿Cómo nos beneficia el celebrar estas fechas y tradiciones?

4. Con base en nuestras experiencias como creyentes:

- **¿Cuáles son las bendiciones de la obediencia?**
- **¿Cuáles son las maldiciones o consecuencias de la desobediencia?**

5. En al AT, el tabernáculo era el lugar de reunión del pueblo con Dios, y el lugar donde adorar. En este tiempo, ¿cuál es el lugar de reunión de los cristianos? ¿Dónde debemos adorar los creyentes?

6. A pesar de la desobediencia constante del pueblo, Dios se compadecía y les daba la oportunidad de arrepentirse y renovar el pacto. ¿Qué nos dice esto sobre el carácter de Dios y su trato con el ser humano?

7. ¿Cómo podemos aplicar las experiencias del pueblo de Israel en el desierto a nuestra vida cristiana? ¿Cómo se compara el peregrinaje del pueblo de Israel a nuestro peregrinar como creyentes en Jesucristo?

F. Oración de cierre

Oremos para que seamos constantes en la fidelidad a Dios, de modo que no suframos las consecuencias de la desobediencia. Demos gracias porque los sacrificios de animales ya no son necesarios, sino que nuestro Señor Jesucristo se dio una vez para siempre por nuestra salvación.

—

Lección 8:
A la Conquista de la Tierra Prometida
Josué 1-24 (c. 1406 a.C. - 1366)

A. Texto clave (Josué 1:1-6)

"Aconteció después de la muerte de Moisés siervo de Jehová, que Jehová habló a Josué hijo de Nun, servidor de Moisés, diciendo:
2Mi siervo Moisés ha muerto; ahora, pues, levántate y pasa este Jordán, tú y todo este pueblo, a la tierra que yo les doy a los hijos
de Israel. 3Yo os he entregado, como lo había dicho a Moisés, todo
lugar que pisare la planta de vuestro pie. 4Desde el desierto y el Líbano hasta el gran río Éufrates, toda la tierra de los heteos hasta
el gran mar donde se pone el sol, será vuestro territorio. 5Nadie te podrá hacer frente en todos los días de tu vida; como estuve con
Moisés, estaré contigo; no te dejaré, ni te desampararé. 6Esfuérzate y sé valiente; porque tú repartirás a este pueblo por heredad la tierra de la cual juré a sus padres que la daría a ellos."

B. Introducción

Luego de casi 600 años, desde la promesa de Dios a Abraham, y de 40 años de peregrinaje en el desierto, llegó el momento de la conquista. Es importante entender lo que representa esta conquista en el escenario amplio del plan de Dios para nuestra salvación. En el plan maestro de Dios, primero llamó a Abraham y le prometió hacer de él una nación grande que sería de bendición a las familias de la tierra, y que esta nación habitaría en la tierra de Canaán. También, vemos que Dios repitió esta promesa a sus descendientes Isaac y Jacob. Por lo tanto, la conquista de esta tierra era una parte importante del plan de Dios, para que su nación tuviera un lugar en donde crecer y desarrollarse para cumplir sus propósitos. Ciertamente, esta nación no podría cumplir esos planes siendo un pueblo itinerante como beduinos o nómadas. La nación tenía que asentarse en un lugar estratégico, en donde llegado el tiempo, pudiera alcanzar e influenciar los continentes a su alrededor (Europa, Asia y África), dando a conocer al Dios de Israel, y a Jesús como Señor y Salvador de la humanidad.

Ahora, esta tierra (que al presente cubre territorios pertenecientes a Israel, Líbano, Jordania, Siria, Palestina, y parte de Egipto) estaba ocupada por distintas tribus, entre ellas los filisteos, heteos, jebuseos (gentilicio de Jebus, nombre original de Jerusalén), amorreos, heveos, gergeseos y otros. En otras palabras, ocupar estas tierras implicaba conquistar a sus tribus; pero las instrucciones de Dios fueron más contundentes, tenían que destruirlas y echarlas fuera de Canaán. Estas instrucciones de Dios, de primera mano, pueden parecernos excesivas y hasta injustas, pero dentro del plan de Dios eran necesarias. Veamos las razones para esto:

1. En primer lugar, la destrucción de los cananeos no era un juicio arbitrario de parte de Dios, sino que era el resultado de la propia maldad de estos pueblos. Cuando Dios le prometió esta tierra a Abraham, en Génesis 15: 13-16 le dijo lo siguiente:

"[13]Entonces Jehová dijo a Abram: Ten por cierto que tu descendencia morará en tierra ajena, y será esclava allí, y será oprimida cuatrocientos años. [14]Mas también a la nación a la cual

servirán, juzgaré yo; y después de esto saldrán con gran riqueza.
[15]Y tú vendrás a tus padres en paz, y serás sepultado en buena
vejez. [16]Y en la cuarta generación volverán acá; porque aún no ha llegado a su colmo la maldad del amorreo hasta aquí."

En Levítico 18:24-25 vemos lo siguiente como parte de las instrucciones de Dios al pueblo de Israel:

"[24]En ninguna de estas cosas os amancillaréis; pues en todas estas cosas se han corrompido las naciones que yo echo de delante de
vosotros, [25]y la tierra fue contaminada; y yo visité su maldad sobre ella, y la tierra vomitó sus moradores."

En Levítico 20:22-23 Dios le advierte al pueblo de Israel:

"[22]Guardad, pues, todos mis estatutos y todas mis ordenanzas, y ponedlos por obra, no sea que os vomite la tierra en la cual yo os
introduzco para que habitéis en ella. [23]Y no andéis en las prácticas de las naciones que yo echaré de delante de vosotros; porque ellos hicieron todas estas cosas, y los tuve en abominación."

Finalmente, en Deuteronomio 9:3-5, Moisés le dice lo siguiente al pueblo de Israel:

"[3]Entiende, pues, hoy, que es Jehová tu Dios el que pasa delante de ti como fuego consumidor, que los destruirá y humillará delante de ti; y tú los echarás, y los destruirás en seguida, como Jehová te ha
dicho. [4]No pienses en tu corazón cuando Jehová tu Dios los haya echado de delante de ti, diciendo: Por mi justicia me ha traído Jehová a poseer esta tierra; pues por la impiedad de estas naciones
Jehová las arroja de delante de ti. [5]No por tu justicia, ni por la rectitud de tu corazón entras a poseer la tierra de ellos, sino por la impiedad de estas naciones Jehová tu Dios las arroja de delante

de ti, y para confirmar la palabra que Jehová juró a tus padres Abraham, Isaac y Jacob."

La maldad de los cananeos llegó al punto no solo de adorar a otros dioses, sino que ofrecían sus hijos en sacrificio, y practicaban como parte del culto la prostitución de hombres y mujeres. De hecho, existen documentos extrabíblicos que confirman el politeísmo y las prácticas degeneradas de la religión practicada por los cananeos.

También podemos ver que Dios no envió su juicio de inmediato a estos pueblos, sino que fue paciente, y les dio tiempo para arrepentirse, pero no lo hicieron; al contrario, cada vez crecía más su maldad con sus prácticas degeneradas y abominables.

Por lo tanto, llegó el día en que Dios en su justicia les castigó, de la misma forma que castigó con anterioridad a las ciudades de Sodoma y Gomorra por pecados semejantes. Dios usó al pueblo de Israel para castigar estos pueblos. De la misma forma, en siglos posteriores, Dios utilizó a los Asirios para castigar a las diez tribus de Israel (reino del norte), y a los babilonios para castigar a las doce tribus de Judá (reino del sur) por sus abominaciones, especialmente por el pecado de idolatría.

2. El segundo propósito de este castigo tan severo era el de proteger al pueblo de Israel de contaminarse de las prácticas pecaminosas de los cananeos.

La tierra de Canaán, no solo su gente, debía ser separada y consagrada para Dios. La convivencia del pueblo de Dios junto a pueblos paganos no era conveniente, pues siempre habría el riesgo de que los israelitas se contaminasen con sus prácticas.

De hecho, como veremos más adelante cuando lleguemos al libro de los Jueces, el pueblo de Israel no cumplió a cabalidad el mandato de Dios de echar delante de ellos a todos los cananeos, ni de no relacionarse con ellos. Es por esto por lo que, pasado el tiempo, se contaminaron con sus costumbres sufriendo así males, tropiezos, y las consecuencias de su desobediencia.

C. Desarrollo de la lección

1. **Josué: Sucesor de Moisés para dirigir la conquista**

¿Quién era Josué?

a. Hijo de Nun, original de la media tribu de Efraín.

b. Su nombre original era Oseas, pero Moisés cambió su nombre a Josué que quiere decir: Jehová Salva.

c. Fue ayudante personal/servidor de Moisés desde su juventud.

d. Moisés le nombró líder del ejército en su lucha contra los amalecitas. Fue en este evento que Moisés subió a la cumbre de un monte mientras se daba la batalla, y con la ayuda de dos personas (Aarón y Hur), mantuvo sus brazos en alto (con la vara de Dios en sus manos), ya que cuando bajaba los brazos los amalecitas prevalecían, pero al levantarlos, los israelitas prevalecían hasta que, finalmente, consiguieron la victoria. Al terminar la batalla Moisés edificó un altar al que puso por nombre Jehová-Nissi, que significa: Dios es nuestro estandarte o bandera.

e. Como uno de los ayudantes cercanos de Moisés, siempre estuvo a su lado sirviendo y aprendiendo. Sin necesariamente estar consciente de ello, en todo este tiempo, Dios estuvo preparándolo para dirigir al pueblo en la próxima etapa de su plan: la conquista.

f. Resalta el libro del Éxodo que, cuando Moisés entraba al tabernáculo a hablar con Dios en el lugar santísimo, Josué nunca se apartaba de en medio del tabernáculo (Éxodo 33:11).

g. Fue uno de los doce espías enviados por Moisés a reconocer la tierra de Canaán, y uno de los dos que trajeron un informe positivo (Josué y Caleb).

h. Fue el responsable de ejecutar la distribución de las tierras conquistadas entre las doce tribus.

2. **Promesas de Dios a Josué (lo que Dios se compromete a hacer – Josué 1:1-6)**

a. *"[3]Yo os he entregado, como lo había dicho a Moisés, todo lugar que pisare la planta de vuestro pie. [4]Desde el desierto y el Líbano hasta el gran río Éufrates, toda la tierra de los heteos hasta el gran mar donde se pone el sol, será vuestro territorio."* (Josué 1:3-4)

b. *"[5]Nadie te podrá hacer frente en todos los días de tu vida; como estuve con Moisés, estaré contigo; no te dejaré, ni te desampararé."* (Josué 1:5)

c. *"[6]Esfuérzate y sé valiente; porque tú repartirás a este pueblo por heredad la tierra de la cual juré a sus padres que la daría a ellos."* (Josué 1:6)

3. **Instrucciones a Josué (lo que tenía que hacer para alcanzar las promesas – Josué: 1:7-9)**

   a. *"[7]Solamente esfuérzate y sé muy valiente, para cuidar de hacer conforme a toda la ley que mi siervo Moisés te mandó; no te apartes de ella ni a diestra ni a siniestra, para que seas prosperado en todas las cosas que emprendas."* (Josué 1:7)

   b. *"[8]Nunca se apartará de tu boca este libro de la ley, sino que de día y de noche meditarás en él, para que guardes y hagas conforme a todo lo que en él está escrito; porque entonces harás prosperar tu camino, y todo te saldrá bien."* (Josué 1:8)

   c. *"[9]Mira que te mando que te esfuerces y seas valiente; no temas ni desmayes, porque Jehová tu Dios estará contigo en dondequiera que vayas."* (Josué 1:9)

En resumen, las promesas de Dios estaban condicionadas a la obediencia de Josué para hacer conforme a la ley de Moisés. Notemos que, en un principio, Dios no le dice "esfuérzate y sé valiente" refiriéndose solo a la conquista, sino que se esfuerce y sea valiente para obedecer la ley, y entonces nadie le podría hacer frente (1:5), sería prosperado en todas las cosas que emprendiera (1:7), prosperaría su camino (1:8) todo le saldría bien (1:8), y Dios estaría con él en dondequiera que fuere (1:9).

4. **Instrucciones para iniciar la conquista**

   a. Todo el pueblo tenía que santificarse.

   b. El arca del pacto iría al frente del pueblo cargada por los sacerdotes para cruzar el río Jordán en dirección al oeste.

c. La señal de que Jehová estaba con ellos y les respaldaría en la conquista consistiría en que, las aguas del Jordán se abrirían y pasarían en seco, así como Dios lo hizo con Moisés en el Mar Rojo.

d. Cruzarían el Jordán camino a Jericó, que sería la primera ciudad por conquistar.

e. Todo varón tenía que ser circuncidado como señal del pacto antes de comenzar la conquista. Recordemos que la primera generación que salió de Egipto había sido circuncidada por Moisés, y ahora se trataba de una nueva generación en donde los varones no habían sido circuncidados. Esta señal de la circuncisión es conocida como la del Pacto Abrahámico, para él y sus descendientes.

5. **Instrucciones para la conquista de Jericó**

"2Mas Jehová dijo a Josué: Mira, yo he entregado en tu mano a Jericó y a su rey, con sus varones de guerra. 3Rodearéis, pues, la ciudad todos los hombres de guerra, yendo alrededor de la ciudad una vez; y esto haréis durante seis días. 4Y siete sacerdotes llevarán siete bocinas de cuernos de carnero delante del arca; y al séptimo día daréis siete vueltas a la ciudad, y los sacerdotes tocarán las bocinas. 5Y cuando toquen prolongadamente el cuerno de carnero, así que oigáis el sonido de la bocina, todo el pueblo gritará a gran voz, y el muro de la ciudad caerá; entonces subirá el pueblo, cada uno derecho hacia adelante." (Josué 6:2-5)

Evidencia arqueológica de la caída de Jericó

Charlie H. Campbell, en su libro titulado *Evidencia Arqueológica de la Biblia: Hallazgos impresionantes que confirman verdades bíblicas* (Editorial Portavoz, 8 de julio del 2013) nos ofrece la siguiente información.

La arqueóloga británica Kathleen Kenyon concluyó luego de sus excavaciones en la década del 1950 en este yacimiento, que, en ese punto, no había existido una ciudad, y mucho menos con murallas para la época en que Josué supuestamente conquistó la ciudad en torno al 1400 a.C. Kenyon encontró los muros derribados de una antigua ciudad fortificada en Jericó, junto con un estrato de tierra calcinada, lo cual indicaba la destrucción por fuego, pero dató las ruinas en torno al 1,550 a.C. o sea, un siglo antes de que llegasen Josué y los israelitas. Durante años, los críticos utilizaron la conclusión de Kenyon como prueba de que la conquista de Jericó era una leyenda. Sin embargo, un examen más reciente de la alfarería cananea que encontró en Jericó, el Dr. Bryan Wood, arqueólogo de la Universidad de Toronto, ha demostrado que Jericó fue conquistada en torno al año 1,400 a.C. Los hallazgos de este arqueólogo en este yacimiento incluyen lo siguiente:

a. Los muros derrumbados según es narrado en el libro de Josué.

b. Evidencia de que los muros fueron derrumbados en el momento en que fue conquistada la ciudad (no más tarde por otras causas, como, por ejemplo, el paso del tiempo o la degradación).

c. Evidencia de que la ciudad fue destruida totalmente por el fuego (Josué 6:24).

d. El carbón encontrado entre los escombros arrojó una fecha de 1410 a.C. según la prueba de carbono 14 (más o menos cuarenta años de precisión).

e. Evidencia de que la destrucción tuvo lugar en la época de la cosecha primaveral, como indica la gran cantidad de grano almacenado en la ciudad (Josué 2:6; 3:15;5:10).

f. Evidencia de que el asedio contra la ciudad fue breve, ya que los almacenes contenían sacos intactos llenos de trigo, cebada, dátiles y lentejas (alimentos que se hubieran consumido de haberse prolongado el asedio).

g. Relacionado con el inciso letra f, evidencia de que a los israelitas no se les permitió tocar nada de lo que había en la ciudad (excepto la plata, el oro, y las vasijas de bronce y de hierro, Josué 6:17-19).

6. **Estrategia de la conquista de Canaán**

   a. Primero se conquistó la ciudad de Jericó. Su ubicación presentaba una entrada hacia el centro de Canaán. Hasta donde se conoce, esta es la ciudad más antigua de la humanidad, y fue la primera ciudad fortificada con murallas en el territorio de Canaán (por tanto, la más difícil de conquistar). La victoria sobre Jericó sería noticia en todo el territorio, haciendo que los pueblos temiesen ante el ejército israelita.

   b. Luego de Jericó, se conquistaron las ciudades al sur de Canaán, y posteriormente se conquistaron las del norte.

   c. Según se conquistaban los territorios asignados a cada tribu, las mujeres y niños se quedaban ocupando los mismos; pero, los hombres de guerra, seguían adelante con el ejército, hasta completar la conquista de todo Canaán, y conseguir que cada tribu poseyera su territorio.

d. La conquista de todo el territorio tomó cerca de 25 años. Al principio se hicieron campañas bien intensas y rápidas en el norte y en el sur, en donde se derrotaron varias alianzas de los enemigos; pero, luego de consolidar las posiciones principales a través del territorio, bajaron de intensidad y continuaron con ataques menores por varios años.

e. Es importante notar que, el pueblo de Israel no cumplió a cabalidad el mandamiento de Dios de expulsar a todos los pueblos paganos. Las razones: fatiga o cansancio por lo extenso de la campaña, engaño y estratagemas de los propios enemigos (ej. el engaño de los gabaonitas), y por último, dejadez e indiferencia de parte del pueblo. A largo plazo, las consecuencias de esta desobediencia fueron dolorosas y desastrosas. Como veremos en las próximas lecciones, el pueblo adoptó a los dioses cananeos, cayendo en el pecado de idolatría, y otras prácticas paganas por las que sufrieron juicios severos de parte de Dios.

7. **Últimos eventos de la conquista**

a. Los guerreros retornaron con sus familias luego de conquistar a la mayor parte del territorio (dejaron algunas ciudades sin conquistar).

b. Se le asignaron ciudades a los levitas y sacerdotes esparcidas en todo el territorio, dentro de las tierras concedidas a cada tribu. Los levitas y sacerdotes, de acuerdo con la ley de Moisés, estaban dedicados al servicio de Dios y enseñanza del pueblo, por lo tanto, no poseerían tierras para ganado y cultivo, sino que serían sostenidos con los diezmos y ofrendas del pueblo.

c. Josué (al igual que lo hizo Moisés), siendo ya muy mayor, y estando cerca de su muerte, se despidió del pueblo en el monte Siquem. En un emotivo discurso en donde le recuerda al pueblo todo lo que han vivido, les exhorta a ser fieles a Dios cumpliendo con el pacto, y los mandamientos. Asimismo, les recuerda las bendiciones prometidas por Dios si son obedientes, y las consecuencias de la desobediencia.

d. Es en este discurso de despedida que Josué dice estas palabras que son muy conocidas por los creyentes (Josué 24:15):

   "15 Y si mal os parece servir a Jehová, escogeos hoy a quién sirváis; si a los dioses a quienes sirvieron vuestros padres, cuando estuvieron al otro lado del río, o a los dioses de los amorreos en cuya tierra habitáis; pero yo y mi casa serviremos a Jehová."

e. Mientras vivieron Josué y los ancianos de su generación, el pueblo le sirvió a Jehová con fidelidad.

D. Enseñanzas de esta lección

1. A través del peregrinaje, podemos ver distintas instancias en las que nos percatamos de que Dios estaba preparando a Josué para ser el sucesor de Moisés. De hecho, también vemos a Moisés participando de este proceso ejerciendo como modelo y mentor de Josué.

Esto nos enseña que, los líderes tenemos que reconocer que no somos "eternos" en nuestras posiciones o funciones. Nos corresponde reconocer cuando es tiempo de ceder nuestro lugar a otra persona para que siga adelante con los planes de Dios. No solo esto, sino que tenemos que pedir discernimiento para identificar y desarrollar a futuros líderes que vengan después de nosotros, de manera que la obra de Dios siga adelante sin tropiezos. Esto requiere reconocer que no somos dueños de la obra sino mayordomos, y siervos al servicio de Dios.

2. Al igual que Josué, aprendamos a estar cerca de nuestros líderes para apoyarlos, aprender de ellos y protegerlos. Estemos cerca de nuestros líderes, pastores y maestros, de manera que trabajemos unidos, como un solo cuerpo, sirviendo y apoyándonos unos a otros.

3. Seamos valientes ante los retos de Dios para nuestra vida y ministerios (aunque parezca que tenemos gigantes de frente). En los libros de Deuteronomio y Josué, vemos que Dios le dice a Josué, por lo menos en seis ocasiones, que se esfuerce y sea valiente, porque Dios lo respaldará en todo cuanto haga. Josué lo creyó, lo hizo, y Dios lo respaldó.

Este respaldo no representó ausencia de lucha, pruebas o frustraciones (ej. el pecado de Acán). Hubo ocasiones en que las cosas no salían como él esperaba por diversas razones, pero aprendía de las experiencias; hacía los ajustes necesarios, y seguía adelante. Al final, obtuvo la victoria prometida. Las instrucciones de Dios para nosotros son las mismas: **¡Esfuérzate y sé valiente porque yo estoy contigo!**

4. El libro de Josué es el ejemplo más claro de que la clave para el éxito en la vida cristiana está en la obediencia. Humanamente hablando: ¿qué tipo de estrategia militar es darle la vuelta a una ciudad siete veces y tocar trompetas para derribar sus muros? Pero el pueblo siguió al pie de la letra las instrucciones de Dios, y vencieron a sus enemigos. Podemos imaginarnos a gente del pueblo pensando: "en vez de dar vueltas, debemos buscar la forma de hacer un hueco en el muro", "en vez de caminar callados, debemos ir gritando para amedrentarlos", "¿por qué siete vueltas y no una; acaso una no es suficiente?"

Trayendo todo esto a la vida cristiana, Dios nos ha dado instrucciones claras, pero se nos hace difícil obedecer, y es por eso por lo que la victoria en nuestras luchas se nos hace a veces tan difícil. Veamos algunas de estas instrucciones y las excusas que ponemos:

a. Orar ("¿por qué todos los días, en verdad es necesario?")

b. Meditar en su palabra ("pero es que me da sueño")

c. Ser íntegros en nuestras palabras y acciones ("es que todo el mundo miente, eso no es nada")

d. Amar sobre todas las cosas ("lo siento pero eso está fuerte...")

e. Ser limpios moralmente ("qué más da una aventura, nadie lo va a saber... después me arrepiento")

f. Dios y nuestra familia tienen que ser nuestra prioridad ("perdona, pero tengo muchas otras cosas que hacer que son importantes para mí")

Y es así, con pensamientos como estos, que muchos cristianos nos negamos las bendiciones que vienen con la fidelidad a Dios, y sufrimos las consecuencias de la desobediencia.

5. Los planes y las estrategias de Dios siempre serán mejores que las nuestras, aunque a veces no nos haga sentido el proceso. ¿Qué sentido tiene sumergirse siete veces en un río para ser sanado de lepra como Naamán, el sirio? ¿Ser escupido en los ojos y lavarse en un estanque para recibir la vista? ¿Echar agua en una vasija para que de ella salga vino? Pero, si somos obedientes y pacientes, seremos bendecidos y conquistaremos los territorios que Dios tiene para nosotros.

6. El pueblo de Israel dejó en su territorio a varios grupos paganos, en contra de las instrucciones de Dios. Inclusive, hicieron pacto con algunos de éstos sabiendo que Dios les había prohibido tener relación con los que no eran parte de su pueblo. Esto nos recuerda lo que nos dice la palabra de Dios:

   a. Estamos en el mundo, pero no somos del mundo (Juan 17:15-17).
   b. La amistad con el mundo es enemistad con Dios (Santiago 4:4).
   c. No podemos amar al mundo ni las cosas del mundo (1 Juan 2:15).

En el contexto del Nuevo Testamento, el concepto mundo se refiere mayormente al sistema de valores que son contrarios a Dios y su Palabra (no a la gente). Lo que quiere decir es que, aunque compartimos con la gente del mundo, no podemos unirnos a ellos en sus prácticas de pecado.

7. Eduquemos a nuestros hijos e hijas en la palabra de Dios y demos un testimonio limpio a nuestra familia para que podamos decir: *"Pero yo y mi casa serviremos a Jehová."* (Josué 24:15)

El mundo les sirve a muchísimos dioses. La gente en su búsqueda de felicidad y de algo que de sentido a sus vidas, le sirven a sus deseos, a sus metas, a las causas políticas, a la búsqueda de riqueza material, a los vicios, a placeres, o a la búsqueda de la fama. Todo esto produce presión en nosotros y en nuestras familias, sobre cuál es la forma correcta de vivir. Pero, a pesar de toda esa influencia y de todo ese bombardeo social y económico, tenemos que tirar la raya de manera firme, y decir que nuestra casa solo le servirá al Dios del cielo, y a nuestro Señor y Salvador Jesucristo. Servir a Dios requiere asumir posturas y tener principios.

E. Preguntas de reflexión

1. De todas las cualidades de Josué como líder, ¿cuál es la más que te impresiona? ¿Por qué?

2. ¿Puedes compartirnos alguna experiencia en donde te hayas enfrentado a distintos obstáculos o "enemigos" en que Dios te haya dado la victoria?

3. ¿Cuáles son las consecuencias para el creyente si se descuida y hace amistad con el mundo?

4. De la misma manera en que Dios le ordenó al pueblo de Israel que sacara de en medio de ellos a los pueblos paganos, nos ordena que saquemos de nuestras vidas todo lo que no le agrada. ¿Cuáles podrían ser las consecuencias de reservarnos ciertas áreas

que no le agradan a Dios? ¿Qué podría pasar si nos mantenemos cerca de ambientes o personas que podrían ser una tentación para nosotros?

5. Josué siempre estuvo al lado de Moisés. ¿Estaremos dispuestos a ser un Josué y mantenernos cerca de nuestros líderes apoyándolos y aprendiendo de ellos? ¿Cómo podemos hacerlo?

6. ¿Estamos dispuestos a ser un Moisés, capacitando y desarrollando a personas que puedan ser nuestros sucesores, y cediendo nuestros espacios cuando llegue el momento? ¿Cómo podemos hacerlo?

F. Oración de cierre

Orar para que:

a. seamos valientes y esforzados en nuestro servicio a Dios y a la iglesia.

b. seamos fieles a Dios sin contaminarnos con las filosofías y prácticas del mundo.

c. trabajar como un solo cuerpo, unidos a nuestros líderes y pastores.

d. desarrollar a nuevos líderes que puedan dar continuidad a nuestro trabajo.

Lección 9:
La Era de los Jueces
Jueces 1-21 (c. 1366 - 1050 a.C.)

A. Definiciones

- **Apostasía** – La traducción literal del griego quiere decir defección o revuelta. En el sentido bíblico, significa rebelión contra Dios de parte de una persona que antes era creyente. En el Antiguo Testamento se refiere a alguien que siendo judío, abandona su fe, siguiendo a dioses falsos (idolatría), y no cumpliendo los preceptos de la ley.
- **Jueces** – Caudillos militares que Dios levantaba para librar a Israel de sus enemigos. En el libro de los Jueces, este título no tiene que ver con las funciones tradicionales de una persona que tiene la responsabiliad de juzgar, sentenciar y hacer cumplir las leyes.
- **Baal** – Dios cananeo de la fertilidad, la lluvia y el fuego.
- **Asera** – Diosa cananea de la fertilidad y de la tierra, y madre de Baal.

B. Textos clave (Jueces 17:6, Jueces 2:18)

"[6]En aquellos días no había rey en Israel; cada uno hacía lo que bien le parecía."

"[18]Y cuando Jehová les levantaba jueces, Jehová estaba con el juez, y los libraba de mano de los enemigos todo el tiempo de aquel juez; porque Jehová era movido a misericordia por sus gemidos a causa de los que los oprimían y afligían."

C. Introducción

El libro de los Jueces, de autor desconocido, abarca un período de cerca de trescientos a trescientos cincuenta años. La duración puede variar según las cronologías que se usen para calcularlo. Este tiempo se sitúa entre la muerte de Josué y el inicio de la monarquía con Saúl, primer rey del reino unido. En el tiempo de los jueces, Israel no era un reino, sino una confederación de tribus. Cada tribu era gobernada de manera autónoma por sus ancianos, pero tenían en común la ley de Moisés y la adoración al Dios de Israel, que debía darles un sentido de unidad como pueblo. Podemos decir que en este período de tiempo, Israel debía funcionar como una teocracia en donde el sumo sacerdote, los sacerdotes y los levitas que estaban dispersos entre todas las tribus, tenían la responsabilidad de enseñar la ley y mantener la fidelidad a Dios. Bajo este sistema, y de acuerdo con la ley, los levitas debían ser sostenidos con los diezmos y ofrendas del pueblo. Pero, como veremos más adelante, el pueblo no era consistente en la adoración a Dios ni en el cumplimiento de la ley.

Aún no había un templo construido. El lugar de adoración y sacrificios seguía siendo el tabernáculo que estaba ubicado en la ciudad de Silo. Silo, ubicada en el territorio de la tribu de Efraín, hacía las veces de capital de Israel. Era aquí donde vivía el sumo sacerdote para ministrar en el tabernáculo, y ser consultado por los ancianos de las tribus en asuntos religiosos y políticos según fuera necesario. Como líder espiritual máximo de la confederación, el sumo sacerdote era el mediador entre Dios y el pueblo. Sin embargo, esta fue una época de caos y desorden caracterizada por al menos cuatro ciclos que ocurrían de la siguiente manera: 1) apostasía por parte del pueblo 2) la apostasía provocaba el juicio de Dios permitiendo la opresión de sus enemigos (naciones vecinas) 3) el juicio producía sufrimiento y arrepentimiento 4) el arrepentimiento resultaba en perdón, y en la liberación a través de un juez (o jueza) llamado directamente por Dios para liberar al pueblo de sus enemigos.

D. Desarrollo de la lección

1. **Eventos principales del libro de los Jueces**

   a. Dios le dio al pueblo de Israel todo lo necesario para que fueran una nación exitosa, de manera que se enfocaran en la misión que les había encomendado que se resume en tres puntos: 1) dar a conocer al Dios verdadero, 2) servir de bendición a todas las naciones, y 3) ser el canal para salvar a la humanidad de su pecado. Para llevar a cabo esta misión, Israel recibió los siguientes medios y promesas:

   i. Normas y leyes para asegurar una sana convivencia, una correcta relación con Dios, y una garantía de existencia venidera.

   ii. La presencia permanente de Dios, representada en el tabernáculo, y en el arca del pacto.

   iii. La posibilidad de expiar (quitar, borrar) el pecado mediante el sistema de sacrificios que restauraba la comunión con Dios.

iv. Una tierra que "fluye leche (de las cabras) y miel (de los dátiles)" para trabajarla y sostener a sus familias.

v. La promesa de que, si eran fieles, Él les respaldaría en todos sus caminos, y les defendería de sus enemigos.

b. Sin embargo, el pueblo no valoró todo lo que Dios les había dado, ignorando tanto las promesas, como las advertencias, y cayeron progresivamente en un estado de deterioro y depravación religiosa, moral, espiritual, y política, al punto de hacerse presa fácil de sus enemigos:

i. En el libro de Jueces vemos que mientras vivió la generación de Josué y de aquellos que habían sido testigos de los milagros de Dios, el pueblo vivió en fidelidad a la ley, y vivieron tiempos de prosperidad.

ii. Una vez desapareció esta generación, la generación siguiente se olvidó de todo lo que les enseñaron sus padres, y se contaminaron con la idolatría y costumbres de los pueblos paganos, que ellos mismos habían fallado en echar fuera de su territorio, según las instrucciones de Dios.

iii. En más de una ocasión aparece esta expresión en el libro de los Jueces: "En aquellos días no había rey en Israel; cada uno hacía lo que bien le parecía", reflejando el desorden social que había en cada territorio que componía el pueblo.

iv. Como es de esperar, el juicio de Dios sobre el pueblo es severo, permitiendo que las naciones vecinas los invadan sometiéndoles a ocupación militar, tributo y el robo de sus cosechas, entre otros males. Para protegerse, algunos huyeron a las montañas, y vivieron en cuevas para librarse de la opresión de estas naciones.

v. Al pasar el tiempo, el pueblo se daba cuenta de las graves consecuencias de su pecado, llegando a un punto de desesperación, en donde se arrepentían, y clamaban a Dios pidiendo la liberación de sus enemigos.

vi. Entonces, Dios, en su misericordia, levantaba un juez al que, llenándolo de su Espíritu, le asignaba la misión de unir al pueblo para luchar contra el enemigo con la promesa de respaldarlos y darles la victoria.

vii. Debemos aclarar que la opresión por parte de un enemigo no necesariamente abarcaba todo el territorio de Israel, sino el territorio de una tribu en particular o de algunas de las tribus. Es por esto por lo que los jueces surgen de distintas tribus y formaban un ejército de las tribus afectadas.

viii. Una vez lograda la liberación, mientras viviese este juez y la generación que había sido testigo de las consecuencias nefastas de su rebelión, así como de la liberación poderosa de Dios, el pueblo vivía en paz, obediencia, y prosperidad, bajo la autoridad del juez libertador.

ix. Pero... una vez esta generación desaparecía, la gente se olvidaba de lo vivido por sus padres, volvían otra vez a la desobediencia (especialmente a la idolatría), y se repetía el ciclo de pecado, juicio, arrepentimiento y liberación.

c. Jueces mayores (su historia fue trascendental y determinante para Israel):

   i. Otoniel – primer juez de Israel (hermano menor de Caleb), de la tribu de Judá; libró a Israel de Cusán-Risataim, rey de Mesopotamia.

   ii. Aod – de la tribu de Benjamín; libró a Israel de los moabitas.

   iii. Débora – profetisa, esposa de Lapidot, de la tribu de Efraín; jueza y gobernadora que juzgaba disputas entre las tribus. Junto con Barac (también considerado como juez), de la tribu de Neftalí, libraron a Israel de Jabín, rey cananeo opresor del pueblo.

   iv. Jefté – de la tribu de Gad; libró a Israel de los amonitas.

   v. Sansón – de la tribu de Dan; libró a Israel de los filisteos.

   vi. Gedeón – de la tribu de Manasés; libró a Israel de los madianitas.

   vii. Samuel – último de los jueces; por su intercesión, Dios libró a Israel de los filisteos. Fue el primero de los profetas y sacerdotes, en los inicios de la monarquía.

d. Jueces menores: Samgar, Tola, Jair, Ibzán, Elón y Abdón (su contribución fue más limitada, pero no menos importante).

e. La historia de cada uno de los jueces, por sí sola, representa un sermón o clase con un sinnúmero de enseñanzas y aplicaciones en nuestra vida cristiana, pero para efectos de esta lección, tomaremos como ejemplo el llamado de Gedeón, que representa con claridad el ciclo de pecado, juicio, arrepentimiento y liberación.

2. **Resumen del llamado de Gedeón (Jueces 6-8)**

    a. Podemos leer en Jueces 6:1, *"Los hijos de Israel hicieron lo malo ante los ojos de Jehová; y Jehová los entregó en mano de Madián por siete años".*

    b. Madián atacaba a Israel cada vez que sembraban y cosechaban, dejándolos sin alimentos.

    c. El pueblo clamó a Jehová para que los librara, y Dios les envió un profeta que les recordó que estaban sufriendo por su desobediencia.

    d. El ángel de Jehová se le apareció entonces a Gedeón, un joven de la tribu de Manasés, y le ordena librar al pueblo de los madianitas.

    e. Las objeciones y excusas de Gedeón surgieron de inmediato:

        i. *"Si Dios está con nosotros, ¿por qué nos está pasando esto?"*

        ii. *"No tengo recursos para salvar al pueblo, mi familia es pobre."*

        iii. *"Soy el hijo menor de mi padre."*

        iv. *"Si en verdad me has escogido, demuéstramelo con señales".* Dios le ofreció tres señales en momentos diferentes: fuego sobre la peña, el vellón de lana húmedo, y el vellón de lana seco (Jueces 6:36-40).

f. Dios le dio instrucciones de destruir el altar de Baal de su padre y por esto Gedeón es llamado de ahí en adelante Jerobaal, que quiere decir *"contienda Baal contra él, por cuanto derribó su altar."* (Jueces 6: 32)

g. Los madianitas y amalecitas se unieron para atacar a Israel.

h. *"... el Espíritu de Jehová vino sobre Gedeón..."* (Jueces 6:34) y éste llamó al pueblo a la batalla.

i. Gedeón juntó un ejército de 32,000 guerreros, pero Dios se lo redujo a 300, para que el pueblo reconociera que la victoria vino por mano de Él, y no por sus fuerzas.

j. Al igual que hizo con Jericó, Dios dio unas instrucciones nada convencionales para la batalla: lucharían con una trompeta, un cántaro y una antorcha (Algunos pensarían: *"¿En serio?"*... pero obedecieron)

k. El ejército de Gedeón rodeó el campamento del enemigo en medio de la noche.

l. A la orden de Gedeón los 300 guerreros rompieron los cántaros al unísono, comenzaron a sonar sus trompetas, levantaron las antorchas, y comenzaron a gritar (imaginemos este ruido estremecedor en medio de la noche).

m. Al ser sorprendidos en medio de la noche, el enemigo entró en pánico y se confundieron; comenzaron a atacarse unos a otros, y huyeron despavoridos.

n. La victoria fue contundente, e Israel vivió en paz por los próximos cuarenta años.

o. Sin embargo, en Jueces 8:33 leemos lo siguiente: *"Pero aconteció que cuando murió Gedeón, los hijos de Israel volvieron a prostituirse yendo tras los baales, y escogieron por dios a Baal-berit, que significa, "hicimos pacto con Baal".*

Conclusión

A pesar de que en un principio Gedeón no se consideraba capaz de cumplir la misión que Dios le encomendaba, se atrevió a seguir adelante, y vemos que Dios no solo lo llamó, sino que también lo capacitó llenándolo de su Espíritu, le dirigió en la batalla y lo respaldó ante el pueblo. De la misma manera, tenemos que atrevernos a aceptar el llamado de Dios para hacer cosas nuevas y mayores para su Reino.

Podemos vernos a nosotros mismos como pequeños, pobres y sin recursos para lidiar con las situaciones de familia, trabajo o ministerio; pero, al igual que a Gedeón, Dios nos dice: *"Jehová está contigo, varón valiente y esforzado"* (Jueces 6: 12b) *"Ve con ésta tu fuerza, y salvarás a Israel de la mano de los madianitas. ¿No te envío yo?"* (Jueces 6:14)

E. Enseñanzas de esta lección

1. Es de suma importancia transmitir nuestra fe a nuestros hijos e hijas, y a los hijos e hijas de nuestros hijos. Hay que contarles, una y otra vez, nuestros testimonios y experiencias en el Señor de manera que su fe se fortalezca y resistan la tentación de apartarse del camino de la verdad. Es necesario orar, ferviente y consistentemente, para que nuestros hijos e hijas tengan sus propias experiencias con el Señor. De otro modo, pudiera ser que

las experiencias de sus padres sean lejanas para ellos, y crean que no son relevantes para ellos.

Es posible que, a pesar de hacer todo lo necesario para que nuestros hijos e hijas se mantengan fieles al Señor, éstos se aparten del camino por un tiempo. Como padres y madres, aparte de orar y aconsejar (lo que no siempre es bienvenido por parte de ellos), es poco lo que podemos hacer para que regresen. Sin embargo, una semilla poderosa ha sido plantada en su corazón, y un día les tocará enfrentarse a una crisis, o a las consecuencias de sus propios errores, o sencillamente no podrán más con el vacío de la ausencia de Dios en sus vidas. Entonces, se acordarán del Dios de sus padres y madres, y de todo lo que les hemos enseñado. Confiemos en las promesas de Dios para nuestros hijos e hijas.

- **¿Hay alguien aquí que haya tenido la experiencia de alejarse del Señor y de regresar? ¿Desea compartir su experiencia?**

2. En la vida de Iglesia, hay que hacer lo mismo que debemos hacer con nuestras familias. Las nuevas generaciones tienen que conocer la historia de la Iglesia. Tenemos que compartirles cómo se fundó, la visión de los fundadores, la manera en que ha crecido, los servicios que ha ofrecido a la comunidad, los testimonios de provisión, los milagros ocurridos en medio de la congregación, de manera que comprendan que Dios es fiel, y que se avive en su interior el deseo de seguir adelante con la misión. Tenemos que propiciar la entrada de líderes nuevos, que aprendan y se desarrollen al lado de los "veteranos", de la misma manera que Josué aprendió de Moisés.

Tenemos que procurar que la Iglesia (cada individuo y como comunidad de fe) viva siempre al calor del poder de Dios en un avivamiento y renovación constante. Hemos visto iglesias que, bajo el liderato de una generación dada crecen y tienen un empuje extraordinario; pero, al pasar el tiempo, y venir una nueva generación, entran en un estado de complacencia en donde bajan el nivel de consagración y compromiso.

3. Tenemos que aprender de nuestros errores, y también de los de otros. Aun sabiendo las historias de las consecuencias del pecado para sus padres y las tribus hermanas, los israelitas insistían en hacer lo mismo que los pueblos paganos. ¿Cómo es que no podían ver que solo habría paz y prosperidad si vivían en obediencia?

A veces, en la vida cristiana, nos pasa lo mismo. Vemos en otros las consecuencias del pecado, pero pensamos que nosotros sí podremos "escaparnos", y que no habrá repercusiones. Aún más, cometemos la misma falta, una y otra vez (a sabiendas); pero, como la primera vez "no pasó nada", pensamos que podemos seguir en lo mismo. Pero llega un día, en que las cosas salen de otro modo, y sencillamente sufrimos el dolor y la vergüenza por nuestros errores.

A veces nos comportamos como jóvenes temerarios, asumiendo conductas de alto riesgo sin medir las consecuencias de nuestras acciones. En general, los jóvenes se creen invulnerables. En su mente, las cosas malas les pasan a otros, pero no a ellos. Creen que ellos "sí saben" hacer las cosas cuando se arriesgan a hacer lo que no es correcto. Así mismo, vemos cristianos inmaduros (aún de muchos años en el evangelio), que se comportan como adolescentes. Son sabios en su propia opinión, que no escuchan el consejo y las advertencias de otros, haciendo cosas que ponen en riesgo su vida, salud, testimonio y salvación. Hay un refrán que dice "nadie escarmienta por cabeza ajena", pero esto no es sabio en lo absoluto. Reiteramos que tenemos que aprender de nuestros errores ,y de los de otros, para evitar sufrir las secuelas del pecado. No tenemos que necesariamente pasar por una mala experiencia para saber qué conductas no convienen.

4. Cuando el pueblo clamaba en arrepentimiento, Dios respondía con clemencia. Asimismo, nuestros errores y rebeldía no apagan el amor de Dios. Él es misericordioso, y está dispuesto a perdonarnos cuando ve arrepentimiento genuino en el corazón. El deseo de Dios es nuestra salvación y no nuestra condenación. Como un Padre amoroso, quiere evitarnos dolor y sufrimiento, pero a veces no tiene más remedio que permitir que nos alcancen las consecuencias de nuestros errores para que como el hijo pródigo, podamos "volver en sí", y volver a la casa de nuestro Padre.

5. En un momento de crisis o necesidad, Dios puede llamar a cualquiera de nosotros para hacer una obra en favor de una persona, familia, congregación o pueblo. ¿Quiénes eran los jueces? Personas ordinarias del pueblo, que fueron llenos del Espíritu Santo para hacer algo extraordinario. Estemos atentos a la voz de Dios. Aprendamos a ver los tiempos y circunstancias que nos rodean, de manera que podamos ser "jueces" en nuestro tiempo, listos para tomar acción en favor de nuestras familias, y de nuestro pueblo.

F. Preguntas de reflexión

1. Considera la elección de Débora y de Gedeón como líderes militares.

- **¿En qué medida resulta sorprendente la elección de estos personajes para dirigir al pueblo de Dios en tiempo de guerra?**

Respuesta: Con base en la cultura y costumbres de la época, ninguno estaba cualificado para este rol: Débora por ser mujer y Gedeón por ser un joven pobre e inexperto, sin prestigio alguno dentro de la comunidad.

- **¿Qué nos enseña esto sobre el llamado de Dios?**

  Respuesta: Dios llama y capacita a quien Él quiere, por lo tanto, nadie debe descualificarse a sí mismo ante su llamado.

2. Dios usó a Débora y a Jael, dos mujeres de fe, para liberar a su pueblo de la opresión de Jabín (un rey cananeo), y de Sísara (general de su ejército) (Jueces 4).

- **¿Qué nos enseña esto sobre el rol de la mujer en los planes de Dios?**

  Respuesta: La mujer siempre ha asumido roles claves en los planes de Dios para con el pueblo de Israel y la iglesia. La cultura patriarcal y machista, a través de las distintas épocas, ha tratado de subestimar y hasta suprimir el rol de la mujer en las comunidades de fe. No obstante, la Biblia está llena de ejemplos de mujeres que asumieron roles de liderato, que asumieron grandes riesgos, y que fueron clave en la ejecución de los planes de Dios (Ej. Rahab, Esther, Ruth, María, Priscilla, Lydia, etc.).

3. Cuando vemos en detalle el llamado de Dios a Gedeón: ¿qué nos enseña esto sobre la forma en que Dios se relaciona con el ser humano?

Respuesta:

a. Dios ve en nosotros cualidades que ni nosotros pensamos que tenemos.

b. Dios es paciente al contestar nuestras dudas y confirmar nuestro llamado de una manera que nosotros podamos comprender.

c. Dios demuestra su respaldo ante el pueblo y ante nuestros opositores.

d. Somos capaces de hacer lo que Dios nos manda, no por nuestras fuerzas, sino por su Espíritu.

4. Repasa los detalles de la batalla que dirigió Gedeón contra el ejército compuesto por una coalición de fuerzas madianitas, amalecitas y otros grupos cananeos (Jueces 7-8). ¿Por qué crees que Dios obligó a Gedeón a ir a la batalla con sólo 300 hombres?

Respuesta: Para que reconocieran que la victoria se debía a la intervención de Dios, y no por sus propias fuerzas. En ese aprendizaje afirmaron que la obediencia trae bendición.

G. Oración de cierre

Orar para nunca olvidar que las bendiciones vienen a través de la obediencia y la fidelidad. Orar para tener siempre presente que la victoria no depende de nosotros sino del Dios que pelea por nosotros y junto a nosotros.

Lección 10:
Rut: Una Historia de Amor y Redención
Rut 1-4 (Ocurre en el tiempo de los Jueces entre c. 1366 - 1050 a.C.)

A. Definiciones

- **Redención** – Liberar, salvar; pagar para dejar en libertad a una persona vendida o esclavizada, pagar por el rescate de alguien. En el Nuevo Testamento se aplica este concepto, al enseñar que Jesús es nuestro Redentor al salvarnos de la esclavitud del pecado y de sus consecuencias.
- **Belén** – Casa de pan, originalmente conocida como Efrata; la ciudad del rey David.
- **Moab** – Hijo de la hija mayor de Lot (sobrino de Abraham) procreado mediante incesto; También es el país y descendientes de Lot ubicados en territorios al este de Jericó, que alternó períodos de guerra y paz con Israel.
- **Noemí** – Dulzura, bienaventurada, feliz, felicidad.
- **Rut** – Fiel, fidelidad.
- **Mara** – Amargura.

B. Texto clave (Rut 4:12-17)

"[13]Booz, pues, tomó a Rut, y ella fue su mujer; y se llegó a ella, y Jehová le dio que concibiese y diese a luz un hijo. [14]Y las mujeres decían a Noemí: Loado sea Jehová, que hizo que no te faltase hoy pariente, cuyo nombre será celebrado en Israel; [15]el cual será restaurador de tu alma, y sustentará tu vejez; pues tu nuera, que te ama, lo ha dado a luz; y ella es de más valor para ti que siete hijos. [16]Y tomando Noemí el hijo, lo puso en su regazo, y fue su aya. [17]Y le dieron nombre las vecinas, diciendo: Le ha nacido un hijo a Noemí; y lo llamaron Obed. Este es padre de Isaí, padre de David."

C. Introducción

Con solo cuatro capítulos, el libro de Rut contiene una de las historias de amor y redención más hermosas de la Biblia. Esta historia tiene lugar en el tiempo de los jueces de Israel, y está íntimamente ligada a la historia de nuestra salvación, ya que sus protagonistas formaron parte del linaje de Jesús, siendo así una parte importante del plan redentor de Dios para la humanidad. Mientras estudiamos los detalles de esta historia, tengamos en mente lo siguiente: en Dios, no hay casualidades, ni coincidencias. **Él tiene un plan** y aunque muchas veces nos resulta difícil verlo y hasta creerlo, ciertamente, ***"a los que aman a Dios, todas las cosas les ayudan a bien."*** (Romanos 8:28b) En tiempos de incertidumbre como los que vive nuestro mundo, la historia de Rut nos da gozo y esperanza.

D. Desarrollo de la lección

1. Resumen de la historia de Rut

a. Noemí y Elimelec (el justo) emigraron con sus hijos (Mahlón "el enfermizo" y Quelión "el moribundo") de Belén a Moab, buscando mejores condiciones de vida debido a una hambruna que estaba afectando la región.

b. Los hijos de la familia se casaron con dos mujeres moabitas, Orfa y Rut.

c. El esposo de Noemí y sus dos hijos murieron, quedando las tres mujeres en condición de viudez.

d. Noemí estaba convencida de que la mano del Señor estaba contra ella, y de que era Él el causante de semejante prueba.

e. Ante esta situación, Noemí no tiene otra alternativa que regresar a su tierra, y procurar la ayuda de sus parientes y amigos. Además, tenía noticias de que las cosas habían cambiado en Belén.

f. Noemí les pidió a sus nueras que se quedaran en Moab, que comenzaran una nueva vida en la casa de sus padres, y que se casaran de nuevo.

g. Mientras que Orfa, aunque con renuencia, decidió quedarse en Moab, Rut decidió renunciar a su pueblo, permanecer con Noemí, y seguirla a su tierra. Al hacer esto, Rut afirmó su fidelidad a todo lo que Noemí representaba: su tierra, su pueblo y su Dios.

"[16]Pero Rut respondió: No me ruegues que te deje y que me aparte de ti; porque a dondequiera que tú vayas, yo iré; y dondequiera que tú vivas, yo viviré. Tu pueblo será mi pueblo y tu Dios será mi Dios. [17]Donde tú mueras, yo moriré; y allí seré sepultada. Así me haga el SEÑOR y aun me añada, que solo la muerte hará separación entre tú y yo." (Rut 1:16-17)

h. Noemí y Rut llegaron a Belén en el tiempo de la siega.

i. Las vecinas reconocieron a Noemí, y en su dolor, ella les pidió que no la llamaran Noemí, sino Mara (amargura).

j. Rut le pidió permiso a Noemí para ir a recoger espigas en uno de los campos. La ley decía claramente que se debía permitir a pobres, huérfanos, viudas y extranjeros recoger de las espigas que dejaban caer los trabajadores durante la cosecha.

k. Rut, "por casualidad", fue a recoger espigas en el campo de Booz, quien era un hombre rico y además pariente de Elimelec (esposo de Noemí). No obstante, Rut no tenía conocimiento del parentesco.

l. Rut halló gracia ante Booz, y éste dio instrucciones de que nadie la molestara en el campo, y la invitó a comer con sus criadas.

m. Rut regresó a la casa, y a preguntas de Noemí, le relató todo lo acontecido en el día y como trabajó en el campo de Booz.

n. Noemí alabó a Dios y le dijo que Booz era su pariente, y uno de los que podía redimirla. En otras palabras, comprar las tierras de Elimelec y de sus hijos (ella, como mujer no podía hacerlo), y tomarla como esposa para darle hijos, y restaurar el nombre y descendencia de su esposo.

o. Al concluir la cosecha, Noemí le dio instrucciones bien precisas a Rut de lo que debía hacer (conforme con la tradición hebrea), para pedirle a Booz que la redimiera como pariente de su esposo y de su suegro (Rut 3).

p. Rut siguió las instrucciones de su suegra al pie de la letra.

q. Como resultado, Booz decidió redimir las tierras de Noemí, transformando así toda la situación de viudez y desamparo, en una de provisión y esperanza (Rut 4).

r. Booz y Rut tuvieron un hijo al que pusieron por nombre Obed. Este niño sería el padre de Isaí, y éste tendría un hijo llamado David. David se convirtió en rey de Israel, y tendría un descendiente de nombre... **Jesús de Nazaret.**

s. Dios honró a Noemí al concederle un nieto legal. Por eso es felicitada por sus amigas (Rut 4). La ley establecía que, si una mujer quedaba viuda sin descendencia y volvía a casarse, el primer hijo sería del linaje del marido muerto.

   "Las mujeres le decían a Noemí: «¡Alabado sea el Señor, que te concedió tener un nieto que te rescatara! ¡Su nombre será celebrado entre los israelitas! Ese niño te infundirá nuevos ánimos, y te brindará apoyo en tu vejez. Tu nuera, que te ama y dio a luz ese niño, es de más valor para ti que siete hijos.» Noemí tomó al niño y lo puso en su regazo, y se encargó de criarlo. Y las vecinas decían: «Noemí ha tenido un hijo» Y lo llamaron Obed. Éste fue el padre de Isaí, que fue padre de David." (Rut 4:14-17 Versión Reina Valera Contemporánea)

E. Enseñanzas de esta historia

1. Ante la crisis que se vivía en Belén, Elimelec decidió emigrar de la "casa de pan" a una tierra pagana, con dioses paganos, solo para encontrar muerte y desolación para su familia. Elimelec no fue paciente ante la crisis, y posiblemente tomó una decisión drástica producto de la desesperación, que a la larga trajo más dolor a su familia. Incluso, podríamos pensar que Elimelec cometió un error al dejar su tierra. De haberse quedado en Belén, habría visto que aquella prueba pasaría, y que Dios haría provisión para su pueblo.

En los momentos difíciles, ante el desespero, muchas veces tomamos decisiones drásticas ("me mudo", "cambio de trabajo", "me divorcio, "renuncio", etc.), sin siquiera tomar en cuenta a Dios. Como hijos de Dios, no podemos hacer esto. Tenemos que orar, ser pacientes, buscar dirección, y entonces tomar decisiones sabias (pensadas y oradas) dirigidas por el Señor.

2. Noemí, al evaluar la situación y no entender lo que estaba pasando responsabilizó a Dios por "hacerla desdichada". Ante las pruebas, empezamos a asignar culpas y responsables por todos lados (inclusive a Dios), en vez de buscar dirección y enfocarnos en soluciones. Las crisis son parte de la vida y no siempre vamos a saber por qué las estamos viviendo. Lo importante en este relato es, entender que independientemente de las situaciones que estemos viviendo, aun estando en la situación más precaria de desamparo, Dios puede intervenir para cambiar la prueba en bendición.

3. Noemí fue humilde ante su situación, y decidió volver a la tierra de sus padres y de su Dios, a pesar de que esto significaba reconocer ante su familia y amistades que había fracasado, que

necesitaba de ayuda, y que tenía que comenzar de nuevo. Asimismo, tenemos que ser humildes y honestos con nosotros mismos, para reconocer cuando las circunstancias nos son adversas. No hay nada malo en reconocer que hemos tocado fondo, y reconocer que necesitamos ayuda para levantarnos, aun cuando la prueba que estemos viviendo se deba a nuestros errores. Dios puede abrir *"camino en el desierto y ríos en la soledad."* (Isaías 43:19)

4. El testimonio de amor de Noemí para con sus nueras tiene que haber sido extraordinario, como para que Rut deseara dejar todo atrás, y emigrar a una tierra que no conocía, con otro Dios y otras costumbres.

Por lo tanto, podemos pensar que el amor que Rut demuestra hacia su suegra es a su vez fruto del amor que Noemí le había ofrecido. Rut estaba demostrando con sus acciones lo que es amor y lealtad incondicional. Podemos imaginarnos a Rut diciendo: "Aunque el futuro es incierto, aunque ambas somos viudas, aunque nos hemos quedado sin familia, jamás te dejaré". Tenemos que ser capaces de decir lo mismo por los nuestros en tiempos buenos, pero sobre todo en tiempos difíciles.

5. Al llegar a Belén, Rut "no se quedó durmiendo en las pajas", sino que tomó acción y de inmediato fue a trabajar para procurar su sustento y el de Noemí. Sí, hay que orar; sí, hay que confiar y también... ¡hay que trabajar! Seamos responsables para hacer lo que nos toca. Tenemos que hacer todo aquello que esté a nuestro alcance para trabajar las crisis que se nos presentan. Dios hará provisión a través de nuestro esfuerzo.

6. Booz demostró ser un hombre bueno y sensible para con una mujer pobre y extranjera. ¿Qué factores pudieron influenciar para que él fuera bondadoso con Rut?

a. Booz era hijo de Rahab, la mujer ramera que protegió a los espías que Josué envió a Jericó. Por lo tanto, es posible que viniendo de una madre extranjera, y de un pasado oscuro, debía tener sensibilidad hacia personas en desventaja.

b. Booz había escuchado de las bondades y cuidados de Rut hacia Noemí. O sea, el buen testimonio de Rut, le hizo caer en gracia ante Booz.

Al igual que Booz, procuremos ser justos y generosos con aquellos que están en necesidad. Hay muchas personas alrededor de nosotros que necesitan ser redimidas, pues están viviendo en desamparo, faltos de amor, faltos de comprensión y necesitados de apoyo en medio de sus luchas. Comencemos con los más cercanos, especialmente con nuestra familia.

7. Rut fue sabia y supo seguir las instrucciones de Noemí. Ella supo ver en Noemí a una mujer con experiencia de vida, conocimiento de las costumbres de su pueblo, y temor de Dios, así que se dejó guiar para buscar la oportunidad de ser redimidas. Entonces, seamos sabios, y aprendamos a seguir el consejo de aquellos que tienen mayor conocimiento y experiencia de vida.

8. Booz representa el plan y el deseo de Dios para redimir (salvar y liberar) a todos aquellos que están en tristeza, opresión y desesperanza. Seamos de igual manera instrumentos de Dios para salvar y libertar a los que están en necesidad.

9. Dios no hace acepción de personas. Su deseo es que todos seamos salvos, inclusive aquellos que nosotros descartaríamos a

base de nuestros criterios humanos, y para demostrarlo incluye en el linaje de Jesús a personas como:

a. Fares – hijo de Tamar y de su suegro Judá; concebido por una estratagema de Tamar al éste no querer redimirla al morir su esposo, hijo de Judá (Génesis 38).

b. Rahab – mujer extranjera y ramera que comenzó una nueva vida uniéndose al pueblo de Israel luego de la conquista de Jericó; esposa de Salmón y madre de Booz (Josué 6:25; Mateo 1:5).

c. Rut – mujer extranjera que comenzó una nueva vida con el pueblo de Dios, como nuera de Noemí y esposa de Booz.

d. Betsabé – quien era la esposa de Urías, la cual concibió a Salomón de David.

Conclusión

La historia de Rut y Noemí es un recordatorio de que, en el trasfondo de nuestra historia diaria (con sus luchas y afanes), Dios siempre está obrando para una historia de mucho mayor alcance y trascendencia, que es la historia de nuestra salvación. En Dios no hay casualidades. Él pone en el camino las personas y circunstancias necesarias para cumplir sus planes y propósitos con nosotros.

En momentos de crisis y pruebas, procuremos ser fieles y pacientes. Sobre todo, procuremos la dirección de Dios para tomar decisiones sabias y en su voluntad perfecta. Si resulta que nos equivocamos en el camino (por las razones que sean), seamos humildes para reconocerlo, volvamos a Dios y Él nos ayudará a comenzar de nuevo. Dios es capaz de tornar nuestros errores en bendición, para nosotros, y para quienes estén cerca de nosotros.

F. Preguntas de reflexión

1. ¿Cuáles serían algunos de los rasgos del carácter de Rut que podemos reconocer a través de la historia y que debemos de emular?

Posibles respuestas:

a. Fidelidad
b. Amor
c. Laboriosidad
d. Obediencia
e. Cuidadora
f. Sabiduría

2. ¿Qué características vemos en el carácter de Booz en su trato con Rut que debemos imitar?

Posibles respuestas:

c. Sensibilidad
d. Respeto
e. Justicia
f. Integridad
g. Generosidad
h. Limpieza moral
i. Sentido del deber

3. ¿Cómo compara el acto redentor de Booz con Rut y Noemí, con el acto redentor de Jesús con el ser humano?

Posibles respuestas:

a. Booz rescató a dos mujeres que estaban desamparadas y vulnerables al no tener esposos ni hijos que las representaran ante la sociedad. Al redimirlas, rescató las propiedades que eran suyas, lo que les aseguraba sustento y herencia entre sus compueblanos, les dio descendencia a través de su hijo Obed, e insertó a Rut, una extranjera, en el pueblo de Dios.

b. De la misma forma, Jesús nos rescata de nuestro desamparo y vulnerabilidad ante el pecado, rescata nuestra vida de la condenación eterna, nos devuelve aquellas cosas que el enemigo nos había quitado, nos da herencia entre los salvados, y nos inserta (a pecadores) en la familia de Dios.

4. Considera cómo la vida de Noemí pasó de la amargura (evidenciada en el nombre "Mara") a la belleza (el significado de "Noemí") e identifica las maneras en que Dios le extendió su gracia a esta mujer para recordarle que no había sido olvidada.

Posibles respuestas:

a. El amor y lealtad incondicional de Rut
b. La provisión de sus necesidades a través de Booz
c. El rescate de sus propiedades a través de Booz y Rut
d. Descendencia a través de Obed

5. ¿Qué acciones podríamos llevar a cabo para extender la gracia de Dios y "redimir" a las personas cerca de nosotros? ¿Cómo podemos convertirnos en "redentores" de aquellos que puedan sentirse solos, desamparados o vulnerables?

G. Oración de cierre

Orar para que podamos demostrar el amor y la lealtad de Rut hacia nuestra familia, y la generosidad de Booz hacia los necesitados.

Lección 11:
El Reino Unido — Parte I (Samuel y Saúl)
1 Samuel: 1; Crónicas 9-10 (c. 1050 - 1010 a.C.)

A. Texto clave (1 Samuel 8:1-5)

"Al hacerse viejo, Samuel nombró caudillos de Israel a sus hijos.
[2]Su primer hijo, que se llamaba Joel, y su segundo hijo, Abías,
gobernaban en Beerseba. [3]Sin embargo, los hijos no se comportaron
como su padre, sino que se volvieron ambiciosos, y se dejaron
sobornar, y no obraron con justicia. [4]Entonces se reunieron todos
los ancianos de Israel y fueron a entrevistarse con Samuel en
Ramá, [5]para decirle: Tú ya eres un anciano, y tus hijos no se portan
como tú; por lo tanto, nombra un rey que nos gobierne, como es
costumbre en todas las naciones."

B. Introducción

Hay ocasiones en que queremos tener o hacer ciertas cosas, solo porque los demás las tienen o las hacen. No nos detenemos a pensar si en verdad son cosas que nos convienen o necesitamos. Pero si todo el mundo lo hace, "no importa", nosotros también lo queremos, pues no deseamos "quedarnos atrás", aunque conlleve riesgos. Cedemos a la presión de grupo, de la sociedad, del mercadeo, sin medir las consecuencias de lo que queremos hacer o tener. Sabemos que Dios, en su sabiduría, muchas veces no nos concede lo que pedimos sabiendo que no nos conviene, pero, aun así, insistimos. Es entonces cuando oramos, pedimos y rogamos, ignorando las advertencias y señales que nos dicen que lo que pedimos no será de bendición. Entonces, Dios, en su voluntad permisiva, respetando nuestro libre albedrío, permite que se den aquellas cosas o situaciones que no son buenas, y posteriormente, sufrimos las consecuencias. Lo más probable, en el camino aprenderemos de nuestros errores, pero en ocasiones será a costa de un alto precio.

Este es el caso del pueblo de Israel, que viendo que todos los pueblos de alrededor tenían un rey, ellos querían tener lo mismo, y le pidieron al profeta Samuel que pusiera un rey sobre ellos. Samuel, de parte de Dios, les advierte que los reyes abusarían de ellos y se enriquecerían a costa del pueblo. Aun así, insistieron ignorando todo tipo de advertencia. Dios les complació poniendo sobre ellos a Saúl como el primer rey del pueblo de Israel, quien reinó sobre las doce tribus por cuarenta y dos años.

C. Desarrollo de la lección

1. Resumen de la historia de Samuel

a. En el tiempo de los Jueces, hubo un hombre levita llamado Elcana que tenía dos esposas: Ana y Penina.

b. Ana era la esposa favorita, pero era estéril. Penina la irritaba y le hacía sufrir por no ser capaz de tener hijos. En este tiempo, la esterilidad se consideraba un castigo de parte de Dios, por lo tanto, era una afrenta el no poder darle descendencia a su esposo.

c. Ana fue a Silo, lugar donde estaba el tabernáculo, y allí oró y lloró ante Dios, rogando por un hijo. Después de un tiempo, derramó su vida en oración, y le prometió a Dios que, si se lo daba, lo consagraría a su servicio.

d. Dios escuchó el clamor de Ana y le dio un hijo a quien puso por nombre Samuel, que significa "Dios escucha".

e. Siendo aún un niño, Samuel fue consagrado al servicio de Elí, el sumo sacerdote, quien lo crio sirviendo con él en el tabernáculo.

f. Jehová llamó a Samuel como profeta desde niño.

g. Samuel le profetizó a Elí juicio sobre su casa por la desobediencia e inmoralidad de sus hijos, y por la inacción del propio Elí para reprenderlos. Pasado el tiempo, esta palabra se cumplió, y los hijos de Elí murieron en batalla contra los filisteos, y Elí también murió al conocer la noticia.

h. Es en este momento que Samuel, siendo aún bastante joven, surgió como líder, profeta, sacerdote y juez del pueblo.

i. Samuel llamó al pueblo al arrepentimiento, y a quitar los altares dedicados a los dioses paganos.

j. El pueblo obedeció al llamado de Samuel agobiado por los ataques de los filisteos.

k. Una vez más, los filisteos atacaron a Israel, y el pueblo rogó a Samuel que clamara por ellos mientras iban a la batalla.

l. El Señor respondió al clamor de Samuel y los filisteos fueron derrotados de forma contundente.

m. Como resultado de esta batalla, Samuel fue reconocido como juez sobre todo Israel, y el pueblo vivió en paz y prosperidad.

n. Cuando Samuel llegó a edad avanzada, delegó en sus dos hijos la dirección del pueblo como jueces, pero éstos fueron indignos, *"dejándose sobornar y pervirtiendo el derecho."* (1 Samuel 8:3c)

o. Ante esta situación, los ancianos de Israel fueron donde Samuel y le pidieron que les nombrara un rey *"que nos juzgue, como tienen todas las naciones."* (1 Samuel 8:5c) Samuel se entristeció, ya que el pueblo, en lugar de dejarse dirigir por Dios a través de sus profetas y sacerdotes, lo que representaba una teocracia, deseaba ahora ser dirigido por un hombre al igual que las naciones paganas.

p. Sin embargo, Dios le dijo a Samuel que hiciera como el pueblo le pedía, ya que no lo estaban rechazando a él (a Samuel) sino a Dios mismo.

q. Dios le dijo a Samuel que complaciera al pueblo, pero que antes les advirtiera que los reyes pondrían sobre ellos una carga muy pesada, tomando sus hijos para su ejército y sus guerras, las hijas para su servicio, y sus bienes para acumular riquezas. A pesar de estas advertencias, el pueblo insistió en que deseaban un rey. Veamos la respuesta del pueblo.

"[19]Pero el pueblo no quiso oír la voz de Samuel, y dijo: No, sino que habrá rey sobre nosotros; [20]y nosotros seremos también

como todas las naciones, y nuestro rey nos gobernará, y saldrá delante de nosotros, y hará nuestras guerras. [21]*Y oyó Samuel todas las palabras del pueblo, y las refirió en oídos de Jehová.* [22]*Y Jehová dijo a Samuel: Oye su voz, y pon rey sobre ellos. Entonces dijo Samuel a los varones de Israel: Idos cada uno a vuestra ciudad."* (1 Samuel 8:19-22)

2. **Enseñanzas de la vida de Samuel**

   a. En la vida de Samuel vemos una vez más como Dios interviene milagrosamente con una mujer estéril para cumplir su plan maestro para la salvación de la humanidad. Al igual que hizo con Sara, Rebeca y Raquel, Dios escuchó el clamor de Ana, y le concedió un hijo que sería un instrumento extraordinario para hacer cumplir sus propósitos.

      Podemos pensar que Ana no paró de orar una vez tuvo su hijo. Por el contrario, si oró y gimió para tenerlo, más tuvo que haber orado día y noche para que Dios lo guiara y guardara. De la misma forma, no dejemos de clamar por nuestros hijos, especialmente por esos hijos e hijas que le hemos pedimos al Señor. El Dios que tenía un plan especial con Samuel, también tiene un plan para nuestros hijos.

   b. Ana rogó por un hijo, prometió que lo entregaría al servicio de Dios, y cumplió. No debe haber sido fácil para ella tener un hijo, criarlo y luego entregárselo a Elí para que terminara de crecer lejos de ella. Una vez tuvo a su hijo, ella pudo haberse arrepentido y entendido que "ya que Dios se lo dio debía quedarse con él". Hasta pudo haber pensado en negociar con Dios diciéndole "Señor, yo te lo entregaré, pero déjame tenerlo hasta la adolescencia, entonces será todo tuyo". No, Ana cumplió la promesa, lo consagró y permitió que Dios cumpliera sus propósitos a su debido tiempo. Lo llamó desde niño para que fuese profeta, junto al tabernáculo que representaba su misma presencia. Si Ana lo hubiese retenido: ¿Qué habría pasado, o qué no habría pasado?

Da vergüenza mencionarlo, pero a veces somos demasiado ligeros para olvidarnos de cumplir nuestras promesas con Dios. Oramos por una bendición y decimos que si Dios nos la concede será para su servicio. Pero una vez cumplida por Dios, "se nos olvida" la promesa, y usamos la misma bendición como excusa para no servirle. Cometemos el error de permitir que bendiciones como son: los hijos, el trabajo, el cuidado de la casa, el cuidado del carro, los estudios, etc. se conviertan en una excusa para no cumplir con nuestras promesas. Cuando hacemos esto, ponemos en riesgo la verdadera bendición que es la presencia de Dios, y el privilegio de servirle con nuestro tiempo, talento y tesoro. ¿Será posible que una bendición se convierta en estorbo de nuestro servicio al Señor?

c. Esta parte de la historia de Israel nos ilustra, de manera bien clara, el riesgo de hacer las cosas, solo porque otros las hacen, y parece que les va bien. Imitar a los otros, no siempre es una buena idea, especialmente cuando va en contra de la voluntad de Dios. La realidad es que, los futuros reyes, no fueron mejores que los jueces. ¿Tanto con unos como con otros, el pueblo tuvo momentos de fidelidad, apostasía y juicio, porque el problema no estaba en unos ni en otros sino en la desobediencia a la palabra de Dios.

Es posible que, en nuestra inmadurez como creyentes, alguna vez hayamos sentido envidia por aquello que los no creyentes pueden hacer pensando que ellos "la están pasando bien". En vez de sentir envidia, debemos de sentir agradecimiento pues en nuestra obediencia, nos evitamos muchos problemas. ¿Cuántos hemos tenido la experiencia de negarle una salida a nuestros hijos e hijas, y la respuesta de ellos ha sido: ¿por qué yo no puedo ir y al hijo de fulana si lo dejan ir? Mi respuesta a ellos siempre fue, "porque eres hijo mío, no de fulana, y yo sé por qué no te conviene". ¿Cuántos hemos tenido la dolorosa experiencia de ver a nuestros hijos e hijas sufrir aquellas cosas que les advertimos? Aprendamos, pues, a aceptar la voluntad y el tiempo de Dios, sin estar "refunfuñando" por lo que no tenemos o por lo mucho que se tarde en llegar la respuesta a nuestra oración.

d. La experiencia de Elí y Samuel con sus hijos sigue reforzando lo que hablamos en la lección anterior; el riesgo de que los que vienen después de nosotros no tenga un encuentro verdadero con Dios y perdamos a una generación. En cuanto dependa de nosotros, procuremos transmitir a nuestros hijos y nietos nuestra fe, experiencias y testimonios. Intercedamos constantemente para que tengan su encuentro con Dios, lo más temprano posible en sus vidas. Sabemos que en este proceso el testimonio de nuestra vida es más importante que lo que digamos.

3. **Resumen de la historia de Saúl**

   a. Ante el reclamo de los israelitas, Dios escogió a Saúl, hijo de Cis, de la tribu de Benjamín como primer rey de Israel, y fue ungido como tal por Samuel.

   b. Saúl era un hombre de apariencia imponente, de gran estatura, joven y hermoso (como debía lucir un rey).

   c. En un principio, Saúl se sintió temeroso e incapaz de ser rey, pero Dios lo llenó del Espíritu Santo y le *"mudó Dios su corazón"* (1 Samuel 10:9-10), capacitándolo para esta encomienda.

   d. Dios respaldó a Saúl, y le dio victoria sobre los amonitas, filisteos, amalecitas, moabitas y todos los reyes que le rodeaban.

   e. En el tiempo de Saúl hubo guerra constante contra los filisteos, pero Dios siempre le concedió la victoria a Saúl, siendo capaz de mantener al pueblo unido contra sus enemigos.

   f. Con el tiempo, se comenzaron a ver fisuras en el carácter de Saúl:

      i. Ofreció sacrificios antes de la batalla de Gilgal en contra los filisteos (lo que solo le estaba permitido hacer al sacerdote), y le echó la culpa al pueblo.

      ii. Desobedeció a Dios perdonando la vida a Agag, rey de los amalecitas, y quedándose con el ganado cuando Dios había dado instrucciones de destruirlo todo como juicio por éstos haberse opuesto a que Israel pasara por su territorio en su peregrinaje en el desierto. Cuando fue confrontado con su pecado, no se arrepintió de inmediato, sino que mintió, intentó responsabilizar al ejército, y dijo que había tomado las vacas para ofrecer sacrificios a Dios (lo que no era cierto).

Ante las excusas vanas de Saúl por su desobediencia, Samuel le contestó lo siguiente:

"[22]Y Samuel dijo: ¿Se complace Jehová tanto en los holocaustos y víctimas, como en que se obedezca a las palabras de Jehová? Ciertamente el obedecer es mejor que los sacrificios, y el prestar atención que la grosura de los carneros. [23]Porque como pecado de adivinación es la rebelión, y como ídolos e idolatría la obstinación. Por cuanto tú desechaste la palabra de Jehová, él también te ha desechado para que no seas rey." (1 Samuel 15:22-23)

"[28]Entonces Samuel le dijo: Jehová ha rasgado hoy de ti el reino de Israel, y lo ha dado a un prójimo tuyo mejor que tú." (1 Samuel 15:28)

iii. Desarrolló celos terribles por la fama y éxito de David como guerrero del ejército de Israel, al punto de que intentó matarlo en varias ocasiones.

g. Ante estas debilidades de Saúl, vino palabra de Dios a Samuel:

"[11]Me pesa haber puesto por rey a Saúl, porque se ha vuelto de en pos de mí, y no ha cumplido mis palabras. Y se apesadumbró Samuel, y clamó a Jehová toda aquella noche." (1 Samuel 15:11)

h. Samuel recibió instrucciones de Dios de ungir a David por rey de Israel.

i. David fue ungido por Samuel como rey, pero pasarían años antes de que asumiera el trono.

j. Al pasar el tiempo, la condición mental, moral y espiritual de Saúl siguió empeorando. Samuel ya había muerto, y Saúl fue a una última batalla en contra de los filisteos, en donde se cumplieron las palabras de juicio sobre él y su familia que había recibido por medio de Samuel.

k. Al verse derrotado, él mismo se lanzó sobre su espada para evitar caer en manos de sus enemigos, y ser humillado. En esta batalla también murieron sus tres hijos: Jonatán (amigo cercano de David), Abinadab y Malquisúa.

4. **Enseñanzas de la vida de Saúl**

   a. Una vez más, vemos que Dios capacita y respalda a quien llama. Saúl, una vez que fue lleno del Espíritu Santo se transformó de un hombre temeroso e inseguro (tanto que se escondió al momento que lo escogieron como rey), en un hombre valiente y capaz de dirigir al ejército contra sus enemigos. Dios lo escogió y lo engrandeció sobre su pueblo.

   b. Saúl era físicamente atractivo, pero en su interior tenía serias debilidades de carácter que permitió que le dominaran. En otras palabras, la apariencia externa no es lo importante sino lo que tenemos en nuestro interior. No podemos juzgar por lo que vemos; es por eso por lo que dice la palabra lo siguiente refiriéndose a la elección de David para ser rey:

"[7]Y Jehová respondió a Samuel: No mires a su parecer, ni a lo grande de su estatura, porque yo lo desecho; porque Jehová no mira lo que mira el hombre; pues el hombre mira lo que está delante de sus ojos, pero Jehová mira el corazón." (1 Samuel 16:7)

c. Lamentablemente, Saúl representa los muchos casos de hombres y mujeres de Dios que empiezan bien en sus ministerios, pero que se desvían y acaban mal. ¿Cómo puede suceder esto?

   i. Se dejan llevar por el orgullo, la soberbia, la codicia y la carnalidad (Proverbios 16:18).

   "[18]Antes del quebrantamiento es la soberbia,
   Y antes de la caída la altivez de espíritu."

   ii. Comienzan a creer que son ellos, y no Dios en ellos.

   iii. Abusan de la gracia de Dios, de manera que, trasgreden los límites, y como aparentemente no pasa nada, vuelven a hacerlo hasta que se insensibilizan al toque y la redargución del Espíritu Santo.

   iv. La gente que está alrededor de ellos, que se benefician de alguna manera de sus ministerios y acciones, los adulan y les hacen creer que están bien.

   v. Descuidan la vida espiritual, y en vez de depender el Espíritu Santo, actúan conforme a sus propias fuerzas hasta que caen de la gracia, ya sea en inmoralidades, corrupción o falsas doctrinas.

vi. El enemigo no pierde oportunidad para engañarlos, descubrirlos y hacerlos quedar en vergüenza.

vii. No aceptan responsabilidad por sus errores, y peor aún, mienten y culpan a otros por sus acciones.

d. Si Saúl hubiese aceptado con humildad la responsabilidad por sus acciones, y hubiese demostrado verdadero arrepentimiento, lo más probable Dios le habría perdonado y preservado su vida, trono y linaje. Es interesante notar que David fue ungido como rey, pero Saúl siguió reinando por varios años antes de David ocupar el trono. Podríamos pensar que Dios estaba dándole tiempo de admitir sus errores, arrepentirse y terminar su reinado con gloria y no con vergüenza.

e. Lamentablemente las consecuencias del pecado de Saúl alcanzaron también a sus hijos pues éstos murieron con él en batalla y su dinastía fue eliminada dando paso a la dinastía de David. A base de esto tengamos dos puntos claros:

i. Aunque no sea nuestra intención ni deseo, nuestro pecado afecta a quienes están cerca de nosotros. Por lo tanto, seamos humildes cuando somos confrontados con nuestros errores y pecados, especialmente cuando esta confrontación viene de parte de personas que desean ayudarnos como son nuestros padres, maestros, pastores y amigos.

ii. Si no respondemos al llamado de Dios, o si nos desviamos de su voluntad, sus planes <u>no se detienen</u>.

Dios buscará a otra persona que esté dispuesta a hacer su voluntad, y ésta se llevará la bendición que nos hubiese tocado a nosotros.

D. Preguntas de reflexión

1. ¿De qué forma la oración insistente de Ana por un hijo puede inspirar nuestras propias oraciones?

2. Viendo el ejemplo de Ana con Samuel ¿cuán importante es consagrar a nuestros hijos e hijas al Señor desde que nacen? ¿Qué representa para los padres y madres el consagrar sus hijos e hijas a Dios?

3. Samuel fue educado por Elí en la ley, en las funciones sacerdotales y en los ritos del tabernáculo ¿Cuán importante sería la educación que le ofreció Elí para sus futuras funciones como profeta, juez y sacerdote? ¿Cuán importante es educar a nuestros hijos e hijas en la Palabra y el servicio a Dios para su futuro como creyentes?

4. El pueblo de Israel, al pedir un rey estaba rechazando a Dios mismo. ¿Podemos pensar en cuantas maneras nuestro pueblo está rechazando a Dios? ¿Qué podemos hacer al respecto?

5. ¿Qué factores llevaron al rey Saúl al fracaso? ¿Podrían estos mismos factores llevar al creyente a tropezar en la vida cristiana?

6. ¿Cómo respondió Saúl cuando fue confrontado con su pecado? En cambio, ¿cómo debemos reaccionar cuando seamos confrontados con nuestros defectos, errores y pecados?

7. Dios se vio obligado a desechar a Saúl por las múltiples faltas en su carácter. Tengamos claro que lo desechó como rey, pero como ser humano. ¿Qué debemos hacer para nunca ser desechados por Dios?

E. Oración de cierre

Orar para que nunca cedamos al orgullo, la vanidad o la soberbia; que siempre seamos humildes para aceptar la dirección de Dios, y que podamos reconocer nuestros errores, de manera que siempre nos cubra la misericordia de Dios.

CONOCE LA HISTORIA BÍBLICA
El Camino a Nuestra Salvación

Lección 12:
El Reino Unido — Parte II (David)
Un rey llamado de entre las ovejas (1 Samuel 16-31; 2 Samuel; 1 Reyes 1-2; 1 Crónicas 11-29)
(c. 1010 - 970 a.C.)

A. Texto clave (1 Samuel 16:1)

"Dijo Jehová a Samuel: ¿Hasta cuándo llorarás a Saúl, habiéndolo yo desechado para que no reine sobre Israel? Llena tu cuerno de aceite, y ven, te enviaré a Isaí de Belén, porque de sus hijos me he provisto de rey."

B. Introducción

En la clase pasada, hablamos de Samuel (último de los jueces y primero en el ministerio profético bajo la monarquía), y de Saúl, elegido por Dios para ser el primer rey sobre Israel. Esto significaba que el pueblo de Israel ya no sería una confederación de tribus gobernada por jueces y sacerdotes, sino un reino bajo la autoridad plena de un rey. Recordemos que Dios puso rey sobre Israel porque ellos así lo pidieron, pues querían ser igual a las naciones que le rodeaban. En un principio, Saúl fue un buen rey. Tuvo el respaldo de Dios en la lucha contra sus enemigos, consolidó el reino y gozaba del favor del pueblo. Lamentablemente, Saúl se llenó de orgullo y soberbia, al punto de que comenzó a atribuirse funciones sacerdotales, y desobedeció las instrucciones de Dios en el trato con los enemigos. Por todo esto, Saúl y su casa fueron desechados, y Dios escogió a David como próximo rey de Israel. Sin embargo, desde que David fue ungido rey, hasta que ocupó el trono sobre Judá (más tarde sobre todas las tribus de Israel) pasaron varios años. En esta clase, estudiaremos la historia de David, una de las más impactantes del Antiguo Testamento y de las más relevantes desde el punto de la historia de nuestra salvación, ya que, es a través de su descendencia que llegará el tan esperado Mesías (el Ungido), prometido por Dios, y anunciado por los profetas: **Jesús de Nazaret.**

C. Desarrollo de la lección

1. **¿Quién era David?**

    a. Hijo de Isaí, de la tribu de Judá, natural de Belén.

    b. Era el menor de ocho hermanos.

    c. Nieto de Rut la moabita y de Booz.

    d. Se menciona unas ochocientas veces en el Antiguo Testamento, y sesenta en el Nuevo Testamento.

    e. Su trabajo antes de ser rey consistía en pastorear las ovejas de su padre.

    f. Poeta, músico y autor de la mayoría de los salmos.

    g. Segundo rey de Israel.

h. Dios le prometió que su casa y su trono serían perpetuos.

i. A través de su descendencia vendría el Mesías.

2. **Historia de David**

   a. Se menciona por primera vez cuando Dios le da instrucciones a Samuel de ungirlo por rey en lugar de Saúl.

   "[10]E hizo pasar Isaí siete hijos suyos delante de Samuel; pero Samuel dijo a Isaí: Jehová no ha elegido a éstos. [11]Entonces dijo Samuel a Isaí: ¿Son estos todos tus hijos? Y él respondió: Queda aún el menor, que apacienta las ovejas. Y dijo Samuel a Isaí: Envía por él, porque no nos sentaremos a la mesa hasta que él venga aquí. [12]Envió, pues, por él, y le hizo entrar; y era rubio, hermoso de ojos, y de buen parecer. Entonces Jehová dijo: Levántate y úngelo, porque éste es. [13]Y Samuel tomó el cuerno del aceite, y lo ungió en medio de sus hermanos; y desde aquel día en adelante el Espíritu de Jehová vino sobre David. Se levantó luego Samuel, y se volvió a Ramá." (1 Samuel 16:10-13)

   b. David aparece nuevamente en el relato bíblico cuando los siervos del rey buscan a alguien que sepa tocar el arpa para calmar la mente perturbada de Saúl. David halló gracia delante de Saúl quien le hizo su paje de armas (escudero).

   "[16]Diga, pues, nuestro señor a tus siervos que están delante de ti, que busquen a alguno que sepa tocar el arpa, para que cuando esté sobre ti el espíritu malo de parte de Dios, él toque con su mano, y tengas alivio." (1 Samuel 16:16)

"[18]Entonces uno de los criados respondió diciendo: He aquí yo he visto a un hijo de Isaí de Belén, que sabe tocar, y es valiente y vigoroso y hombre de guerra, prudente en sus palabras, y hermoso, y Jehová está con él." (1 Samuel 16:18)

"[23]Y cuando el espíritu malo de parte de Dios venía sobre Saúl, David tomaba el arpa y tocaba con su mano; y Saúl tenía alivio y estaba mejor, y el espíritu malo se apartaba de él." (1 Samuel 16:23)

c. David vuelve a aparecer cuando se enfrenta al gigante Goliat de los filisteos, dándole muerte y convirtiéndose en un héroe para los israelitas (1 Samuel 17).

"[48]Y aconteció que cuando el filisteo se levantó y echó a andar para ir al encuentro de David, David se dio prisa, y corrió a la línea de batalla contra el filisteo. [49]Y metiendo David su mano en la bolsa, tomó de allí una piedra, y la tiró con la honda, e hirió al filisteo en la frente; y la piedra quedó clavada en la frente, y cayó sobre su rostro en tierra. [50]Así venció David al filisteo con honda y piedra; e hirió al filisteo y lo mató, sin tener David espada en su mano. [51]Entonces corrió David y se puso sobre el filisteo; y tomando la espada de él y sacándola de su vaina, lo acabó de matar, y le cortó con ella la cabeza. Y cuando los filisteos vieron a su paladín muerto, huyeron." (1 Samuel 17:48-51)

d. Como resultado de su victoria ante Goliat, Saúl no dejó que David volviera a la casa de su padre, sino que lo llevó a vivir al palacio, en donde desarrolló una amistad muy cercana con Jonatán, su hijo.

e. David demostró su valor en batalla contra los enemigos de Israel, de modo que Saúl lo colocó entre los líderes del ejército.

f. Al pasar el tiempo, David se hizo muy popular entre el pueblo. Esto provocó celos profundos en Saúl al punto de intentar matarlo en dos ocasiones mientras le tocaba el arpa, como solía hacer cuando el rey se sentía perturbado.

g. Sin embargo, Saúl tenía temor de David por varias razones:

   i. Estaba claro de que Jehová se había apartado de él, y que ahora estaba con David.

   ii. David se conducía prudentemente en todo lo que hacía y demostraba lealtad a Saúl, a pesar de que éste empezó a considerarlo su enemigo.

   iii. Era sumamente admirado y querido por el pueblo por sus hazañas militares.

   iv. Su hija Milca (esposa de David) lo amaba.

   v. Era íntimo amigo de Jonatán, quien hizo pacto de hermandad con David.

   vi. Era apreciado y protegido por los sacerdotes.

h. Debido a estas razones, Saúl desistió por un tiempo de matar a David, pero entonces, lo exponía constantemente en batalla con la esperanza de que muriera en combate. No obstante, Dios lo protegía y, al contrario, sus hazañas eran cada vez más notorias.

i. Viendo Saúl que David se hacía cada vez más grande a los ojos del pueblo, y que su propia familia lo protegía, dio órdenes a sus siervos de matarlo, pero David huyó de la ciudad ayudado por Mical.

j. David se refugió con Samuel en Naiot en Ramá. Cuando Saúl lo supo, envió mensajeros a buscarlo para matarlo, pero no pudieron traerlo pues el Espíritu de Dios vino sobre ellos, y comenzaron a profetizar.

k. Como sus mensajeros no lograron arrestarlo por la intervención divina, Saúl mismo fue a buscarlo en Ramá, pero una vez más Dios intervino, y también Saúl comenzó a profetizar frente al profeta Samuel (1 Samuel 19:22-24). A pesar de esta experiencia, Saúl estaba obsesionado, y no se arrepintió de su deseo de matar a David.

l. Jonatán intercedió ante su padre por la vida de David, pero Saúl, enfurecido, intentó herirlo con su lanza.

m. Viendo Jonatán que su padre estaba resuelto a matar a David, le dio aviso para que huyera, pues ambos habían hecho un pacto de hermandad de cuidarse el uno al otro.

n. David huyó a Gat de los filisteos, en donde se hizo pasar por demente por temor al rey Aquis, y luego se refugió en la cueva de Adulam, en donde se unieron a él su familia y cerca de cuatrocientos hombres. Estos hombres formaron con David una compañía de guerrilleros. El relato bíblico describe a estos hombres de esta manera:

"[2]Y se juntaron con él todos los afligidos, y todo el que estaba endeudado, y todos los que se hallaban en amargura de espíritu, y fue hecho jefe de ellos; y tuvo consigo como cuatrocientos hombres." (1 Samuel 22:2)

o. Saúl persistió en perseguir a David, lo que lo obligó a moverse de un lugar a otro, viviendo unas veces en lugares remotos de Israel, y en otras en tierras de los filisteos.

p. En una ocasión, David tuvo la oportunidad de matar a Saúl, pero no lo hizo por respeto a la persona que Dios había ungido por rey. Saúl, de momento, se conmovió ante el gesto de David, pero al poco tiempo, volvió a perseguirlo.

q. Finalmente, Saúl y tres de sus hijos murieron en batalla contra los filisteos. Muerto Saúl, David fue proclamado rey de la tribu de Judá en Hebrón, en donde reinó por siete años y medio.

r. Mientras tanto, Abner, primo de Saúl y general de su ejército, coronó a Is-boset, hijo de Saúl, como rey de Israel (excepto Judá que estaba con David), lo que causó una larga guerra civil entre los bandos leales a Abner, y los partidarios de David.

s. Abner había tomado una de las concubinas de Saúl, lo que provocó una reprensión de parte de Is-boset. En venganza por esta reprensión que le hizo sentir humillado, Abner hizo pacto con David para respaldarlo como rey de todo Israel.

t. Sin embargo, Joab, general del ejército de David, asesinó a Abner sin el conocimiento de David, en venganza por la muerte de su hermano Asael a manos de Abner en batalla.

u. Muerto Abner, Is-boset fue asesinado por dos de sus oficiales, lo que resultó en dejar el camino libre para que David fuera proclamado rey de todo Israel.

v. Una vez proclamado rey de todo Israel, sucedió lo siguiente:

i. David tomó la fortaleza de Jerusalén que estaba en manos de los jebuseos, y la hizo su capital, llamándola Ciudad de David.

ii. Derrotó de manera contundente a los filisteos que vinieron contra él, al éstos enterarse de que había sido coronado rey.

iii. Fue subyugando sistemáticamente a los demás enemigos, extendiendo su reino desde la frontera egipcia y el golfo de Aqaba en el sur, hasta el río Éufrates en el norte.

iv. David trajo el arca del pacto a Jerusalén, e hizo una gran fiesta religiosa para celebrarlo.

v. Por amor a su amigo Jonatán, David hizo misericordia a su hijo Mefi-boset. Mefi-boset era lisiado de los pies, y era el único sobreviviente de los descendientes de Saúl. David lo recibió en su mesa, y le entregó las tierras de su padre.

vi. David halló gracia a los ojos de Dios, y Dios hizo el siguiente pacto con él y con su descendencia:

"[11]*desde el día en que puse jueces sobre mi pueblo Israel; y a ti te daré descanso de todos tus enemigos. Asimismo, Jehová te hace saber que él te hará casa.* [12]*Y cuando tus días sean cumplidos, y duermas con tus padres, yo levantaré después de ti a uno de tu linaje, el cual procederá de tus entrañas, y afirmaré su reino.* [13]*Él edificará casa a mi nombre, y yo afirmaré para siempre el trono de su reino.* [14]*Yo le seré a él padre, y él me será a mí hijo. Y si él hiciere mal, yo le castigaré con vara de hombres, y con azotes de hijos de hombres;* [15]*pero mi misericordia no se apartará de él como la aparté de Saúl, al cual quité de delante de ti.* [16]***Y será afirmada tu casa y tu reino para siempre delante de tu rostro, y tu trono será estable eternamente.*** *Conforme a todas estas palabras, y conforme a toda esta visión, así habló Natán a David."* (2 Samuel 7:11-16)

Esta promesa de Dios a David tuvo su cumplimiento cabal en Jesús, descendiente de David según la carne, y proclamado Rey y Señor por los siglos de los siglos.

w. David tenía treinta años cuando empezó a reinar. En Hebrón fue rey de Judá durante siete años y medio, y en Jerusalén fue rey sobre todo Israel durante treinta y tres años (2 Samuel 5:4-5).

3. **Enseñanzas y preguntas de reflexión**

1. El profeta Samuel se dejó impresionar por la apariencia física de Eliab, hermano mayor de David, pensando que este era el ungido de Dios, pero se equivocó. Todos estamos expuestos a prejuicios con base en lo que vemos sin realmente conocer a una persona. Aprendamos a no emitir juicio sin fundamento, y a mirar lo que está en el interior de las personas, más allá de la mera apariencia. Seamos capaces de valorar a las personas por sus cualidades, y no por cosas vanas como la belleza exterior o la riqueza material.

2. Aunque seamos los más pequeños de la casa de nuestro padre, como en el caso de David, no nos subestimemos a nosotros mismos pensando que "no podemos". Confiemos en los talentos y recursos que Dios ha puesto en nuestras manos para servirle y hacer su voluntad. Cuando Dios llama, respalda.

3. David enfrentó al gigante Goliat con armas que humanamente hablando eran inadecuadas e insuficientes: una honda y una piedra. Aquí vemos que, en las manos de Dios, una pequeña piedra se convirtió en un arma poderosa que le dio la victoria. Asimismo, los recursos en nuestras manos, a veces pudieran parecernos poco o insuficientes, pero se multiplican y se fortalecen cuando los ponemos en las manos de Dios. Por otro lado, recordemos que tenemos armas poderosas en Dios para enfrentar a todo tipo de gigantes: la oración, la Palabra, el ayuno, la presencia del Señor, y la dirección del Espíritu Santo.

Preguntas:

- **¿Qué gigantes estás enfrentando en estos momentos?**
- **¿Qué armas tienes a tu disposición para enfrentarlos?**

4. Dios llevó a David por todo un proceso de aprendizaje con el propósito de capacitarlo para el trabajo que tenía para Él.

   a. Pastor de ovejas – vivió en la soledad de la montaña donde aprendió a depender de Dios; además, aprendió a vencer el miedo enfrentando las bestias y la oscuridad de la noche.

   b. Hermano menor – vivió en humildad ante sus hermanos aun sabiendo que Dios lo había ungido rey.

c. Músico – lo llevó a la casa de Saúl y lo convirtió en el mayor de los salmistas.

d. Escudero del rey – aprendió de guerra y política.

e. Jefe de a mil en el ejército – ganó experiencia en batalla.

f. Vivió entre los filisteos – conoció mejor sus fortalezas y debilidades como enemigos.

g. Se convirtió en jefe de un ejército de afligidos y desechados por la sociedad – aprendió a tratar con todo tipo de personas.

Todo este proceso, debió enseñarle ser paciente, y a tener confianza en el Dios que lo había ungido y llenado de su Espíritu. Estemos claros que, cuando Dios nos llama a algún ministerio o recibimos una palabra sobre una bendición que viene en camino, también pasaremos por tiempos de prueba y de aprendizaje (al igual que Moisés en el desierto). Durante este tiempo, procuremos entender qué es lo que Dios quiere enseñarnos. Seamos pacientes, esperando el tiempo del Señor para el cumplimiento de sus promesas.

***Pregunta:* Piensa en los procesos que has vivido hasta aquí. ¿Para qué ministerio, trabajo o funciones crees que te han estado preparando?**

5. David demostró fidelidad a su rey, a pesar de todos los intentos de Saúl por destruirlo. Esto ilustra de manera poderosa, que en situaciones de conflicto debemos ser leales a nuestros líderes, y dejar todo juicio a Dios. Puede haber desacuerdos y distintos

puntos de vista entre nosotros y nuestros líderes, pero nada justifica la traición, las componendas y el engaño.

6. Saúl pudo ver todas las señales para entender que David no estaba en contra de él, sino que era Dios quien le había elegido. Sin embargo, en vez de arrepentirse, siguió obstinado en su empeño de matarlo para preservar su trono. Saúl sabía que estaba peleando contra Dios mismo, y que estaba retando su voluntad, pero no se detuvo. ¡Qué gran error y cuanta terquedad! Aprendamos a ser humildes para aceptar la voluntad de Dios, en lugar de insistir en nuestros propios planes y deseos, no sea que nos encontremos luchando contra Dios para perjuicio nuestro.

7. Dios frustró cada intento en contra de la vida de David, pues tenía un plan y nada iba a impedir el cumplimiento de ese plan. Dios tiene un plan con nuestra vida y con nuestras familias: nada impedirá el cumplimiento de sus promesas.

8. David fue generoso y fiel al juramento con su amigo Jonatán redimiendo a su hijo Mefi-boset, quien pudo haber reclamado el trono como nieto de Saúl. Esto es un hermoso ejemplo de lealtad hacia nuestros amigos, y compasión con los que están en desventaja. Procuremos, al igual que David, ser fieles a nuestras promesas.

4. **David y Betsabé (2 Samuel 11)**

El reinado de David no estuvo exento de crisis políticas y de escándalos que afectaron a la familia real, y al pueblo. Sin embargo, el mayor escándalo de todos, por la magnitud de su pecado y por las consecuencias que atrajo para él mismo y para el reino, fue la situación con Betsabé y Urías. Una vez se enteró del embarazo de Besabé, producto de su adulterio y abuso de poder, David tramó un plan para ocultar su pecado, que llegó hasta la muerte de Urías, su fiel guerrero. Veamos la historia.

a. En un tiempo en que su ejército estaba en batalla, David se quedó en Jerusalén, y desde el tejado vio a una hermosa mujer bañándose.

b. David indagó quién era, y le hicieron saber que era la esposa de Urías heteo, uno de sus valientes y más leales soldados.

c. A pesar de ser una mujer casada, la hizo llamar y durmió con ella.

d. Al poco tiempo, Betsabé descubrió que estaba embarazada.

e. Al enterarse David de su embarazo, hizo venir a Urías del frente de batalla, con la intención de que durmiera con Betsabé para justificar el embarazo, y encubrir su transgresión.

f. Urías se negó a entrar en su casa y dormir con su esposa mientras sus compañeros estaban en el frente de batalla.

g. Frustrado el plan, David tramó algo peor: su asesinato. Le ordenó a Joab, general de su ejército (por carta que llevaba el propio Urías) que colocara a Urías en lo más recio de la batalla, y que luego se retiraran para que muriera por mano de sus enemigos.

h. Urías murió de acuerdo con el plan de David, y tomó a Betsabé por esposa.

i. David pensó que todo estaba resuelto, pero no fue así.

Dios le reveló al profeta Natán el pecado de David, y lo envió a confrontarlo por medio de una parábola (2 Samuel 12):

i. Según la historia, un hombre rico tenía muchas ovejas, pero llegado un amigo, en vez de matar una de sus propias ovejas, le quitó a un hombre pobre la única oveja que tenía.

ii. David entró en ira, y dijo que ese hombre era digno de muerte. En ese momento, Natán confrontó a David diciéndole: "Tú eres aquel hombre".

iii. Ante la confrontación, David se arrepintió inmediatamente de su pecado. Dios lo perdonó, y mantuvo sus promesas para con él y su descendencia, no obstante, tuvo que enfrentar las consecuencias según le fue profetizado por Natán.

1. El hijo fruto de esta relación de pecado moriría.

2. La espada no se apartaría de su casa.

3. Sufriría la vergüenza de ver que sus mujeres fueran dadas a otros hombres.

j. El perdón y la restauración de Dios a David fue tal, que David tomó a Betsabé por esposa, y tuvieron otro hijo al que llamaron Salomón. Éste vino a ser el heredero al trono de Israel.

k. Este pecado de David, junto con los problemas propios de la poligamia (debido a los conflictos entre varias esposas e hijos) marcó el comienzo de una serie de problemas que resultaron en el cumplimiento de las palabras de Natán a David: la espada no se apartó de su casa.

i. Amnón, hijo de David, violó a su media hermana Tamar.

ii. Absalón, hermano de Tamar, vengó a su hermana, matando a Amnón, por lo que tuvo que ir al exilio.

iii. Absalón regresó del exilio y se sublevó contra su padre, logrando que una parte del pueblo lo proclamara rey.

iv. David tuvo que huir de Jerusalén, hasta que finalmente se encontraron los ejércitos de David y Absalón, resultando en la muerte de Absalón.

v. Seba, hijo de Bicri, se rebeló contra David y también fue derrotado y muerto.

vi. Adonías, hijo de David, siendo ya muy viejo su padre, intentó sin éxito usurpar el trono, a pesar de que David ya lo había destinado para Salomón.

l. A pesar de éstas y otras crisis familiares y políticas, David logró consolidar el reino y *"murió en buena vejez, lleno de días, de riqueza y de gloria."* (1 Crónicas 29.28)

m. Antes de morir, David nombró a Salomón como su sucesor, y le dio varias encomiendas tocantes al reino, pero la más importante de estas encomiendas fue que construyera un templo a Jehová.

5. Enseñanzas de la vida de David

1. Cualquiera puede caer en pecado si se descuida y se expone a las consecuencias. Todos conocemos nuestras debilidades y sabemos de qué tenemos que cuidarnos. David, descrito en la Biblia como alguien conforme al corazón de Dios (1 Samuel 13:14), en un descuido craso, cometió no uno, sino varios crímenes: abuso de poder, adulterio, encubrimiento, conspiración y asesinato. El pecado no confesado seguirá generando una cadena de mentiras y engaños, tratando de encubrir el pecado anterior y afectando incluso a gente inocente. En otras palabras: la mentira pare mentira, y el pecado pare pecado.

2. La caída de David no ocurrió en un solo momento, sino que fue a través de un proceso en donde tuvo varias oportunidades de detenerse, pero no lo hizo: miró, deseó, imaginó, maquinó y consumó su pecado. En ningún momento podemos quedarnos contemplando el pecado. Ante la tentación, tenemos que mirar hacia el otro lado y huir. Entendamos que, por lo general, el cristiano no cae de golpe, sino que se va deslizando poco a poco, hasta que, sin darse cuenta, cae en aquello en lo que nunca pensó fallar.

3. Ante Dios ningún pecado queda oculto, y tarde o temprano saldrá a la luz para vergüenza de quien lo comete. Podemos engañar a los que nos rodean. Hasta podemos engañarnos a nosotros mismos y convencernos de que "no es nada", pero nunca podremos engañar a Dios, e inevitablemente sufriremos las consecuencias de nuestros desvíos.

4. David abusó del poder y pretendió también abusar de la gracia de Dios. Quizás pensó que como ungido de Dios, estaría exento

de las consecuencias, aunque sabía que estaba obrando mal. Es posible que esto le produjera una mentalidad soberbia, que es el terreno fértil para pecar contra Dios. Tengamos mucho cuidado en pensar que somos los "favoritos" o "privilegiados" de Dios, y que estamos exentos de rendir cuentas por nuestras acciones. No podemos abusar de la gracia ni del amor de Dios.

5. Tampoco podemos abusar de nuestra autoridad sobre otros, para tomar ventaja de ellos, como hizo David con Betsabé y Urías. El evangelio es todo lo contrario: amor, respeto y servicio hacia los demás.

6. David reconoció su pecado, y mostró arrepentimiento tan pronto fue confrontado por el profeta Natán (contrario a lo que hizo Saúl), lo que propició el perdón de Dios. El Salmo 51 nos deja ver lo que David debió sentir en esos momentos (Salmo 51:1-3).

> *"Ten piedad de mí, oh Dios, conforme a tu misericordia;*
> *Conforme a la multitud de tus piedades borra mis rebeliones.*
> *2Lávame más y más de mi maldad,*
> *Y límpiame de mi pecado.*
>
> *3Porque yo reconozco mis rebeliones,*
> *Y mi pecado está siempre delante de mí."*

Cuando seamos confrontados con nuestro pecado, ya sea por la redargución del Espíritu Santo, o por personas con autoridad moral y espiritual, lo mejor que podemos hacer es arrepentirnos, confesarlo de inmediato, y procurar ser perdonados. Solo así seremos restaurados en nuestra relación con Dios y con nuestro prójimo.

7. Por grave haya sido nuestro pecado, si nos arrepentimos, Dios nos perdona y restaura, como lo hizo con David y Betsabé. La restauración fue tal, que les dio un hijo que sería el heredero de las promesas de Dios para la casa de David, e insertó a Betsabé en la genealogía de Jesús.

8. Dios, en su infinito amor, tiene el poder para transformar nuestros errores en experiencias que nos servirán para crecer cuando mostramos arrepentimiento genuino por nuestro pecado.

D. Preguntas de reflexión

1. ¿Cómo afectó el pecado de David a su familia y al reino?

2. ¿Por qué fue tan repudiable el pecado de David con Betsabé?

3. ¿Qué implicación debe tener en nuestra conducta el tener conciencia de que nuestro pecado no queda oculto a los ojos de Dios?

4. Urías se negó a disfrutar de su casa y esposa mientras sus compañeros estaban en batalla. ¿Qué nos dice esto del carácter de Urías?

5. ¿Por qué crees que David no se detuvo a tiempo ante la tentación?

6. ¿Qué piensas sobre las consecuencias de los pecados de David?

7. ¿Con qué herramientas contamos para superar las tentaciones?

E. Oración de cierre

Oremos por paciencia y humildad cuando seamos sometidos a los procesos de Dios, que al igual que sucedió con David, tienen el propósito de prepararnos para los planes que Dios tiene con nosotros. Oremos para permanecer firmes ante las tentaciones, de manera que agrademos a Dios, y no provoquemos dolor a los que nos rodean.

Lección 13:
El Reino Unido — Parte III (Salomón)
Época dorada del Reino Unido (1 Reyes 1-11; 1 Crónicas 28-29; 2 Crónicas 1-10) (c. 970 - 931 a.C.)

A. Texto clave (2 Crónicas 6:16-17)

"16Ahora, pues, Jehová Dios de Israel, cumple a tu siervo David mi padre lo que le has prometido, diciendo: No faltará de ti varón delante de mí, que se siente en el trono de Israel, con tal que tus hijos guarden su camino, andando en mi ley, como tú has andado delante de mí. 17Ahora, pues, oh Jehová Dios de Israel, cúmplase tu palabra que dijiste a tu siervo David."

B. Introducción

En la clase anterior expusimos sobre cómo Dios llamó a David de ser pastor de ovejas a ser rey de Israel. También estudiamos la triste y complicada historia de David y Betsabé. Vimos en detalle la caída y arrepentimiento de David al ser confrontado por el profeta Natán, y las consecuencias de su pecado para el reino y su familia. Asimismo, hablamos de que Dios estuvo dispuesto no solo a perdonarle, sino a restaurarle y a mantener su promesa de que su reino sería eterno. La restauración plena de David la vemos en el hecho de que Dios escogió como su sucesor a

Salomón, hijo de David y Betsabé, a quien tomó como esposa. En esta clase, haremos referencia a la historia de Salomón con sus aciertos y errores pues, aun siendo un hombre de gran sabiduría, que dio grandeza y esplendor a Israel, también cometió errores que fueron costosos para la nación.

C. Desarrollo de la lección

1. **¿Quién era Salomón?**

    a. Hijo de David y Betsabé, la que había sido esposa de Urías, heteo.

    b. Antes de su nacimiento, Dios le había designado como sucesor de David y le puso por nombre Salomón, que significa "pacífico", prometiendo que le daría paz entre sus enemigos en todo su reinado (1 Crónicas 22:9).

    c. Asimismo, antes de su nacimiento, Dios le dijo a David que Salomón construiría el templo, proyecto que hacía tiempo David tenía en su corazón.

    d. Dios le prometió a David: *"afirmaré el trono de su reino sobre Israel para siempre."* (1 Crónicas 22:10) En otras palabras, Salomón recibió la misma promesa que recibió su padre, y fue a través de su descendencia y linaje, que llegó el mesías: Jesús, Rey de reyes y Señor de señores.

    e. Fue el tercer rey de Israel, y último de la época del reino unido.

    f. Reinó cuarenta años sobre Israel.

g. De acuerdo con los planes de Dios para con la nación de Israel, Salomón debía demostrarle al mundo lo que debía ser un pueblo sometido a la voluntad de Dios.

h. A diferencia de David, que conquistó los pueblos a fuerza de guerras y conflictos, Salomón hizo alianzas casándose con las hijas de los reyes vecinos.

i. Se le atribuyen a Salomón los libros de Proverbios, Eclesiastés y Cantares, por lo que se le considera el padre de la literatura de la sabiduría israelita.

2. **Resumen del reinado de Salomón**

a. Fue ungido como rey poco antes de la muerte de David, cuando apenas tenía 20 años.

b. David deseaba construir templo a Jehová, pero éste no se lo permitió por haber sido un hombre de guerra que había derramado mucha sangre, y delegó este proyecto a Salomón.

c. Jehová se le reveló a Salomón a inicios de su reinado, y le dijo que pidiera lo que quisiera, que Él se lo concedería. Fue entonces cuando Salomón reconoció sus limitaciones, y pidió sabiduría para gobernar al pueblo con justicia, y para saber discernir entre lo bueno y lo malo.

d. Dios le dijo que, por cuanto pidió sabiduría (en lugar de pedir riquezas, fama o gloria), entonces le concedería sabiduría y ciencia, y todo lo demás, como nunca lo tuvieron los reyes anteriores a él, ni lo tendrían los reyes que vendrían después de él.

e. La fama de su sabiduría provocó la visita de reyes y gobernantes de las naciones vecinas, incluyendo a la famosa reina de Saba (se cree que Saba se encontraba en el actual Yemén), quienes venían para comprobar si esto era así.

f. Sobre la sabiduría de Salomón el texto dice lo siguiente:

"29 Y Dios dio a Salomón sabiduría y prudencia muy grandes, y anchura de corazón como la arena que está a la orilla del mar. 30 Era mayor la sabiduría de Salomón que la de todos los orientales, y que toda la sabiduría de los egipcios. 31 Aun fue más sabio que todos los hombres, más que Etán ezraíta, y que Hemán, Calcol y Darda, hijos de Mahol; y fue conocido entre todas las naciones de alrededor." (1 Reyes 4:29-31)

g. Sobre las riquezas de Salomón el texto dice:

"14 Y juntó Salomón carros y gente de a caballo; y tuvo mil cuatrocientos carros y doce mil jinetes, los cuales puso en las ciudades de los carros y con el rey en Jerusalén. 15 Y acumuló el rey plata y oro en Jerusalén como piedras, y cedro como cabrahígos de la Sefela en abundancia. 16 Y los mercaderes del rey compraban por contrato caballos y lienzos finos de Egipto para Salomón." (2 Crónicas 1:14-16)

h. Salomón controló gran parte del comercio terrestre y marítimo en su época, ya que las caravanas provenientes de distintos lugares pasaban por sus territorios, y tenía una flota de barcos.

i. Reorganizó el reino, unificando todas las tribus bajo un gobierno central, creando doce distritos administrativos, y nombrando a doce gobernadores.

j. Esta estructura de gobierno le permitió mejorar los recaudos de impuestos, y cada distrito tenía la obligación de sostener a la corte por un mes al año.

k. El reinado de Salomón se puede considerar el período dorado del reino de Israel, siendo un tiempo de paz en donde se consolidó el territorio, hizo alianzas con sus vecinos, aumentó la riqueza del reino, y florecieron las artes y la literatura.

3. **La construcción del templo a Jehová**

a. Durante su reinado, Salomón construyó un sin número de ciudades fortificadas y fortalezas. Sin embargo, su mayor obra sería la construcción del templo dedicado a Jehová, el cual era admirado en todo el mundo por su esplendor y belleza.

b. El propósito principal del templo era albergar el arca del pacto, y representar la presencia de Dios. El arca del pacto contenía las tablas de la ley que Jehová les entregó en el monte Horeb.

c. Salomón no escatimó en cuanto a oro, piedras preciosas y las mejores maderas para su construcción. Asimismo, contrató a los mejores artesanos de su tiempo para dar forma a los adornos y utensilios, hechos en su mayor parte de oro o bronce según su uso. Su construcción tomó cerca de siete años y medio.

d. Una vez terminado el templo, Salomón celebró una gran fiesta de dedicación que duró siete días en todo Israel, para la cual invitó a Jerusalén a todos los príncipes, ancianos y jefes de familia.

e. Como parte de la dedicación, Salomón instauró el servicio de los sacerdotes, músicos, levitas y guardas del templo, cada grupo según sus turnos de servicio, según los había ordenado el rey David antes de morir.

f. El momento cumbre de la dedicación fue cuando los levitas trajeron el arca del pacto, y la colocaron en el lugar santísimo, en medio de la alabanza de los sacerdotes y levitas que proclamaban: *"porque Él es bueno; porque su misericordia es para siempre."* (2 Crónicas 5:13c) La presencia de Dios en medio de este acto fue de tal magnitud que el texto nos dice lo siguiente:

"[14]Y no podían los sacerdotes estar allí para ministrar, por causa de la nube; porque la gloria de Jehová había llenado la casa de Dios." (2 Crónicas 5:14)

g. Luego de entrar el arca al templo, Salomón hizo una oración a nombre del pueblo (2 Crónicas 6). En esta oración Salomón le pidió a Dios que sus ojos estuviesen siempre atentos sobre su casa, y que estuviera presto a perdonarles cuando ellos orasen arrepentidos por haber pecado. Luego de su oración, la gloria de Dios se manifestó una vez más ante todo el pueblo:

"Cuando Salomón acabó de orar, descendió fuego de los cielos, y consumió el holocausto y las víctimas; y la gloria de Jehová llenó la casa. [2]Y no podían entrar los sacerdotes en la casa de Jehová, porque la gloria de Jehová había llenado la casa de Jehová. [3]Cuando vieron todos los hijos de Israel descender el fuego y la gloria de Jehová sobre la casa, se postraron sobre

sus rostros en el pavimento y adoraron, y alabaron a Jehová, diciendo: Porque él es bueno, y su misericordia es para siempre." (2 Crónicas 7:1-3)

h. La respuesta de Dios a la oración de Salomón fue impactante, y trasciende los siglos al reflejar uno de los fundamentos del trato de Dios con el ser humano: la obediencia trae bendición y la desobediencia trae maldición. Sin embargo, el arrepentimiento genuino produce perdón y restauración.

"[11]Terminó, pues, Salomón la casa de Jehová, y la casa del rey; y todo lo que Salomón se propuso hacer en la casa de Jehová, y en su propia casa, fue prosperado. [12]Y apareció Jehová a Salomón de noche, y le dijo: Yo he oído tu oración, y he elegido para mí este lugar por casa de sacrificio. [13]Si yo cerrare los cielos para que no haya lluvia, y si mandare a la langosta que consuma la tierra, o si enviare pestilencia a mi pueblo; [14]si se humillare mi pueblo, sobre el cual mi nombre es invocado, y oraren, y buscaren mi rostro, y se convirtieren de sus malos caminos; entonces yo oiré desde los cielos, y perdonaré sus pecados, y sanaré su tierra. Ahora estarán abiertos mis ojos y atentos mis oídos a la oración en este lugar; porque ahora he elegido y santificado esta casa, para que esté en ella mi nombre para siempre; y mis ojos y mi corazón estarán ahí para siempre." (2 Crónicas 7:11-14)

i. Luego de la inauguración del templo, Jehová se le apareció por segunda vez a Salomón y le prometió que afirmaría su trono, si permanecía fiel a sus mandamientos. Pero si no eran fieles y adoraban a dioses ajenos, Israel sería maldito y esparcido por sobre la faz de la tierra. Veamos la cita:

"[17]Y si tú anduvieres delante de mí como anduvo David tu padre, e hicieres todas las cosas que yo te he mandado, y guardares mis estatutos y mis decretos, [18]yo confirmaré el trono de tu reino, como pacté con David tu padre, diciendo: No te faltará varón que gobierne en Israel. [19]Mas si vosotros os volviereis, y dejareis mis estatutos y mandamientos que he puesto delante de vosotros, y fuereis y sirviereis a dioses ajenos, y los adorareis, [20]yo os arrancaré de mi tierra que os he dado; y esta casa que he santificado a mi nombre, yo la arrojaré de mi presencia, y la pondré por burla y escarnio de todos los pueblos. [21]Y esta casa que es tan excelsa, será espanto a todo el que pasare, y dirá: ¿Por qué ha hecho así Jehová a esta tierra y a esta casa? [22]Y se responderá: Por cuanto dejaron a Jehová Dios de sus padres, que los sacó de la tierra de Egipto, y han abrazado a dioses ajenos, y los adoraron y sirvieron; por eso él ha traído todo este mal sobre ellos." (2 Crónicas 7:17-22)

4. **Desaciertos de Salomón**

A pesar de su gran sabiduría Salomón cometió tres errores crasos que tuvieron graves consecuencias para el reino a largo plazo.

a. Impuso fuertes impuestos para financiar sus proyectos de construcción. El problema fue que mientras cobraba impuestos en todo el territorio la mayoría de las grandes obras se llevaron a cabo en los territorios de Judá y Benjamín en el sur. Esto provocó el disgusto de las tribus del norte, las cuales dejaron saber su malestar, pero fueron ignoradas. A la muerte de Salomón, esto fue una de las causas para la división del reino entre Judá (formado por las tribus de Judá y Benjamín en el sur) e Israel (formado por el resto de las diez tribus en el norte).

b. Tuvo centenares de esposas (lo que era permitido en esta época), pero el problema fue que muchas de estas mujeres eran extranjeras, desobedeciendo así el mandato de Dios de no casarse con mujeres que no fueran israelitas, pues inducirían al pueblo a la idolatría. Muchos de estos matrimonios obedecían a alianzas con los reyes de los reinos vecinos, alianzas políticas que no necesitaba, pues Dios le había prometido que si se mantenía fiel preservaría su reino.

   "Pero el rey Salomón amó, además de la hija de Faraón, a muchas mujeres extranjeras; a las de Moab, a las de Amón, a las de Edom, a las de Sidón, y a las heteas; [2]gentes de las cuales Jehová había dicho a los hijos de Israel: No os llegaréis a ellas, ni ellas se llegarán a vosotros; porque ciertamente harán inclinar vuestros corazones tras sus dioses. A estas, pues, se juntó Salomón con amor. [3]Y tuvo setecientas mujeres reinas y trescientas concubinas; y sus mujeres desviaron su corazón." (1 Reyes 11:1-3)

c. Para colmo de males, permitió a estas mujeres que trajeran sus ídolos, y los colocó en Jerusalén, promoviendo la idolatría y peor aún, con el tiempo, él también adoró a los dioses paganos. En otras palabras, con estas acciones, Salomón reintrodujo la idolatría en Israel, la cual había sido erradicada por el profeta Samuel antes de la época del reino (1 Samuel 7:3-4).

   "[4]Y cuando Salomón era ya viejo, sus mujeres inclinaron su corazón tras dioses ajenos, y su corazón no era perfecto con Jehová su Dios, como el corazón de su padre David. [5]Porque

Salomón siguió a Astoret, diosa de los sidonios, y a Milcom, ídolo abominable de los amonitas. [6]E hizo Salomón lo malo ante los ojos de Jehová, y no siguió cumplidamente a Jehová como David su padre. [7]Entonces edificó Salomón un lugar alto a Quemos, ídolo abominable de Moab, en el monte que está enfrente de Jerusalén, y a Moloc, ídolo abominable de los hijos de Amón. [8]Así hizo para todas sus mujeres extranjeras, las cuales quemaban incienso y ofrecían sacrificios a sus dioses." (1 Reyes 11:4-8)

d. En resumen, al pasar el tiempo, Salomón se alejó cada vez más de su pacto con Dios, entregado a los placeres y a la idolatría.

e. Debido a este pecado, Dios le hizo saber que su reino sería dividido después de su muerte entre su hijo Roboam y Jeroboam I de la tribu de Efraín (1Reyes 11-9:40). Dios decidió no hacerlo en vida de Salomón, por amor a David, su padre.

"[9]Y se enojó Jehová contra Salomón, por cuanto su corazón se había apartado de Jehová Dios de Israel, que se le había aparecido dos veces, [10]y le había mandado acerca de esto, que no siguiese a dioses ajenos; más él no guardó lo que le mandó Jehová. [11]Y dijo Jehová a Salomón: Por cuanto ha habido esto en ti, y no has guardado mi pacto y mis estatutos que yo te mandé, romperé de ti el reino, y lo entregaré a tu siervo. [12]Sin embargo, no lo haré en tus días, por amor a David tu padre; lo romperé de la mano de tu hijo. [13]Pero no romperé todo el reino, sino que daré una tribu a tu hijo, por amor a David mi siervo, y por amor a Jerusalén, la cual yo he elegido." (1 Reyes 11:9-13)

f. Tras la muerte de Salomón, las tribus del norte se rebelaron y tomaron a Jeroboam I como rey mientras que, en el sur, quedó reinando Roboam, hijo de Salomón.

5. **Enseñanzas de la vida de Salomón**

1. Llama la atención que un joven de 20 años, teniendo la oportunidad de elegir riquezas, poder y fama, decidió pedir sabiduría para gobernar. Esta es una gran lección, pues la causa de nuestros problemas más serios puede deberse precisamente a haber tomado decisiones poco sabias.

¿Cuáles son las características de una persona sabia vs. una persona necia?

a. Consulta a Dios primero (el necio ignora a Dios).

b. Escucha el consejo de otros (el necio se cree sabio en su propia opinión).

c. Mide las consecuencias de sus acciones (el necio se lanza sin pensar en las consecuencias de sus acciones).

d. Considera todas las posibilidades antes de tomar una decisión (el necio decide a base de lo primero que escucha).

e. Reconoce sus limitaciones, y sabe cuándo necesita ayuda de alguien que sepa más que él o ella (el necio se cree que nunca necesita ayuda, y que sabe más que nadie).

f. Toma decisiones (el necio deja los problemas "flotando" hasta que ya no tienen remedio).

2. Aun siendo un hombre sabio, cometió el error de alejarse de Dios. Se olvidó de que el fundamento de su reino y de su vida era la obediencia. Como hemos comentado sobre otros personajes, la caída de Salomón fue un proceso gradual que nos invita a reflexionar en nuestra conducta como creyentes para evitar nuestra propia caída.

¿Cómo fue este proceso?

a. Hizo alianzas políticas a través de matrimonios, lo cual no era necesario. Dios le había prometido paz a través de todo su reinado.

   Tengamos cuidado con quien nos unimos en las distintas fases de nuestra vida (amigos, noviazgo, matrimonio, socios, empresas, etc.) Entendamos que no podemos hacer alianzas ni forjar relaciones con aquellos que pueden apartarnos de Dios o alejarnos de nuestros principios.

b. Se unió a mujeres extranjeras a sabiendas de que era desobediencia.

   Dios había prohibido casarse con extranjeras por una razón de peso: el peligro de la idolatría. Cuando Dios prohíbe algo, es porque es dañino para nuestra vida espiritual. No nos expongamos a peligros o tentaciones de las que hemos sido advertidos creyendo que podemos ser más sabios que Dios.

   Esto se trató de temeridad espiritual pues lo hizo sin medir las consecuencias de las que estaba advertido. Cuantas veces nos exponemos a peligros morales y espirituales, sabiendo que las consecuencias serán nefastas, y aun así lo hacemos. Nos creemos invulnerables pensando que las consecuencias no nos alcanzarán, pero nos equivocamos. Salomón no cometió el error una sola vez, lo repitió múltiples veces.

c. Accedió a traer los ídolos de sus esposas a su propia casa en lugar de asumir una postura firme en contra de la idolatría. Decidió complacer a sus esposas en vez de honrar a Dios.

   No podemos permitir "ídolos" ni prácticas de pecado bajo nuestro techo. Nuestros hogares y familias han sido consagradas a Dios, y no podemos ceder a las presiones de nadie, de adentro o de afuera, que pueda poner en riesgo nuestra relación con Dios. Nuestro compromiso es agradar a Dios antes que complacer a los demás.

d. Finalmente, Salomón cedió a las presiones e influencias que le rodeaban y pensó que podía adorar a Dios a la vez que a los dioses paganos.

   Lamentablemente, vivimos en tiempos en donde, influenciados por distintas corrientes filosóficas y sociales, hay personas que piensan que se puede servir a Dios y al mundo; a la luz y a las tinieblas. Personas que, cediendo a influencias extrañas, contaminan el servicio a Dios con la adoración a astros, cristales, espiritismo, santería, filosofías extrañas, etc. Piensan que ceder a estas influencias es tener la "mente abierta", cuando en realidad significa tener una fe contaminada. Vemos a personas que, de manera equivocada, creen que es compatible ser cristiano mientras se vive un estilo de vida mundano de vicios y placeres. Como creyentes consagrados, no podemos ceder a las presiones y estilos de vida del mundo.

e. Además de entregarse a la idolatría, se dedicó a los placeres, la "buena vida", y sometió el pueblo a fuertes tributos para satisfacer sus gustos y proyectos. Cometió el error de no escuchar a aquellos que le advirtieron de sus excesos, y las consecuencias.

 Seamos humildes para escuchar a aquellos que nos advierten sobre los peligros de las decisiones que tomamos. No nos enojemos con las personas que, buscando nuestro bien, nos confrontan con nuestros errores. Hay mucha sabiduría en escuchar los consejos de aquellos que se preocupan por nosotros, versus encerrarnos caprichosamente en lo que yo quiero o deseo. Seamos capaces de cambiar de opinión cuando nos demuestran que nuestro rumbo es incorrecto.

f. Lamentablemente, tenemos ante nosotros otro ejemplo parecido al rey Saúl: un rey que comenzó bien, pero que se corrompió en el camino.

 Al final de sus días, Salomón rectificó y reconoció sus errores como lo reflejan sus escritos en los libros de Proverbios y Eclesiastés, pero, aun así, su reino fue roto y su hijo sufrió las consecuencias por los errores de su padre. Estemos seguros de que nadie "peca solo". Con esto queremos decir, que las consecuencias de nuestro pecado, de alguna forma alcanzarán a nuestra familia y a los cercanos.

 Al analizar la caída de Salomón la lección para nosotros es clara: tenemos que vigilar nuestra acciones y decisiones, no sea que nos estemos deslizando y alejemos poco a poco de la voluntad de Dios. ¿Nos estamos acercando a quien no debemos? ¿Nos están instando a hacer lo que otros hacen? ¿Nos sentimos atraídos a cosas que habíamos dejado atrás?

3. Salomón fue injusto en el trato con los distintos territorios del país. Esto trajo división a largo plazo. Al momento de realizar sus proyectos, favoreció a unos (su propia tribu y región) a costa de otros.

Procuremos ser justos en el trato con las personas que nos rodean, especialmente con los de nuestra propia casa, y aún con nuestros empleados, amigos, etc. El no hacerlo así, siempre traerá divisiones y resentimientos.

4. El templo de Jerusalén, conocido como el templo de Salomón (el primer templo en la historia de Israel) representaba la presencia de Dios en medio de su pueblo. La inauguración del templo fue algo majestuoso, descendiendo la presencia de Dios en el santuario.

En este tiempo, nosotros somos el templo de Dios. Somos templos vivos donde viene a morar su Espíritu Santo. Mientras en el Antiguo Testamento, el Espíritu Santo iba y venía sobre reyes, profetas y sacerdotes, la Iglesia de Jesucristo tiene la presencia permanente del Espíritu Santo, dirigiéndonos a toda verdad y a toda justicia. Vivamos a la altura de aquellos que estamos plenamente conscientes de que somos templo de Dios (1 Corintios 3:16).

5. Según la Biblia, Salomón es el hombre más sabio que ha habido sobre la tierra por lo que son significativas las enseñanzas que podemos derivar de su vida. Muchas veces el ser humano se mueve en medio de dos frustraciones. La primera es pensar

que no se es feliz, porque no se tiene todo lo que se desea. La premisa de este pensamiento es creer que, si tuviéramos dinero, poder y fama entonces seríamos felices. Sin embargo, la segunda frustración es peor. Se trata de tener todas estas cosas y descubrir que, a pesar de esto, no se es feliz. El rey Salomón, habiendo tenido todo lo que humanamente se puede tener, al final de sus días llegó a las siguientes conclusiones:

> *"Éstos son los dichos del Predicador, hijo de David, que reinó en Jerusalén. ¡Vana ilusión, vana ilusión! ¡Todo es vana ilusión!"* (Eclesiastés 1:1 Biblia Dios Habla Hoy)

> *"14 Miré todas las obras que se hacen debajo del sol; y he aquí, todo ello es vanidad y aflicción de espíritu."* (Eclesiastés 1:14)

> *"10 El temor de Jehová es el principio de la sabiduría,*
> *Y el conocimiento del Santísimo es la inteligencia."*
> (Proverbios 9:10)

Cuando leemos el libro de Eclesiastés, podemos percibir que Salomón fue un hombre que en el ocaso de su existencia vivió un tanto frustrado con la vida. ¿La razón? Se dio cuenta de que desviarse de Dios para afanarse en acumular riquezas, placeres y conocimiento resultó en una vida vacía y vana. Parece ser que, como el hijo pródigo, Salomón volvió en sí. Reconoció sus errores, y se dio cuenta, de que la verdadera sabiduría es el temor a Dios, y la inteligencia el conocimiento de Dios. Aprendamos de su experiencia, y desde ahora procuremos profundizar en nuestra relación con el único que ofrece verdadero sentido y significado a nuestras vidas.

D. Preguntas de reflexión

1. ¿Por qué el creyente debe cuidarse de las "alianzas" y relaciones que establece con otras personas?

2. ¿Cómo podemos protegernos de las influencias adversas que pretenden alejarnos de Dios y de nuestros valores?

3. ¿Estás de acuerdo con el siguiente texto? ¿Por qué?
"El principio de la sabiduría es el temor de Jehová." (Proverbios 1:7a)

4. ¿Qué es mejor: poseer riquezas y poder, o poseer sabiduría y paz? ¿Por qué?

5. Si entendemos idolatría como el rendir adoración o entrega excesiva hacia alguien o algo que no sea Dios: ¿cuáles son los ídolos de nuestro tiempo que pudiéramos estar adorando?

E. Oración de cierre

Oremos por discernimiento, de manera que siempre podamos distinguir entre el bien y el mal, así como, diferenciar lo que conviene, de lo que no conviene. Oremos por sabiduría, para que seamos capaces de tomar decisiones de acuerdo con la voluntad de Dios, y sepamos valorar las cosas que son realmente importantes en nuestra vida.

Lección 14:
El Reino Dividido
1 Reyes 12-22; 2 Reyes; 2 Crónicas 10-36
(931 a.C. - 586 a.C.)

A. Definiciones

- **Reino de Judá** – Se refiere al reino compuesto por las tribus de Judá y Benjamín al sur de Israel, con Judá como tribu principal y Jerusalén como capital.
- **Reino de Israel o Efraín** – Se refiere al reino compuesto por las diez tribus al norte de Israel con Efraín como tribu principal y Siquem como su primera capital. Con el tiempo, la capital fue transferida a Samaria.

B. Texto clave (1 Reyes 11:29-33)

"[29]Aconteció, pues, en aquel tiempo, que, saliendo Jeroboam de Jerusalén, le encontró en el camino el profeta Ahías silonita, y este estaba cubierto con una capa nueva; y estaban ellos dos solos en el campo. [30]Y tomando Ahías la capa nueva que tenía sobre sí, la rompió en doce pedazos, [31]y dijo a Jeroboam: Toma para ti los diez pedazos; porque así dijo Jehová Dios de Israel: He aquí que yo rompo el reino de la mano de Salomón, y a ti te daré diez tribus; [32]y él tendrá una tribu por amor a David mi siervo, y por

amor a Jerusalén, ciudad que yo he elegido de todas las tribus de Israel; [33]*por cuanto me han dejado, y han adorado a Astoret diosa de los sidonios, a Quemos dios de Moab, y a Moloc dios de los hijos de Amón; y no han andado en mis caminos para hacer lo recto delante de mis ojos, y mis estatutos y mis decretos, como hizo David su padre."*

C. Introducción

En la clase pasada, explicamos los errores cometidos por Salomón, que a largo plazo provocaron la división del reino unido de Israel, y que hizo que el pueblo se apartara de la ley de Dios. Por un lado, Salomón impuso impuestos y otras cargas sobre la nación para sus proyectos de construcción y sostenimiento de la corte. Estas cargas provocaron malestar y rebelión en las tribus del norte ya que, a sus ojos, no obtenían ningún beneficio por los impuestos excesivos que pagaban. Por otro lado, Salomón introdujo la idolatría en Israel construyendo altares paganos dedicados a los dioses de sus esposas extranjeras. A través de toda la historia bíblica, vemos que posiblemente el pecado que Dios más aborrece es precisamente la idolatría. Debido a este pecado, Dios le dijo a Salomón que le entregaría el reino a un siervo suyo, pero que, por amor a David y a Jerusalén, le dejaría una tribu (Judá) en la que reinara su hijo (Roboam), manteniendo así el pacto que hizo con David. Preservar a Judá como reino, aseguraba el cumplimiento de las profecías que indicaban que el mesías vendría de la descendencia de Judá, específicamente del linaje de David. El resultado de todo esto, fue la división del reino en dos naciones, que de aquí en adelante se conocerán como Judá (en el sur), e Israel (en el norte). Al pasar los años, ambos reinos fueron destruidos (el norte en el 722 a.C. y el sur en el 586 a. C.) Muchos de sus habitantes fueron llevados cautivos al exilio babilónico. Los descendientes del reino de Judá, regresaron luego de setenta años en el exilio, y se conocieron como el pueblo de Israel, y como judíos. El tema del exilio y sus consecuencias lo cubriremos más adelante.

D. Desarrollo de la lección

Resumen de eventos conducentes a la división del reino

a. Dios confrontó a Salomón y le anunció la división del reino como consecuencia del pecado de idolatría.

b. El profeta Ahías le reveló a Jeroboam, líder de la tribu de Efraín, que Dios le concedería el ser rey sobre diez de las tribus del reino. A la misma vez, le exhortó a ser fiel a Jehová, y si era fiel, Dios afirmaría su reino de la misma forma que lo hizo con David.

c. Salomón se enteró de la palabra profética sobre Jeroboam e intentó matarlo.

d. Jeroboam huyó a Egipto, y permaneció allá hasta la muerte de Salomón.

e. Salomón fue sucedido en Jerusalén por su hijo Roboam.

f. Roboam convocó a los ancianos y líderes del reino a Siquem (ciudad de la tribu de Manasés en el norte) para su investidura como rey.

g. Jeroboam regresó de Egipto, y fue a Siquem junto con los líderes de todo Israel.

h. Jeroboam, en representación del pueblo, le pidió a Roboam que aliviara la carga de impuestos implantada por su padre.

i. Roboam pidió el consejo de los ancianos que aconsejaban a Salomón. Estos le aconsejaron que cediera a la petición del pueblo. Si hacía esto, le dijeron los ancianos, el pueblo le serviría para siempre.

j. Después de escuchar a los ancianos, Roboam pidió el consejo de los más jóvenes (aquellos que se habían criado con él), y éstos le aconsejaron que hablara con dureza y amenazara con aumentar más la carga sobre ellos.

k. Roboam desechó el consejo de los ancianos, y siguió el consejo de los jóvenes.

l. El resultado fue que las tribus del norte se rebelaron, decidieron separarse del reino, y nombraron rey a Jeroboam, según había sido profetizado.

m. Estando aún en Siquem, y en medio de la rebelión, Roboam envió emisarios a las tribus del norte a cobrar impuestos, pero éstos fueron asesinados.

n. Roboam regresó de inmediato a Jerusalén, y organizó el ejército para pelear contra Israel, con el propósito de hacer volver a las diez tribus a su reino.

o. Dios envió al profeta Semaías para decirle que no fuera a la guerra contra sus hermanos, porque lo que había acontecido, lo había hecho Él.

p. Roboam y el pueblo escucharon las palabras de Jehová, y desistieron de pelear.

q. Israel y Judá, a menudo, tuvieron guerras entre ellas y, en ocasiones, hicieron alianza contra enemigos comunes.

r. Durante su existencia, el reino de Israel fue más fuerte y poderoso que el reino de Judá.

Breve historia de los reinos de Israel y Judá

1. **Israel 931 – 722 a.C. (año de la caída de Samaria por los asirios)**

   a. Reinado de Jeroboam:

      i. Instrumento del juicio de Dios contra Salomón y la nación.

      ii. Para evitar que el pueblo se fuera a Judá por razones religiosas, Jeroboam creó su propio culto: estableció altares nacionales con becerros de oro en las ciudades de Dan y Bet-el, nombró sacerdotes que no eran de la tribu de Leví, e instauró fiestas religiosas en las mismas fechas que las judías.

      iii. Dios le reprendió a través de un profeta, y le dio oportunidad de arrepentirse, más no se arrepintió, sino que siguió en sus malos caminos.

      iv. Por todos estos pecados, y su falta de arrepentimiento, Dios profetizó juicio sobre la casa de Jeroboam, y la destrucción de su dinastía.

   b. El reino de Israel tuvo veinte reyes de distintas dinastías, pues todos hicieron lo malo ante los ojos de Dios, y cada rey era peor que el anterior.

c. Es así como el reino de Israel persistió en su maldad, y nunca se arrepintió, a pesar de que Dios envió varios profetas anunciando juicio y el exilio, si no había arrepentimiento.

d. La ley del Antiguo Testamento decía claramente que si el pueblo persistía en pecar serían exiliados, enviados al cautiverio, y sometidos a sus enemigos.

e. En el caso del reino de Israel (contrario al reino de Judá donde hubo reyes justos y reyes impíos), no hubo un solo rey que hiciera lo bueno. Debido a esto, Israel sufrió la destrucción, y el exilio anunciado por los profetas antes que Judá.

f. Durante su existencia, el reino de Israel tuvo varias guerras contra los pueblos cananeos que le rodeaban variando de esta manera la extensión del territorio que ocupaban.

g. En el año 722 a.C. los asirios, en su afán de expandir su imperio, arrasaron las ciudades del reino de Israel, y deportaron a cerca de 27,000 israelitas hacia el norte de Asiria.

h. Hay evidencia histórica y arqueológica de que un número significativo de israelitas lograron refugiarse en Judá ante la amenaza de los asirios. Esto resultó en que, de ahí en adelante, se reunieran en el reino de Judá representantes de todas las tribus.

i. Los asirios trajeron colonos gentiles para tomar control de las tierras conquistadas. Estos colonos se mezclaron con los israelitas que habían permanecido en la región tras el exilio creando una raza mixta que era despreciada por los judíos del sur. Eventualmente, estas personas serían conocidas con el nombre de samaritanos.

j. Andando el tiempo, la religión judía se mezcló con la religión de los gentiles traídos por los asirios y de los cananeos, formando así el culto samaritano que llegó hasta los días de Jesús. De hecho, el culto samaritano aún es practicado por un pequeño grupo ubicados entre Israel y Cisjordania.

k. Los samaritanos reclamaban que ellos eran los verdaderos descendientes de los israelitas, por lo que siempre hubo rivalidad religiosa entre judíos y samaritanos.

2. **Judá 931 – 586 a.C. (año de la caída de Jerusalén por Babilonia)**

a. Comenzando con Roboam, el reino de Judá tuvo veinte reyes, todos ellos descendientes de David, según la promesa de Dios.

b. Al igual que el reino de Israel, el reino de Judá tuvo varias guerras con los pueblos cananeos de alrededor y también con Israel.

c. Judá tuvo períodos de pecado y períodos de restauración, gracias a reyes que produjeron reformas y avivamientos religiosos, en los que prohibían la idolatría, y enseñaban la ley de Dios, como lo fueron Josías, Uzías, Asa, Joás y Josafat.

d. En tiempos de avivamiento, la idolatría se redujo significativamente, pero nunca fue erradicada por completo, sino que parte del pueblo practicaba un sincretismo en donde adoraban simultáneamente a Jehová, y a los dioses paganos.

e. Conforme a lo escrito en la ley de Moisés, Dios castigó al pueblo en los tiempos de desobediencia, y lo guardó y prosperó en tiempos de fidelidad.

f. Al igual que con el reino del norte, Dios envió varios profetas que invitaban al pueblo a volver a la obediencia, advirtiéndoles que si no se arrepentían serían sometidos por sus enemigos y deportados a tierras extrañas, pero no los escucharon.

g. Finalmente, la maldad llegó a un punto, en donde Dios hizo valer la palabra profética de profetas como Isaías y Jeremías, y el reino de Judá fue conquistado por Babilonia que procuraba el control de toda la región.

h. Los judíos fueron deportados a Babilonia en tres etapas, comenzando en el 608 a.C. y culminando en el 586 a.C., con el sitio y destrucción de Jerusalén por Nabucodonosor, rey de Babilonia.

i. Los pecados principales por los cuales Dios cumplió su promesa del Deuteronomio, de castigar el pecado fueron: idolatría, inmoralidad, perversión del derecho de los pobres, y formalismo religioso vano.

j. Los profetas también profetizaron que Dios restauraría el pueblo de Judá, y que los iba a traer del cautiverio nuevamente a Jerusalén.

k. Jeremías profetizó que el cautiverio duraría 70 años, y que al cabo de este tiempo volverían a Judá, lo que sucedió en el año 538 a.C., cuando por decreto de Ciro, rey de Persia, los judíos comenzaron a regresar a Jerusalén.

E. Enseñanzas de esta lección

1. Los errores de Salomón, demostrando favoritismo con las tribus del sur, y poca sensibilidad al imponer cargas onerosas sobre el pueblo, tuvieron como consecuencia la división del reino, y provocaron una crisis con la que tuvieron que lidiar sus descendientes.

Cuando no obramos con justicia, sino que demostramos favoritismo y prejuicios, provocamos divisiones y competencia entre las personas que nos rodean. Esto puede suceder en nuestra familia, en nuestro trabajo y hasta en nuestros ministerios. Si abusamos de nuestro poder y posición, imponiendo cargas o responsabilidades irrazonables sobre otros, causaremos angustia y resentimientos.

Procuremos actuar con justicia, escuchando y atendiendo las preocupaciones de aquellos que se relacionan con nosotros, y así lograremos mantener unidad y armonía. Como padres, madres y líderes, debemos tener mucho cuidado porque aquellos que están cerca de nosotros imitarán nuestros estilos de vida y trato con otras personas. Jesús dijo claramente que: "una casa dividida contra sí misma no puede prevalecer".

2. Roboam tuvo la oportunidad de evitar la división del reino, pero cometió el error de no escuchar a los ancianos (aquellos que tenían experiencia en los asuntos de estado), y prefirió escuchar el consejo de los jóvenes (personas inexpertas y sin experiencia que

habían crecido con él). Los jóvenes ofrecieron un consejo lleno de inmadurez, que llevaba a la confrontación, en lugar de diálogo y reconciliación. Aquí hay varias enseñanzas:

a. Escojamos bien quien nos aconseja. Procuremos buscar el consejo de personas espirituales, maduras, con experiencia de vida, y conocedoras de aquello que necesitamos consultar. En nada nos ayuda desahogarnos con personas inmaduras, o buscar el consejo de personas insensatas e ignorantes.

b. Seamos humildes para reconocer nuestros límites, y admitir cuándo necesitamos la ayuda de una persona con mayor conocimiento y experiencia, en lugar de ser testarudos, y creernos sabios en nuestra propia opinión.

c. La terquedad no lleva a ningún sitio bueno, como fue el caso de Roboam. En situaciones de conflicto, seamos sensibles a los puntos de vista y las necesidades de la otra parte. En cuanto dependa de nosotros, esforcémonos en utilizar el diálogo y el consenso como herramientas en la solución de conflictos, mostrando buena voluntad.

d. En estos tiempos, más que nunca, los estilos de liderato dictatoriales están obsoletos, ya sea en la familia, el trabajo o la iglesia. La Iglesia de Jesucristo es un cuerpo en donde todos somos siervos los unos de los otros, sirviendo a Dios y a nuestros hermanos. Debemos seguir el ejemplo de Jesús como líderes servidores, recordando que el que quiera ser el mayor debe comportarse como el siervo de todos (Marcos 9:33-35). Somos llamados a ser pacificadores (Mateo 5:9) y reconciliadores demostrando siempre respeto y amor.

3. El pecado más grave de Israel y de Judá, por lo que fueron castigados con exilio y cautiverio, fue la idolatría. En ningún momento estos pueblos dejaron de "adorar" a Jehová, pero pensaron que podían servir a Jehová y a otros dioses al mismo tiempo. No, esto no es posible, Dios es celoso y demanda fidelidad absoluta a Él.

Hay que tener cuidado, porque en estos tiempos nos encontramos con personas creyendo que se puede servir a Cristo y a otros dioses, y que eso "está bien". Para estas personas, esto representa el "tener una mente abierta". En este mundo postmodernista, hay personas que piensan que pueden escoger lo que más les gusta del cristianismo y de otras religiones o filosofías (aunque en esencia y en práctica sean contrarias al cristianismo), y así crear su propio "evangelio" en un sincretismo religioso. Es como si se tratara de un bufé religioso que "adapto" según mi propio criterio. **¡Qué gran error!** Hay una sola verdad, que es el evangelio de Jesucristo según revelado en las Sagradas Escrituras.

También vemos a algunos, que se identifican como cristianos, pero viven estilos de vida contrarios a los valores cristianos practicando conductas inmorales, deshonestidad, malas actitudes, luchas de poder, codicia, etc. Esto también es idolatría. Si somos cristianos, el fruto del Espíritu tiene que someter las obras de la carne.

> *"[19]Y manifiestas son las obras de la carne, que son: adulterio, fornicación, inmundicia, lascivia, [20]idolatría, hechicerías, enemistades, pleitos, celos, iras, contiendas, disensiones, herejías, [21]envidias, homicidios, borracheras, orgías, y cosas semejantes a estas; acerca de las cuales os amonesto, como ya os lo he dicho antes, que los que practican tales cosas no heredarán el reino de Dios. [22]Mas el fruto del Espíritu es amor, gozo, paz, paciencia, benignidad, bondad, fe, [23]mansedumbre, templanza; contra tales*

cosas no hay ley. [24]Pero los que son de Cristo han crucificado la carne con sus pasiones y deseos." (Gálatas 5:19-24)

4. El juicio de Dios sobre estos reinos no vino de la noche a la mañana. Dios fue paciente ante su pecado: envió a sus profetas, les amonestó, les advirtió, pero, aun así, el pueblo no cesó de practicar la idolatría. En realidad, el pueblo abusó de la paciencia de Dios, hasta que llegó el juicio y sufrieron las consecuencias.

Es triste decirlo, pero, sabemos de personas que abusan de la paciencia de Dios. Quizás, nosotros mismos, en algún momento hemos abusado de su amor. Es posible que haya momentos en nuestra vida en donde hemos decidido ignorar su llamado, e insistimos en seguir por nuestro propio camino. Momentos en que venimos a la iglesia, escuchamos palabra de Dios, el consejo de los hermanos, y de seguro sentimos el toque del Espíritu Santo, pero preferimos ignorar las advertencias. Si este es el caso, no abusemos del amor y de la paciencia de Dios, pues si lo hacemos, sufriremos las consecuencias por nuestras acciones.

5. La historia de estos reinos reafirma una vez más las bendiciones de la obediencia, y las consecuencias de la desobediencia. Cuando estaban en obediencia había victoria contra los enemigos, las cosechas daban su fruto, y tenían paz. Pero, cuando estaban en desobediencia eran sometidos por sus enemigos, venían tiempos de escasez, y no era hasta que se arrepentían de que eran restaurados.

Seamos sabios y mantengámonos siempre en obediencia a Dios y a su Palabra. Las crisis y los problemas no faltarán, pero hay una diferencia bien grande en cuanto a enfrentar los problemas bajo el cuidado de Dios, versus hacerlo por nuestra cuenta. Cuando andamos de la mano de Dios, podemos contar con la dirección y consuelo del Espíritu Santo. Cuando procuramos hacer su voluntad, Dios nos acompaña y nos da la fortaleza necesaria para enfrentar y superar los problemas, que son parte de la vida. Recordemos la enseñanza de Jesús:

> *"[24]Cualquiera, pues, que me oye estas palabras, y las hace, le compararé a un hombre prudente, que edificó su casa sobre la roca. [25]Descendió lluvia, y vinieron ríos, y soplaron vientos, y golpearon contra aquella casa; y no cayó, porque estaba fundada sobre la roca. [26]Pero cualquiera que me oye estas palabras y no las hace, le compararé a un hombre insensato, que edificó su casa sobre la arena; [27]y descendió lluvia, y vinieron ríos, y soplaron vientos, y dieron con ímpetu contra aquella casa; y cayó, y fue grande su ruina."* (Mateo 7:24-27)

No es lo mismo tener la casa sobre la roca, que sobre la arena: esta es la diferencia de vivir en obediencia versus desobediencia.

6. La promesa de Dios al pueblo de Judá, en el sentido de que volverían del cautiverio, y que el reino sería restaurado, nos recuerda que el plan primario de Dios (la salvación de la humanidad a través de la tribu de Judá y la familia de David) seguiría su curso; esto, a pesar de los errores de sus reyes, y la rebeldía del pueblo. La experiencia del cautiverio los llevó al arrepentimiento, lo que abrió la puerta para Dios cumplir su promesa de traerlos nuevamente a su tierra. El exilio, fue la "medicina" que curó al pueblo de Judá de la "enfermedad" de la idolatría.

De la misma manera, Dios nos recuerda que si en algún momento nos desviamos del camino (aun cuando hayamos sufrido o estemos sufriendo las consecuencias de nuestro pecado), si nos arrepentimos, y nos volvemos a Él de todo corazón, seremos perdonados y restaurados. Su deseo es que nadie se pierda, sino que todos procedan al arrepentimiento. Dios tiene un plan con nosotros que se llevará a cabo en la medida en que seamos obedientes y sensibles a su voz.

> "[9]*El Señor no retarda su promesa, según algunos la tienen por tardanza, sino que es paciente para con nosotros, no queriendo que ninguno perezca, sino que todos procedan al arrepentimiento."* (2 Pedro 3:9)

F. Preguntas de reflexión

1. A la luz de lo sucedido entre los reinos de Judá e Israel, ¿por qué es importante mantener un espíritu de unidad en nuestras relaciones en: iglesia, familia, trabajo, comunidad?

2. Roboam escuchó el consejo de los jóvenes y desechó el consejo de los ancianos. ¿Por qué es importante escoger bien a nuestros consejeros?

3. Roboam demostró un estilo de liderato autoritario con graves consecuencias para el reino. ¿Cómo impacta a una organización, o familia este estilo de liderato?

4. Los reinos de Judá e Israel abusaron del amor y la paciencia de Dios ¿Acaso vemos en nuestros días a personas y naciones, que abusan de la gracia de Dios? ¿Cuál es su conducta?

5. ¿Cómo podemos colaborar con Dios para que cumpla sus planes y propósitos con nosotros?

6. ¿Qué sucede en nuestra relación con Dios cuando demostramos arrepentimiento sincero por nuestros errores?

G. Oración de cierre

Oremos para que Dios ponga en nuestro camino consejeros sabios y entendidos que nos ayuden a mantenernos en el camino correcto, de modo que no nos desviamos del plan de Dios para nuestras vidas. Oremos para que siempre seamos agentes de paz, unidad y reconciliación.

Lección 15:
Exilio y Retorno
Esdras, Nehemías (586 d.C. - 516 a.C.)

A. Texto clave (Jeremías 29:10-11)

"[10]Porque así dijo Jehová: Cuando en Babilonia se cumplan los setenta años, yo os visitaré, y despertaré sobre vosotros mi buena palabra, para haceros volver a este lugar. [11]Porque yo sé los pensamientos que tengo acerca de vosotros, dice Jehová, pensamientos de paz, y no de mal, para daros el fin que esperáis."

B. Introducción

En la historia del exilio de los reinos de Israel y Judá vemos el cumplimiento de las advertencias que Dios había hecho a los israelitas desde los días en que anduvieron por el desierto. El pueblo había hecho un pacto con Dios, y la única condición de este pacto era la obediencia. Al momento de aceptar el pacto, el pueblo fue advertido de que la desobediencia, especialmente el pecado de idolatría, traería sobre ellos un castigo muy severo.

Sin embargo, el propósito de la disciplina de Dios no era destruirlos, sino todo lo contrario. El castigo tenía el propósito de llamar su atención, y salvarlos como pueblo, de manera que el plan de Dios, aquella promesa que había hecho a Abraham, Isaac, Jacob, David y Salomón, se cumpliera según hemos visto en estos pasajes:

Promesa a Abraham

"[4]Multiplicaré tu descendencia como las estrellas del cielo, y daré a tu descendencia todas estas tierras; y todas las naciones de la tierra serán benditas en tu simiente." (Génesis 26:4)

Promesa a David y Salomón

"[16]Ahora, pues, Jehová Dios de Israel, cumple a tu siervo David mi padre lo que le prometiste, diciendo: No te faltará varón delante de mí, que se siente en el trono de Israel, con tal que tus hijos guarden mi camino y anden delante de mí como tú has andado delante de mí." (2 Crónicas 6:16)

Si Dios no actuaba ante la desobediencia constante de Israel, lo que hubiera quedado al final hubiese sido un pueblo incapaz de cumplir su misión de dar a conocer al mundo al Dios verdadero. Un pueblo incapaz de enseñarle a las naciones sobre el carácter santo y justo de Dios, y que no hubiese estado preparado para la llegada del Mesías; Mesías a través de quien se cumpliría la promesa a Abraham de ser bendición a "todas las naciones de la tierra". Un niño que no es corregido por su padre y su madre, se convierte en una persona sin estructura que es amenazante para el orden de la sociedad. De la misma forma, una nación que no es disciplinada no puede servir a los planes de Dios.

Repasemos las demandas, condiciones, promesas y advertencias de Dios al pueblo de Israel al aceptar el pacto en el monte Sinaí (Levítico 26).

Demandas de Dios

"No haréis para vosotros ídolos, ni escultura, ni os levantaréis estatua, ni pondréis en vuestra tierra piedra pintada para inclinaros a ella; porque yo soy Jehová vuestro Dios." (Levítico 26:1)

Promesas de la obediencia

"3Si anduviereis en mis decretos y guardareis mis mandamientos, y los pusiereis por obra, 4yo daré vuestra lluvia en su tiempo, y la tierra rendirá sus productos, y el árbol del campo dará su fruto. 5Vuestra trilla alcanzará a la vendimia, y la vendimia alcanzará a la sementera y comeréis vuestro pan hasta saciaros, y habitaréis seguros en vuestra tierra. 6Y yo daré paz en la tierra, y dormiréis, y no habrá quien os espante; y haré quitar de vuestra tierra las malas bestias, y la espada no pasará por vuestro país." (Levítico 26:3-6)

Dios afirma su derecho sobre el pueblo al ser su libertador

"13Yo Jehová vuestro Dios, que os saqué de la tierra de Egipto, para que no fueseis sus siervos, y rompí las coyundas de vuestro yugo, y os he hecho andar con el rostro erguido." (Levítico 26:13)

Consecuencias de la desobediencia: juicio

"14Pero si no me oyereis, ni hiciereis todos estos mis mandamientos, 15y si desdeñareis mis decretos, y vuestra alma menospreciare mis estatutos, no ejecutando todos mis mandamientos, e invalidando mi pacto, 16yo también haré con vosotros esto: enviaré sobre vosotros terror, extenuación y calentura, que consuman los ojos y atormenten el alma; y sembraréis en vano vuestra semilla, porque vuestros enemigos la comerán. 17Pondré mi rostro contra vosotros, y seréis heridos delante de

vuestros enemigos; y los que os aborrecen se enseñorearán de vosotros, y huiréis sin que haya quien os persiga." (Levítico 26:14-17)

"31 Haré desiertas vuestras ciudades, y asolaré vuestros santuarios, y no oleré la fragancia de vuestro suave perfume. 32 Asolaré también la tierra, y se pasmarán por ello vuestros enemigos que en ella moren;
33 y a vosotros os esparciré entre las naciones, y desenvainaré espada en pos de vosotros; y vuestra tierra estará asolada, y desiertas vuestras ciudades." (Levítico 26:31-33)

Resultados del juicio: arrepentimiento

"40 Y confesarán su iniquidad, y la iniquidad de sus padres, por su prevaricación con que prevaricaron contra mí; y también porque anduvieron conmigo en oposición, 41 yo también habré andado en contra de ellos, y los habré hecho entrar en la tierra de sus enemigos; y entonces se humillará su corazón incircunciso, y reconocerán su pecado." (Levítico 26:40-41)

Promesa de mantener el pacto tras el arrepentimiento

"42 Entonces yo me acordaré de mi pacto con Jacob, y asimismo de mi pacto con Isaac, y también de mi pacto con Abraham me acordaré, y haré memoria de la tierra. 43 Pero la tierra será abandonada por ellos, y gozará sus días de reposo, estando desierta a causa de ellos; y entonces se someterán al castigo de sus iniquidades; por cuanto menospreciaron mis ordenanzas, y su alma tuvo fastidio de mis estatutos. 44 Y aun con todo esto, estando ellos en tierra de sus enemigos, yo no los desecharé, ni los abominaré para consumirlos, invalidando mi pacto con ellos; porque yo Jehová soy su Dios. 45 Antes me acordaré de ellos por el pacto antiguo, cuando los saqué de la tierra de Egipto a los ojos de las naciones, para ser su Dios. Yo Jehová." (Levítico 26:42-45)

Al leer estos pasajes del libro de Levítico (que se repiten en Deuteronomio), nos asombramos ante la desobediencia de los reinos de Judá e Israel. Ni las advertencias de los profetas, ni los períodos de sufrimiento (sequías, hambruna, guerras, súbditos de sus enemigos, etc.) causados por la idolatría e inmoralidad rampantes, frenaron a estos pueblos. En su ceguera espiritual, continuaron pecando contra Dios, hasta que no hubo otra alternativa que no fuera el castigo más extremo que pudieran sufrir: las ciudades destruidas por sus enemigos y el exilio, con el dolor que esto representó para sus tribus y familias. Sin embargo, Dios nunca los desechó por completo, sino que anticipó que el pueblo se arrepentiría de su pecado, y les prometió el retorno, y su restauración en tierra de Judá.

C. Desarrollo de la lección

1. **Resumen del exilio de Israel (las tribus del norte) a Asiria**

   a. El reino de Israel se extendió por un total de 209 años, desde el 931 a. C. (comienzo del reinado de Jeroboam, primer rey de Israel) hasta el 722 a.C. (caída de Samaria, capital del reino, a manos de los asirios).

   b. Israel tuvo un total de veinte reyes, todos ellos pertenecientes a dinastías diferentes. Ninguno de sus reyes fue fiel a Dios, a pesar del mensaje de los profetas que les reclamaba fidelidad, y anunciaban que serían enviados al exilio si no se arrepentían.

   Veamos, como ejemplo, la profecía del profeta Amós sobre Israel, en tiempos de Jeroboam. Amós era original de Judá, pero fue enviado a profetizar a Israel.

> *"[10]Entonces el sacerdote Amasías de Bet-el envió a decir a Jeroboam rey de Israel: Amós se ha levantado contra ti en medio de la casa de Israel; la tierra no puede sufrir todas sus palabras. [11]Porque así ha dicho Amós: Jeroboam morirá a espada, e Israel será llevado de su tierra en cautiverio. [12]Y Amasías dijo a Amós: Vidente, vete, huye a tierra de Judá, y come allá tu pan, y profetiza allá; [13]y no profetices más en Bet-el, porque es santuario del rey, y capital del reino.*
>
> *[14]Entonces respondió Amós, y dijo a Amasías: No soy profeta, ni soy hijo de profeta, sino que soy boyero, y recojo higos silvestres. [15]Y Jehová me tomó de detrás del ganado, y me dijo: Ve y profetiza a mi pueblo Israel. [16]Ahora, pues, oye palabra de Jehová. Tú dices: No profetices contra Israel, ni hables contra la casa de Isaac. [17]Por tanto, así ha dicho Jehová: Tu mujer será ramera en medio de la ciudad, y tus hijos y tus hijas caerán a espada, y tu tierra será repartida por suertes; y tú morirás en tierra inmunda, e Israel será llevado cautivo lejos de su tierra."* (Amós 7:10-17)

c. Los asirios fueron el instrumento de Dios para traer juicio sobre Israel. Estando en campaña para expandir su imperio, arrasaron las ciudades de Israel en el año 722 a.C. y deportaron a cerca de 27,000 israelitas hacia sus territorios en el norte.

d. De aquí en adelante, se habla de las tribus perdidas de Israel, debido a que los israelitas que fueron deportadas, lo más probable, se mezclaron con los habitantes de los lugares a donde fueron llevados, y perdieron su identidad. Por otro lado, según discutimos en la clase pasada, un número significativo de israelitas lograron refugiarse en Judá preservando así a representantes de todas las tribus.

Estas personas mantuvieron su genealogía, como lo demuestra el caso de Ana, la profetisa que estaba en el templo cuando Jesús fue presentado, de quien se dice que era de la tribu de Aser (Lucas 2:36). Esto también explicaría porqué Santiago dirige su carta *"a las doce tribus que están en la dispersión."* (Santiago 1:1)

e. Los asirios, a la misma vez que deportaron a los israelitas, trajeron colonos gentiles para tomar control de las tierras que pertenecían a Israel. Éstos se mezclaron con los israelitas que permanecieron en la región, creando una raza mixta que era despreciada por los judíos.

f. Con el tiempo la religión judía se mezcló con la religión de estos gentiles y de los cananeos, formando un culto rival samaritano que llegó hasta los días de Jesús. El culto samaritano reconocía el pentateuco como escritura sagrada.

g. Los samaritanos reclamaban que ellos eran los verdaderos descendientes de los israelitas, por lo que siempre hubo rivalidad entre judíos y samaritanos. De aquí los comentarios de la mujer samaritana a Jesús al encontrarse en el pozo de Jacob (Juan 4).

2. **Resumen del exilio de Judá a Babilonia**

a. El reino de Judá se extendió por unos 345 años, desde el 931 a. C. (comienzo del reinado de Roboam) hasta el 586 a. C. (año de la caída de Jerusalén, capital de Judá, a manos de Babilonia).

b. Comenzando con Roboam, el reino de Judá tuvo veinte reyes, todos ellos descendientes de David, según la promesa, pero solo cinco reyes hicieron lo bueno a los ojos de Dios. Cuando miramos el cuadro completo, podemos decir que, de un total de cuarenta reyes entre ambos reinos, solo cinco procuraron agradar a Dios, y dirigir el pueblo a la obediencia.

c. Debido a que Judá tuvo períodos de restauración y avivamiento, gracias a reyes que implantaron reformas religiosas, este reino duró unos 136 años más que Israel.

d. Al igual que con el reino del norte, Dios envió profetas que invitaban al pueblo a la obediencia advirtiéndoles que si no se arrepentían serían sometidos por sus enemigos y deportados a tierras extrañas, pero no los escucharon.

e. Dios prometió que Judá sería restaurado, y que luego de setenta años en cautiverio volverían a su tierra.

Veamos algunos pasajes de la palabra expresada al reino de Judá por dos de los profetas de este tiempo:

Jeremías

i. **Palabra de juicio**

"[4]Porque así ha dicho Jehová: He aquí, haré que seas un terror a ti mismo y a todos los que bien te quieren, y caerán por la espada de sus enemigos, y tus ojos lo verán; y a todo Judá entregaré en manos del rey de Babilonia, y los llevará cautivos a Babilonia, y los matará a espada. [5]Entregaré asimismo toda la riqueza de esta ciudad, todo su trabajo y todas sus cosas preciosas; y daré todos los tesoros de los reyes

de Judá en manos de sus enemigos, y los saquearán, y los tomarán y los llevarán a Babilonia." (Jeremías 20:4-5)

ii. **Exhortación al arrepentimiento**

"[15]Y envié a vosotros todos mis siervos los profetas, desde temprano y sin cesar, para deciros: Volveos ahora cada uno de vuestro mal camino, y enmendad vuestras obras, y no vayáis tras dioses ajenos para servirles, y viviréis en la tierra que di a vosotros y a vuestros padres; mas no inclinasteis vuestro oído, ni me oísteis." (Jeremías 35:15)

iii. **Promesa de restauración**

"[10]Porque así dijo Jehová: Cuando en Babilonia se cumplan los setenta años, yo os visitaré, y despertaré sobre vosotros mi buena palabra, para haceros volver a este lugar. [11]Porque yo sé los pensamientos que tengo acerca de vosotros, dice Jehová, pensamientos de paz, y no de mal, para daros el fin que esperáis." (Jeremías 29:10-11)

Isaías

i. **Lamento de Dios por el pecado del pueblo**

"Visión de Isaías hijo de Amoz, la cual vio acerca de Judá y Jerusalén en días de Uzías, Jotam, Acaz y Ezequías, reyes de Judá. [2]Oíd, cielos, y escucha tú, tierra; porque habla Jehová: Crie hijos, y los engrandecí, y ellos se rebelaron contra mí. [3]El buey conoce a su dueño, y el asno el pesebre de su señor; Israel no entiende, mi pueblo no tiene conocimiento. [4]¡Oh gente pecadora, pueblo cargado de maldad, generación de malignos, hijos depravados!

Dejaron a Jehová, provocaron a ira al Santo de Israel, se volvieron atrás. [5]¿Por qué querréis ser castigados aún? ¿Todavía os rebelaréis? Toda cabeza está enferma, y todo corazón doliente." (Isaías 1:1-5)

ii. **Misericordia de Dios al dejar a un remanente**

"[7]Vuestra tierra está destruida, vuestras ciudades puestas a fuego, vuestra tierra delante de vosotros comida por extranjeros, y asolada como asolamiento de extraños. [8]Y queda la hija de Sion como enramada en viña, y como cabaña en melonar, como ciudad asolada. [9]Si Jehová de los ejércitos no nos hubiese dejado un resto pequeño, como Sodoma fuéramos, y semejantes a Gomorra." (Isaías 1:7-9)

iii. **Exhortación al arrepentimiento**

"[16]Lavaos y limpiaos; quitad la iniquidad de vuestras obras de delante de mis ojos; dejad de hacer lo malo; [17]aprended a hacer el bien; buscad el juicio, restituid al agraviado, haced justicia al huérfano, amparad a la viuda. [18]Venid luego, dice Jehová, y estemos a cuenta: si vuestros pecados fueren como la grana, como la nieve serán emblanquecidos; si fueren rojos como el carmesí, vendrán a ser como blanca lana. [19]Si quisiereis y oyereis, comeréis el bien de la tierra; si no quisiereis y fuereis rebeldes, seréis consumidos a espada; porque la boca de Jehová lo ha dicho." (Isaías 1:16-19)

iv. **Juicio y redención de Jerusalén**

"[21]¿Cómo te has convertido en ramera, oh ciudad fiel? Llena estuvo de justicia, en ella habitó la equidad; pero ahora, los homicidas. [22]Tu plata se ha convertido en

escorias, tu vino está mezclado con agua. [23]*Tus príncipes, prevaricadores y compañeros de ladrones; todos aman el soborno, y van tras las recompensas; no hacen justicia al huérfano, ni llega a ellos la causa de la viuda.* [24]*Por tanto, dice el Señor, Jehová de los ejércitos, el Fuerte de Israel: ¡Ea!, tomaré satisfacción de mis enemigos, me vengaré de mis adversarios;* [25]*y volveré mi mano contra ti, y limpiaré hasta lo más puro tus escorias, y quitaré toda tu impureza.* [26]*Restauraré tus jueces como al principio, y tus consejeros como eran antes; entonces te llamarán Ciudad de justicia, Ciudad fiel.* [27]*Sion será rescatada con juicio, y los convertidos de ella con justicia."* (Isaías 1:21-27)

f. Finalmente, la maldad llegó a un punto en donde Dios hizo valer la palabra profética, y el reino de Judá fue conquistado por Babilonia, resultando en el exilio de la mayor parte de la población hacia Babilonia.

g. El exilio ocurrió en tres etapas:

   i. *Primera etapa en el 605 a.C.* – En el año 608 a.C. Egipto subió al norte para pelear contra Asiria pasando por el reino de Judá. Josías, rey de Judá, decidió enfrentar a Egipto perdiendo la batalla, y muriendo en la misma. Como resultado de esta confrontación, Judá quedó como un estado vasallo de Egipto. El faraón Necao impuso a Joacim como rey de Judá haciéndole pagar fuertes tributos.

   No obstante, en el año 605 a.C. Nabucodonosor, futuro rey de Babilonia, derrotó a Egipto, y Judá quedó subyugado a Babilonia manteniendo a Joacim como rey vasallo. En este tiempo un grupo de judíos fueron deportados a Babilonia, incluyendo al profeta Daniel, siendo éste muy joven.

ii. *Segunda etapa en el 597 a.C.* – Viendo que el poderío de Egipto estaba resurgiendo, Joacim se arriesgó y se rebeló contra Nabucodonosor a pesar de las advertencias del profeta Jeremías, quien había profetizado que su reino sería entregado a Babilonia. Nabucodonosor envió su ejército a controlar la rebelión resultando muerto Joacim, y sustituyéndolo su hijo Joaquín, quien persistió con la rebelión.

Finalmente, Jerusalén fue sitiada cayendo en el 597 a.C. En represalia, Nabucodonosor tomó los tesoros del templo y del palacio y se llevó a miles de obreros y artesanos a su servicio. Además, se llevó al rey Joaquín y a su familia, así como a los nobles y líderes de Judá como medida de prevención contra otra rebelión. Nabucodonosor dejó a Sedequías como rey vasallo a su servicio.

iii. *Tercera etapa en el 586 a.C.* – Sedequías, a pesar de haber sido nombrado rey por Nabucodonosor se rebeló, lo que provocó que éste enviara a todo su ejército. Tras un período de sitio, Jerusalén cayó resultando en una destrucción total de la ciudad. Nabucodonosor destruyó el templo y los edificios principales, derrumbó las murallas, quemó la ciudad y se llevó todos los tesoros. Además, se llevó prisionero al rey Sedequías (tras matar a sus hijos) y se llevó al resto de los habitantes como esclavos. Tan solo dejó a algunas personas para trabajar los campos.

h. Los judíos que vivieron en el exilio en Babilonia, fueron relativamente libres para integrarse a la comunidad, escoger sus trabajos y mantener su religión, pero no se les permitió regresar a Judá.

i. El exilio duró 70 años, según la profecía de Jeremías, hasta la conquista de Babilonia por Ciro el persa en el 539 a.C. expandiendo el imperio Medo-Persa.

3. **Regreso de Babilonia (los libros de Esdras, Nehemías y Ester cubren este período que incluye el tiempo de cinco reyes persas)**

a. 538 a.C. – Ciro el persa emitió un edicto que permitió a los judíos, que así lo desearan, regresar a la tierra de Judá. *"En el primer año de Ciro rey de Persia, para que se cumpliese la palabra de Jehová por boca de Jeremías, despertó Jehová el espíritu de Ciro rey de Persia, el cual hizo pregonar de palabra y también por escrito por todo su reino, diciendo: [2]Así ha dicho Ciro rey de Persia: Jehová el Dios de los cielos me ha dado todos los reinos de la tierra, y me ha mandado que le edifique casa en Jerusalén, que está en Judá. [3]Quien haya entre vosotros de su pueblo, sea Dios con él, y suba a Jerusalén que está en Judá, y edifique la casa a Jehová Dios de Israel (él es el Dios), la cual está en Jerusalén. [4]Y a todo el que haya quedado, en cualquier lugar donde more, ayúdenle los hombres de su lugar con plata, oro, bienes y ganados, además de ofrendas voluntarias para la casa de Dios, la cual está en Jerusalén."* (Esdras 1:1-4)

b. El regreso ocurrió en tres etapas y se presume que regresaron representantes de las doce tribus:

i. *Primera etapa en el 538 a.C.* – Salió el primer y mayor grupo (50,000 personas) con Zorobabel como líder. Al llegar comenzaron a reconstruir la ciudad de Jerusalén y el templo:

1. Zorobabel era príncipe de Judá y descendiente del rey David.
2. Ciro el Persa, le nombró gobernador de Judá.
3. Zorobabel trajo consigo los vasos sagrados de oro y plata, y los utensilios del templo que habían sido llevados a Babilonia por Nabucodonosor.
4. A Zorobabel lo acompañaron Jesúa (sumo sacerdote), varios sacerdotes y levitas, y probablemente los profetas Hageo y Zacarías.
5. En el 537 a.C. se inició la construcción del templo, pero solo llegaron a poner los cimientos, y construir un altar.
6. Se restablecieron los sacrificios, y el servicio de los sacerdotes y levitas según lo indica la ley de Moisés.
7. En el 520 a.C. se continuó la construcción del templo luego de fuertes exhortaciones por parte de los profetas Hageo (Hageo 1:1-12) y Zacarías (Zacarías 4:1-10).
8. El templo fue terminado en el 515 a.C. (Hageo 2:1-9), y se conoce como el templo de Zorobabel o el segundo templo.

9. Se restableció la observancia de la fiesta de la Pascua.

ii. *Segunda etapa en el 458 a.C.* – El segundo grupo salió ochenta años después con Esdras como líder, bajo el decreto de Artajerjes I de Persia:

1. Esdras (escriba y sacerdote) fue contemporáneo de Nehemías cuando éste era gobernador de Judá.
2. Se le atribuye a Esdras ser el autor de los libros de Esdras y Nehemías que en la Biblia hebrea forman un solo libro.
3. Llegó al frente de un grupo de cautivos para establecerse en Jerusalén.
4. Su misión fue guiar al pueblo a un reencuentro con Dios, y al cumplimiento de la ley, provocando un gran avivamiento.
5. Junto a Nehemías, implantó importantes reformas religiosas, prohibiendo el matrimonio con extranjeras, restableciendo las fiestas religiosas y la estricta observancia de la ley, entre otras cosas.

iii. *Tercera etapa en el 445 a.C* – El tercer grupo salió con Nehemías como líder (trece años después de la llegada de Esdras):

1. Nehemías era copero del rey Artajerjes I de Persia. Como copero su función era custodiar, servir y probar el vino en la mesa del rey para asegurarse de que no estuviera envenenado. O sea, que tenía una posición de extrema confianza.

2. Nehemías pidió permiso del rey para trabajar en la reconstrucción de las murallas de Jerusalén cuando tuvo noticias del estado de abandono en que se encontraba la ciudad.
3. El rey lo envió como gobernador de Judá.
4. Organizó las familias de la ciudad para la reconstrucción de los muros, a pesar de la oposición de sus vecinos que temían el levantamiento de los judíos.
5. Promovió reformas sociales en contra de la explotación de los pobres por los ricos.
6. Junto a Esdras promovió el cumplimiento estricto de la ley de Moisés y la renovación del pacto.
7. Fue ejemplo del líder por excelencia con grandes capacidades administrativas; promovió el trabajo en equipo, no permitió que ningún obstáculo o problema le desviara de su misión, y procuró a cada paso la dirección de Dios.

c. La experiencia del exilio finalmente alejó por completo a Israel del pecado de idolatría. La experiencia fue tan traumática que en algunos asuntos los religiosos se movieron "al otro extremo". O sea, al cumplimiento literal de la ley, enfocándose en la letra más que en el espíritu y propósito de ésta. Esto lo veremos más adelante cuando hablemos sobre el desarrollo de la secta de los fariseos.

d. Tan solo una minoría de los judíos en exilio regresó a Judá. La mayoría, una vez asentados, y habiendo rehecho sus vidas, continuaron viviendo en el extranjero, aunque conservando su identidad étnica y religiosa.

En el plan maestro de Dios, esto fue conveniente ya que esto permitió que se acelerara la propagación del Evangelio. ¿Cómo? Cuando los apóstoles y misioneros llegaban a las ciudades en donde se encontraban los judíos de la dispersión (los descendientes de aquellos que salieron al exilio), el primer lugar donde predicaban era en la sinagoga. Entonces, les enseñaban que Jesús era el Mesías esperado, citando las profecías del Antiguo Testamento. Como resultado, ese primer grupo de judíos que se convertían, formaban la primera iglesia de esa ciudad, y luego se dirigían a predicarle a los gentiles.

e. El pueblo de Judá siguió sometido a poderes extranjeros hasta el siglo 2 a.C. Durante este tiempo, fueron dirigidos por gobernadores sometidos a la autoridad del imperio reinante. Sin embargo, Judá disfrutó de un período de independencia al librarse de los griegos entre el año 164 a.C. y el 63 a.C. Durante casi cien años fueron gobernados por una dinastía de reyes judíos llamados los asmoneos o hasmoneos, hasta caer nuevamente bajo el poder de un gobierno extranjero: Roma. Discutiremos en detalle las circunstancias y eventos principales de esta historia cuando lleguemos a la lección del período intertestamentario. De momento, tan solo listaremos los reinos que gobernaron la tierra de Judá a partir del tiempo del exilio, hasta llegar al tiempo del nuevo testamento.

La secuencia de reinos extranjeros sobre Judá es la siguiente:

i. **Babilonia** – 605 a.C. al 539 a.C. (termina con la conquista de Babilonia por Ciro el persa).

ii. **Media y Persia (imperio medo-persa)** – 539 a.C. al 333 a.C. (termina con la conquista de Jerusalén por Alejandro Magno (griego).

iii. **Imperio griego** – Alejandro Magno conquistó toda la región en el 332 a.C. y la gobernó hasta su muerte en el año 323 a.C. En este período comenzó el proceso de helenización (imposición de la cultura griega) en Judea.

iv. **Egipto** – 322 a.C. al 198 a.C. bajo la dinastía de los Ptolomeos (uno de cuatro reinos sucesores del imperio griego tras de la muerte de Alejandro Magno).

v. **Siria** – 198 a.C. al 164 a.C. bajo la dinastía de los Seléucidas (otro de los reinos sucesores del imperio griego de Alejandro Magno).

vi. **Reyes asmoneos** – período de independencia con reyes judíos de la dinastía asmonea (164 a.C. al 63 a.C.)

vii. **Roma** – el general Pompeyo conquistó Jerusalén en el 63 a.C. aprovechando una lucha por el trono entre los hermanos Hircano II y Aristóbulo II, ambos de la familia asmonea. La región, que luego fue llamada Palestina por el emperador Adriano, estuvo bajo el poder del imperio romano hasta el siglo VII d.C. cuando Jerusalén fue conquistada por los musulmanes.

D. Enseñanzas de esta lección

1. Nuestra visión de Dios tiene que considerar todos sus atributos, como lo son el amor y la justicia.

   a. Si solo nos enfocamos en el amor de Dios, caemos en el riesgo de ver a un Dios permisivo y que todo lo da por bueno, donde "no hay pecado, maldad, ni juicio". Esta visión es incorrecta. Dios es santo y no tolera el pecado.

   b. Por otro lado, si solo nos enfocamos en la disciplina de Dios, veremos a un Dios inmisericorde que solo busca ocasión para enviar juicio y castigo.

   c. El conocer a un Dios que es a la vez justo y misericordioso, nos lleva a entender que la disciplina de Dios nunca tiene el propósito de destruir sino de restaurar. Dios envió a su amado Hijo para enseñarnos que el pecado es tan serio, que alguien tenía que pagar el precio de la rebelión de la humanidad. A la misma vez, el sacrifico de Jesús nos muestra la grandeza del amor de Dios por el ser humano proveyendo la manera de reconciliarnos con Él. El deseo de Dios es que nadie perezca, sino que todos procedamos al arrepentimiento.

2. Cuidémonos de que en nuestro caminar no nos suceda lo mismo que al pueblo de Israel, que habiendo sido pueblo de Dios, y lleno de promesas, despreció la gracia y sufrió grandes pérdidas por su terquedad y rebeldía. Cuidemos con esmero nuestra salvación; recordemos lo que dice la escritura:

> *"7 No os engañéis; Dios no puede ser burlado: pues todo lo que el hombre sembrare, eso también segará. 8 Porque el que siembra para*

su carne, de la carne segará corrupción; mas el que siembra para el Espíritu, del Espíritu segará vida eterna." (Gálatas 6:7-8)

3. Los reyes de los reinos de Israel y Judá fueron los mayores responsables, ya fuera de las bendiciones o de las maldiciones en su reino. Ellos imponían la "política pública" de fidelidad a la ley, o idolatría y desobediencia. Estos reyes pensaron que podían ser "más listos" que Dios. Creyeron que podían andar en sus propios caminos y que en sus reinos todo le saldría bien. Esta actitud se llama orgullo y arrogancia espiritual. Todo esto debe llevarnos a meditar en nuestra responsabilidad como líderes en nuestras familias, ministerios, trabajos y comunidades. Tenemos que modelar los valores del reino de Dios, pues los que están cerca de nosotros copiarán nuestros estilos, conducta y manera de vivir. Puede que las cosas vayan bien por un tiempo, pero al final, si ignoramos la ley de Dios, solo vendrá sufrimiento.

4. Dios es soberano y utiliza a quien quiera para cumplir sus planes y propósitos, estén o no, conscientes de ello. A Ciro lo llamó "mi ungido", a Nabucodonosor lo llamó "mi siervo", y utilizó a Artajerjes para que Nehemías pudiera cumplir su misión en Jerusalén. Dios usará a quien menos nos imaginemos para bendición nuestra y para salvar al ser humano.

5. Los hombres y mujeres de la Biblia son gente ordinaria que han hecho proezas y obras extraordinarias en las manos de Dios. Zorobabel, Esdras y Nehemías fueron llamados a reconstruir Jerusalén, el templo, la adoración, los sacrificios, y la obediencia a la ley. En este tiempo, nosotros también tenemos un llamado a reconstruir a nuestro país. Todos tenemos un área de influencia en nuestros trabajos, familias, comunidades y ministerios. Entonces

vale la pena meditar sobre cómo podemos ayudar a reconstruir a nuestro pueblo.

a. Con nuestro trabajo honesto y dedicado.

b. Con nuestro ejemplo de integridad y verticalidad.

c. Sirviendo en todo aquello donde podamos colaborar en nuestra iglesia y comunidad.

d. Hablando del amor y la salvación en Jesucristo para que otros puedan recibir la esperanza, el consuelo, la dirección, y la fortaleza que nosotros hemos recibido en Él.

6. Recordemos que la idolatría va más allá de arrodillarse ante una estatua. Todavía en estos tiempos vemos a gente de distintas religiones arrodillándose ante los ídolos, pero en esta sociedad secular hay ídolos que pueden ser más fuertes que las estatuas: dinero, fama, poder, trabajo, estudios, carro, bote, celular, televisión, drogas, alcohol, pornografía, negocios, relaciones ilícitas y muchas otras.

Hay asuntos que en sí mismos no son malos como: el tiempo que dedicamos al trabajo, estudios y diversión, pero que pueden convertirse en ídolos si no mantenemos un balance adecuado en nuestro tiempo. Este desbalance puede afectar nuestra relación con Dios y nuestra familia. Jesús dijo, donde esté tu tesoro (y aquí podemos añadir tu tiempo y tus talentos) *"allí estará vuestro corazón"* (Lucas 12:34). Para evaluar si tenemos ídolos (aun siendo cristianos) debemos hacer un sincero análisis para ver dónde están las prioridades en nuestras vidas, y en qué estamos usando nuestro tiempo. Una vez hecho esto, pidámosle a Dios que nos ayude a ser fieles poniendo en orden lo que deben ser nuestras prioridades.

7. Si al igual que el pueblo de Judá, hemos tenido la experiencia de sufrir las consecuencias de nuestro pecado, es hora de que aprendamos de nuestros errores, arrepentirnos, y aprovechar la misericordia de Dios. Su anhelo es levantarnos y restaurarnos.

8. A pesar de sus errores, Dios no desechó a su pueblo por completo. Le dio la oportunidad de arrepentirse y seguir adelante con su misión de bendecir a todas las familias de la tierra por medio de Jesucristo. De la misma forma, Dios tiene planes con nosotros que se llevarán a cabo en la medida que nos mantengamos fieles a Él.

E. Preguntas de reflexión

1. Esdras, Nehemías y Zorobabel fueron hombres ordinarios que hicieron obras extraordinarias. ¿Te has encontrado haciendo obras "extraordinarias" para Dios? O sea, haciendo cosas que no sabías que eras capaz de hacer para su servicio. ¿Puedes compartirlo?

2. El pueblo de Israel fue restaurado a pesar de sus desvíos. ¿Tienes conocimiento de personas restauradas por el poder y el amor de Dios a pesar de sus errores?

3. A la luz de esta clase, ¿cuáles son las consecuencias de la arrogancia espiritual? En otras palabras, ¿cuáles son las consecuencias de persistir en nuestros propios caminos vs. los caminos de Dios?

4. Al evaluar la historia de los reinos de Israel y de Judá, ¿cuán importante es para el futuro de nuestra familia demostrar buen testimonio dentro y fuera del hogar?

5. ¿Cómo podemos aplicar este versículo a la historia del pueblo de Israel? ¿Cómo podemos aplicarlo a nuestras vidas?

> *"[4]Cuando a Dios haces promesa, no tardes en cumplirla; porque él no se complace en los insensatos. Cumple lo que prometes. [5]Mejor es que no prometas, y no que prometas y no cumplas."* (Eclesiastés 5:4-5)

F. Oración de cierre

Oremos por nuestros gobernantes, para que sean instrumentos en las manos de Dios en favor de todo el pueblo. Oremos por aquellos que han sufrido pérdidas por sus acciones y decisiones, y que necesitan ser restaurados; para que sean sensibles al llamado de Dios y regresen al Señor.

CONOCE LA HISTORIA BÍBLICA
El Camino a Nuestra Salvación

Lección 16:
Ester — Reina de Persia
En el lugar preciso para la hora precisa

A. Texto clave (Ester 4:13-16)

*"13 Entonces dijo Mardoqueo que respondiesen a Ester: No pienses que escaparás en la casa del rey más que cualquier otro judío.
14 Porque si callas absolutamente en este tiempo, respiro y liberación vendrá de alguna otra parte para los judíos; mas tú y la casa de tu padre pereceréis. ¿Y quién sabe si para esta hora has llegado al
reino? 15 Y Ester dijo que respondiesen a Mardoqueo: 16 Ve y reúne a
todos los judíos que se hallan en Susa, y ayunad por mí, y no comáis ni bebáis en tres días, noche y día; yo también con mis doncellas ayunaré igualmente, y entonces entraré a ver al rey, aunque no sea conforme a la ley; y si perezco, que perezca."*

B. Desarrollo de la lección

1. Introducción

La historia de Ester tiene lugar en el siglo quinto antes de Cristo (cerca del 475 a.C.) en tiempos del rey Asuero de Persia, también conocido como Jerjes I. En estos tiempos el imperio medo-persa se extendía desde la India hasta Etiopía. Hacía ya cerca de sesenta años que un grupo de 50,000 judíos había regresado a Jerusalén gracias al decreto de Ciro, el rey persa. No obstante, la mayoría de los judíos, aclimatados a las nuevas tierras, se quedaron dispersos por los territorios del imperio. Aunque los judíos tuvieron libertades para trabajar e integrarse a las comunidades, siguieron siendo víctimas del prejuicio de la gente, por ser una raza diferente, y por su religión.

La historia de Ester es una historia extraordinaria donde vemos el cuidado de Dios por su pueblo, librándolo de lo que era un exterminio seguro, que había sido ordenado desde la misma corte del rey. Sin embargo, Dios, que tiene el control de la Historia, no podía permitir que esto sucediera porque, es a través de este pueblo que Él había decidido dar el regalo de la salvación a la Humanidad. Así que, interviene desde el trasfondo para librarlos de una muerte segura. Ester es un libro que, aunque tiene la particularidad de no mencionar a Dios expresamente (el otro libro con esta característica es Cantares), la mano de Dios está presente en el orden de eventos y "casualidades" que resultaron en la liberación del pueblo judío de sus enemigos.

2. **Trasfondo**

   a. Asuero, rey de Persia, hizo una gran fiesta en la ciudad de Susa, su capital real, para agasajar a sus príncipes y gobernadores.

   b. A los siete días de la fiesta, cuando el vino ya había hecho su efecto, el rey le ordenó a su esposa, la reina Vasti, que se presentara ante los invitados de su banquete, con el propósito de exhibir su belleza.

c. Al parecer, la reina entendió que esto sería algo denigrante y se negó a comparecer ante el rey.

d. Enojado, el rey consultó con sus asesores, y éstos le recomendaron que, como castigo, la reina fuera destituida, y que otra fuera puesta en su lugar.

e. Según sus asesores, si el rey permitía que la reina le desobedeciera, entonces todas las esposas del reino desobedecerían a sus esposos.

f. El rey acogió la recomendación, y ordenó que buscaran a las vírgenes más bellas del reino, y las trajeran a palacio para escoger entre éstas a la futura reina. En otras palabras, una competencia de "Miss Persia".

g. De aquí en adelante, ocurrieron una serie de eventos que colocaron a Ester en el lugar preciso, y a la hora precisa como instrumento divino para salvar a su pueblo. A estos eventos los llamamos "casualidades" (de forma irónica obviamente) solo para resaltar el hecho de que Dios mismo, el Dueño y Señor de la historia, intervino de antemano para salvar al pueblo que Él había escogido para ser luz de las naciones.

3. **Diez "casualidades" para salvar a un pueblo**

a. **Primera casualidad: Ester es escogida entre muchas otras jóvenes como candidata para esta competencia**

Ester era una joven judía, huérfana, que había sido adoptada y criada por su primo Mardoqueo, quien era de la tribu de Benjamín. La joven es descrita como de "hermosa figura y de buen parecer". Al ser escogida entre las vírgenes más hermosas del reino, su primo y padre adoptivo, le aconsejó que no le descubriera a nadie que era judía.

b. **Segunda casualidad: Ester halla gracia ante los ojos de Hegai**

Hegai era el eunuco que estaba a cargo de cuidar a las mujeres del rey. Como parte de sus responsabilidades estaba cuidar y preparar a las jóvenes que serían presentadas al rey. Hegai toma un interés especial en Ester, al punto de que, le asignó siete doncellas que se dedicaran a prepararla con tratamientos de piel, los mejores vestidos y buena alimentación, además de asignarle las mejores habitaciones en la casa de las mujeres. Cuando más adelante vemos las características de Ester, nos damos cuenta de que no solo era hermosa, sino que también era sensible, humilde e inteligente, por lo que no sorprende la buena impresión que causó en Hegai.

c. **Tercera casualidad: Amor a primera vista**

Llegado el turno a Ester de presentarse ante el rey, ella siguió sabiamente los consejos recibidos de parte de Hegai en su preparación. Cuando Ester se presentó ante Asuero, este quedó prendado de la belleza y cualidades de Ester. Una vez la conoció, no consideró a ninguna otra, y la hizo su esposa y reina.

d. **Cuarta casualidad: Mardoqueo le salva la vida al rey**

Mardoqueo iba todos los días a la entrada del palacio para ver cómo estaba Ester. Un día **escuchó a dos eunucos conspirando para matar al rey. Inmediatamente lo hizo saber a Ester**, quien le avisó al rey a nombre de Mardoqueo, aún sin revelar su origen judío. La conspiración fue investigada, y los culpables ejecutados. Este hecho quedó registrado en las crónicas de la corte.

e. **Quinta casualidad: Conspiración y tiempo para prepararse**

El rey Asuero había puesto a un siervo llamado Amán por encima de todos los príncipes, de tal manera que, cuando Amán pasaba, todos se inclinaban ante él, menos Mardoqueo. Como judío, él no iba a inclinarse delante de ningún hombre. Esto enfureció mucho a Amán, quien como venganza, conspiró para que el rey ordenara la muerte de todos los judíos, convenciéndolo de que eran una amenaza para su reino. El edicto real, ordenando la matanza y apropiación de los bienes de los judíos, salió **el primer mes del año, pero, para ser ejecutado en el mes doce, dando tiempo a los judíos para reaccionar y prepararse.**

f. **Sexta casualidad: Ester en el lugar preciso para la hora de necesidad**

Conforme a la conspiración de Amán, se enviaron cartas por todo el imperio con la orden de matar a todos los judíos en un mismo día, y apoderarse de sus bienes.

Cuando Mardoqueo se enteró de esta terrible noticia, se lo hizo saber a Ester, y le pidió que intercediera ante el rey. En un principio, Ester tuvo reparos de presentarse al rey sin haber sido llamada, pues si esta acción no era de su agrado, se arriesgaba a ser condenada a muerte. Sin embargo, Mardoqueo le contestó lo siguiente:

"[13]Entonces dijo Mardoqueo que respondiesen a Ester: No pienses que escaparás en la casa del rey más que cualquier otro judío. [14]Porque si callas absolutamente en este tiempo, respiro y liberación vendrá de alguna otra parte para los judíos; mas tú y la casa de tu padre pereceréis. ***¿Y quién sabe si para esta hora has llegado al reino?****"* (Ester 4:13-14)

Ester reconoció que tenía que actuar, y decidió arriesgarse con tal de salvar a su pueblo. Es entonces cuando le pidió a Mardoqueo que convocara a todo el pueblo a tres días de oración y ayuno, y declaró:

"(...) yo también con mis doncellas ayunaré igualmente, y entonces entraré a ver al rey, aunque no sea conforme a la ley; ***y si perezco, que perezca.****"* **(Ester 4:16)**

g. **Séptima casualidad: El rey recibe a Ester, aunque está fuera de orden**

Ester se presentó ante el rey, y éste se mostró complacido de verla, de modo que la recibió, y le preguntó cuál era su petición. Ester lo invitó a un banquete, y pidió solo tener de invitados al rey y a Amán. El rey la complació, y durante el banquete, el rey le preguntó nuevamente cuál era su petición, a lo que ella respondió, que los invitaba a otro banquete al día siguiente, y que entonces declararía su petición, a lo que el rey accedió.

h. **Octava casualidad: El rey se desvela y le leen la historia de Mardoqueo**

Ante la invitación de la reina Ester, Amán se sintió muy contento y honrado, pero a la misma vez frustrado, porque no podía soportar que Mardoqueo no se inclinara ante él. Su esposa y sus amigos le dijeron que levantara una horca para matarlo, y que al día siguiente le pidiera al rey que ordenara su ejecución. Le pareció bien a Amán, y ordenó levantar la horca.

La misma noche en que se llevó a cabo el primer banquete, y en que Amán ordenó hacer la horca, el rey Asuero sufrió de insomnio, y pidió que le leyeran las crónicas del reino. "Casualmente", le leyeron el evento en donde Mardoqueo reveló el atentado en contra de la vida del rey. Dándose cuenta de que este hombre no había sido recompensado, al día siguiente le preguntó a Amán, qué honores debían hacerse a una persona que el rey deseaba honrar. Amán, pensando que se trataba de él mismo, le propuso que este hombre debía ser vestido de ropas reales, poner sobre él la corona del rey, y ser paseado en el caballo real por uno de los príncipes del rey. Para su sorpresa, el rey le ordenó que hiciera eso mismo con Mardoqueo, resultando en una humillación pública para Amán. De esta forma, se evitó que Amán procediera con la petición de ejecutar a Mardoqueo.

i. **Novena casualidad: Amán muere en la horca que preparó para Mardoqueo**

Ese mismo día, se llevó a cabo el segundo banquete de la reina Ester, en donde ella le declaró al rey la conspiración de Amán para matarla a ella por ser judía, y a su pueblo. El rey, enfurecido, salió del salón de banquete, y mientras éste estaba fuera, Amán se inclinó para suplicarle a la reina por su vida, pero tropezó y cayó sobre el lecho donde ésta se encontraba. Cuando el rey entró al salón vio a Amán sobre el lecho, y le acusó de querer violar a la reina. Uno de los eunucos que servían al rey le hizo saber que Amán había construido una horca para Mardoqueo, y el rey **ordenó que Amán fuera ejecutado en esa misma horca.**

j. **Décima casualidad: Liberación el día que debía ser de destrucción**

En un giro inesperado, el rey nombró a Mardoqueo sucesor de Amán y su segundo en el reino. Siendo que las leyes del reino no podían ser derogadas, a instancias de Ester y Mardoqueo, el rey emitió un decreto que autorizaba a los judíos a defenderse de sus enemigos en el momento del ataque, resultando en una victoria total y liberación para el pueblo judío. **En otras palabras, el mismo día que había sido designado para la muerte de todos los judíos, fue el día de su liberación y engrandecimiento en el reino.** Este evento se celebra en la fiesta de Purim, que se llevaba a cabo los días 14 y 15 del mes de Adar (febrero-marzo) en el calendario judío.

C. Enseñanzas de esta lección

1. Nada impediría el cumplimiento del plan maestro de Dios para salvar a la Humanidad a través del pueblo de Israel.

2. Dios tiene el control de la historia de los pueblos y de las naciones... y también de nuestra propia historia. Solo tenemos que estar seguros de que estamos en sus manos, y procurar estar en el centro de su voluntad.

Lo más probable, ni Ester ni Mardoqueo podían ver a Dios presente, y trabajando en el trasfondo a favor de ellos en medio de la crisis. A nosotros nos puede pasar lo mismo: en medio de los problemas, se nos hace difícil confiar en que Dios está con nosotros, y obrando en nuestro favor.

3. Aprendamos a abrir nuestros ojos espirituales para ver la intervención sobrenatural de Dios en medio de lo natural y cotidiano. Entonces podremos ver que ciertamente está cuidando nuestras vidas, y proveyendo para nuestras necesidades.

4. Mardoqueo no cedió en ningún momento ante sus principios, aun cuando sabía que podía costarle la vida. De la misma forma, tenemos que proteger nuestra integridad y testimonio cristiano, sin importar las presiones que vengan sobre nosotros.

5. Al igual que Ester, habrá momentos en que tendremos que estar dispuestos a arriesgarnos para cumplir la voluntad del Señor para nuestras vidas, familias y ministerios.

Nos referimos a momentos en los que Dios nos pondrá en un lugar específico para un trabajo o misión especial, en donde parece que solo nosotros somos las personas indicadas para esa hora. Oremos intensamente para que, en esos momentos, podamos discernir la voluntad de Dios y seguir adelante, aun cuando las circunstancias no parezcan favorables, o nos creamos incapaces. En esos momentos, confiemos en el cuidado y en la capacitación de Dios.

Si no lo hacemos, Dios traerá a otra persona que lo haga (sus planes no se detienen porque nosotros nos detengamos), pero perderemos la bendición y el testimonio de victoria que eran para nosotros.

6. Aunque otros traten de proferir maldición sobre nosotros, como lo hizo Amán, Dios cancela y frustra los planes de nuestros enemigos, y en su lugar tendremos victoria y liberación. Recordemos lo que dice el profeta Isaías:

> *"[17]Ninguna arma forjada contra ti prosperará, y condenarás toda lengua que se levante contra ti en juicio. Esta es la herencia de los siervos de Jehová, y su salvación de mí vendrá, dijo Jehová."* (Isaías 54:17)

7. Una vez más, podemos ver que Dios es especialista en cambiar las circunstancias que parecen ser de muerte y derrota, por un nuevo camino de vida y esperanza.

D. Preguntas de reflexión

1. ¿Qué características podemos ver en Ester como personaje principal de esta historia?

2. ¿Cuáles son los personajes que Dios usó en el camino a favor de Ester? ¿Puedes pensar en personas que Dios ha puesto en el camino para intervenir en tu favor?

3. ¿Cómo podemos ver la mano de Dios a través de la narración del libro de Ester? ¿Has podido ver la mano de Dios a través de la narración de tu propia vida?

4. ¿Qué hicieron Ester y Mardoqueo para enfrentar la amenaza que había sobre ellos? ¿Qué debemos hacer para enfrentar las amenazas que se ciernen sobre nosotros?

5. Piensa en las circunstancias que estás viviendo en el tiempo presente en tu familia, iglesia, trabajo, y comunidad: ¿sientes que, en alguno de estos lugares Dios te ha colocado en el momento necesario y preciso para actuar "en esta hora"? Si la respuesta es sí, ¿cómo piensas responder?

E. Oración de cierre

Oremos, para que seamos capaces de abrir nuestros ojos espirituales, y ver la mano de Dios obrando a favor nuestro en medio de toda circunstancia. Oremos para que, como siervos de Dios, nos atrevamos a hacer lo que nos corresponde en este tiempo, en beneficio de su obra y de nuestro pueblo.

CONOCE LA HISTORIA BÍBLICA
El Camino a Nuestra Salvación

Lección 17:
El Ministerio Profético en el Antiguo Testamento

A. Definiciones

Profecía bíblica

- Mensaje o palabra inspirada por Dios que tiene el propósito de anunciar sus designios y voluntad. Ejemplo de esto son los llamados de Dios al arrepentimiento al pueblo de Israel.
- Acción de predecir un hecho futuro gracias a la inspiración divina. Ejemplo de esto es la profecía mesiánica que anuncia la llegada de un mesías que restaurará el reino de Israel y será salvación a las naciones.
- La profecía bíblica en ocasiones tiene un cumplimiento dual en el cual una profecía tendrá cumplimiento en el futuro cercano y en el futuro lejano. El mejor ejemplo lo tenemos en el capítulo 53 de Isaías. En el futuro inmediato este capítulo se refiere a Israel como el siervo sufriente a consecuencia de su pecado; sin embargo, el Nuevo Testamento nos revela que este capítulo también se refiere a la pasión y muerte de Jesús en detalles que son asombrosos.

Profeta en el Antiguo Testamento

- Alguien que recibe un mensaje de Dios y lo transmite a otras personas.
- La palabra hebrea "nabi" que se traduce como profeta, los más probable viene de una raíz que significa "anunciar" o "proclamar".
- Las otras dos palabras que se usan para describir al profeta en el Antiguo Testamento (roe'h, hozeh) significan "vidente".
- La labor principal del profeta en el Antiguo Testamento era proclamar la palabra recibida de parte de Dios, y denunciar el pecado llamando al arrepentimiento, a la conversión y al pacto.

B. Textos clave (Jeremías 35:15, 2 Crónicas 36:15-16)

"15Y envié a vosotros todos mis siervos los profetas, desde temprano y sin cesar, para deciros: Volveos ahora cada uno de vuestro mal camino, y enmendad vuestras obras, y no vayáis tras dioses ajenos para servirles, y viviréis en la tierra que di a vosotros y a vuestros padres; mas no inclinasteis vuestro oído, ni me oísteis."

"15Y Jehová el Dios de sus padres envió constantemente palabra a ellos por medio de sus mensajeros, porque él tenía misericordia de su pueblo y de su habitación. 16Mas ellos hacían escarnio de los mensajeros de Dios, y menospreciaban sus palabras, burlándose de sus profetas, hasta que subió la ira de Jehová contra su pueblo, y no hubo ya remedio."

C. Introducción

Siendo que el Antiguo Testamento nos va revelando desde el Génesis el plan de Dios para la salvación de la humanidad, la palabra profética está presente en prácticamente todos sus libros. De aquí que el título de profeta es aplicado a personas como Abraham, Moisés, Aarón y María (hermana de Moisés) en el Pentateuco, así como a Débora en Jueces y a Samuel en 1ra de Samuel. De la misma forma, en la época de los reyes, podemos encontrar los llamados profetas no-literarios (aquellos que no dejaron un libro escrito) cuyos ministerios fueron registrados como parte de los libros de Samuel (1ra y 2da), Crónicas (1ra y 2da) y Reyes (1ra y 2da), como lo son Natán, Gad, Elías y Eliseo. También debemos mencionar al rey David como profeta, en cuyos salmos aparecen varias de las profecías mesiánicas. En esta lección vamos a enfocarnos mayormente en el ministerio de los profetas literarios, los cuales se dividen en dos:

1. Profetas mayores – aquellos que escribieron "mucho contenido literario": Isaías, Jeremías, Ezequiel y Daniel.

2. Profetas menores – aquellos que escribieron "menos contenido literario", que son el resto de los libros proféticos (12 en total).

D. Desarrollo de la lección

1. **Ministerio de los profetas literarios (aprox. desde el siglo VIII a.C. comenzando con Amós hasta el siglo V a.C. concluyendo con Malaquías)**

   a. ¿Quiénes fueron los profetas del Antiguo Testamento?

Fueron hombres llamados por Dios para denunciar el pecado, y llamar a Israel al arrepentimiento. Como parte de su mensaje advertían sobre los juicios que vendrían si persistían en su pecado, y anunciaban la futura restauración de la nación gracias a la fidelidad y misericordia de Dios.

b. ¿Por qué fue necesario su ministerio?

i. El sacerdocio falló en su responsabilidad de confrontar al pueblo con su pecado de idolatría, y prácticas paganas.

ii. Parte del sacerdocio participó de los mismos pecados e infidelidad del pueblo.

iii. Los sacerdotes se dedicaron a vivir de las ofrendas, y a atender sus propios intereses, en lugar de llevar a cabo su misión como pastores y maestros.

iv. Los sacerdotes abandonaban el ministerio ante la necesidad, pues había períodos en que el pueblo dejaba de sostenerlos con sus diezmos y ofrendas.

v. El pueblo se entregó a la religión sin sustento moral, en donde los sacrificios y las ceremonias se volvieron pura rutina, en lugar de ser expresión de arrepentimiento sincero por el pecado.

vi. Los ricos y poderosos, incluyendo el sacerdocio de alto rango, abusaban de los pobres, y les oprimían con usura, servidumbre y esclavitud.

vii. Los jueces se vendían por precio, y no le hacían justicia al pobre.

viii. Los reyes se rodeaban de falsos profetas que les decían lo que ellos querían escuchar para recibir su favor.

ix. Los reyes y la nación confiaban en alianzas humanas en lugar de confiar en su Dios.

x. Necesidad de Dios de levantar mensajeros suyos que le dieran dirección al pueblo, y aun a las naciones extranjeras (ej. Jonás en Nínive).

xi. El pueblo puso su confianza en dioses extraños siendo la idolatría su mayor pecado.

xii. El pueblo se corrompió moralmente en adulterio, fornicaciones, matrimonios mixtos con las naciones paganas, y toda práctica sexual depravada, sin que sus reyes y sacerdotes (los llamados a ser sus líderes espirituales) los corrigiesen, pues aún ellos eran parte de la corrupción moral.

Siendo que los levitas y sacerdotes no estaban cumpliendo con su ministerio de ser los guías espirituales del pueblo, Dios se vio obligado a llamar a gente del pueblo, para que fueran sus mensajeros, llamando al arrepentimiento y a la obediencia.

El ministerio y mensaje de los profetas no se limitó a Israel, sino que Dios también envió mensajeros a las naciones vecinas (ej. Jonás a Nínive y Abdías a Edom).

2. **Llamamiento de los profetas**

   a. Eran nombrados por llamamiento divino (no era cuestión de herencia, reconocimiento público, nivel social, o estudios).

   b. Dios escogía a un hombre para revelarle su secreto, de manera que hablase al pueblo en su nombre.

   c. Surgían de todos los niveles económicos y sociales (nobles, sacerdotes, ganaderos, administradores, gente común).

   d. El ministerio del profeta era sacrificado; se exponía al escarnio público, persecución, cárcel y hasta muerte, pues confrontaba al pueblo y a los líderes con sus prácticas inmorales y corruptas. Al igual que hoy día, a nadie le gusta que le digan lo que están haciendo mal, y menos a los gobernantes que presumen de ser poderosos.

   e. Algunos profetas dejaron sus trabajos y oficios para responder al llamado de Dios.

3. **El mensaje central de los profetas (para cada tema se incluye al menos una cita como ejemplo del mensaje profético)**

   a. Jehová es el único y soberano Dios, creador del universo, de la tierra y del ser humano.

      "[18]Porque así dijo Jehová, que creó los cielos; él es Dios, el que formó la tierra, el que la hizo y la compuso; no la creó en vano, para que fuese habitada la creó: Yo soy Jehová, y no hay otro." (Isaías 45:18)

b. Si Dios es soberano, no es sabio ni necesario confiar en alianzas humanas, sino confiar en su protección por medio de la obediencia y la justicia.

"[36]*¿Para qué discurres tanto, cambiando tus caminos? También serás avergonzada de Egipto, como fuiste avergonzada de Asiria.* [37]*También de allí saldrás con tus manos sobre tu cabeza, porque Jehová desechó a aquellos en quienes tú confiabas, y no prosperarás por ellos."* (Jeremías 2:36-37)

c. La nación y todo hombre tienen que arrepentirse (volverse a Dios) del pecado, la corrupción y la inmoralidad.

"[18]*Venid luego, dice Jehová, y estemos a cuenta: si vuestros pecados fueren como la grana, como la nieve serán emblanquecidos;* [19]*si fueren rojos como el carmesí, vendrán a ser como blanca lana. Si quisiereis y oyereis, comeréis el bien de la tierra;* [20]*si no quisiereis y fuereis rebeldes, seréis consumidos a espada; porque la boca de Jehová lo ha dicho."* (Isaías 1:18-20)

d. Hay que hacer justicia al pobre y al necesitado.

"[6]*Así ha dicho Jehová: Por tres pecados de Israel, y por el cuarto, no revocaré su castigo; porque vendieron por dinero al justo, y al pobre por un par de zapatos."* (Amós 2:6)

"[12]*Porque yo sé de vuestras muchas rebeliones, y de vuestros grandes pecados; sé que afligís al justo, y recibís cohecho, y en los tribunales hacéis perder su causa a los pobres."* (Amós 5:12)

"[16]Lavaos y limpiaos; quitad la iniquidad de vuestras obras de delante de mis ojos; dejad de hacer lo malo; [17]aprended a hacer el bien; buscad el juicio, restituid al agraviado, haced justicia al huérfano, amparad a la viuda." (Isaías 1:16-17)

e. La obediencia tiene que ser con corazón sincero; el rito y la ceremonia hueca son motivo de abominación y hastío para Dios.

"[11]¿Para qué me sirve, dice Jehová, la multitud de vuestros sacrificios? Hastiado estoy de holocaustos de carneros y de sebo de animales gordos; no quiero sangre de bueyes, ni de ovejas, ni de machos cabríos. [12]¿Quién demanda esto de vuestras manos, cuando venís a presentaros delante de mí para hollar mis atrios? [13]No me traigáis más vana ofrenda; el incienso me es abominación; luna nueva y día de reposo, el convocar asambleas, no lo puedo sufrir; son iniquidad vuestras fiestas solemnes. [14]Vuestras lunas nuevas y vuestras fiestas solemnes las tiene aborrecidas mi alma; me son gravosas; cansado estoy de soportarlas." (Isaías 1:11-14)

f. Si la nación no se arrepiente vendrá juicio a través de las naciones vecinas; serán asolados y llevados (exiliados) a otras tierras (Babilonia y Asiria).

"[6]Porque he aquí, yo levanto a los caldeos, nación cruel y presurosa, que camina por la anchura de la tierra para poseer las moradas ajenas. [7]Formidable es y terrible; de ella misma procede su justicia y su dignidad. [8]Sus caballos serán más ligeros que leopardos, y más feroces que lobos nocturnos, y sus jinetes se multiplicarán; vendrán de lejos sus jinetes, y volarán como águilas que se apresuran a devorar. [9]Toda

ella vendrá a la presa; el terror va delante de ella, y recogerá cautivos como arena." (Habacuc 1:6-9)

g. Por amor de sí mismo y en fidelidad a las promesas hechas a Abraham, Isaac, Jacob y David, Dios tendrá misericordia, y traerá nuevamente a un remanente a la tierra prometida a sus padres; entonces, la nación reverdecerá.

"[10]Porque así dijo Jehová: Cuando en Babilonia se cumplan los setenta años, yo os visitaré, y despertaré sobre vosotros mi buena palabra, para haceros volver a este lugar." (Jeremías 29:10)

"[10]Acontecerá en aquel tiempo que la raíz de Isaí, la cual estará puesta por pendón a los pueblos, será buscada por las gentes; y su habitación será gloriosa. [11]Asimismo, acontecerá en aquel tiempo, que Jehová alzará otra vez su mano para recobrar el remanente de su pueblo que aún quede en Asiria, Egipto, Patros, Etiopía, Elam, Sinar y Hamat, y en las costas del mar. [12]Y levantará pendón a las naciones, y juntará los desterrados de Israel, y reunirá los esparcidos de Judá de los cuatro confines de la tierra. [13]Y se disipará la envidia de Efraín, y los enemigos de Judá serán destruidos. Efraín no tendrá envidia de Judá, ni Judá afligirá a Efraín;" (Isaías 11:10-13)

h. Vendrá juicio sobre las naciones que le hicieron daño a Israel

"[24]Y pagaré a Babilonia y a todos los moradores de Caldea, todo el mal que ellos hicieron en Sion delante de vuestros ojos dice Jehová. [25]He aquí yo estoy contra ti, oh monte destruidor, dice Jehová, que destruiste toda la tierra; y extenderé mi

mano contra ti, y te haré rodar de las peñas, y te reduciré a monte quemado. [26]Y nadie tomará de ti piedra para esquina, ni piedra para cimiento; porque perpetuo asolamiento serás, ha dicho Jehová." (Jeremías 51:24-26)

"[30]Y Jehová hará oír su potente voz, y hará ver el descenso de su brazo, con furor de rostro y llama de fuego consumidor, con torbellino, tempestad y piedra de granizo. [31]Porque Asiria que hirió con vara, con la voz de Jehová será quebrantada." (Isaías 30:30-31)

i. Dios enviará un Mesías (ungido) o salvador que libertará a Israel de sus enemigos y reinará sobre todas las naciones de la tierra. Este reino será uno de justicia, amor y paz; también será luz y salvación para los gentiles y evidenciará su autoridad con milagros y señales nunca vistos.

"[6]Porque un niño nos es nacido, hijo nos es dado, y el principado sobre su hombro; y se llamará su nombre Admirable, Consejero, Dios Fuerte, Padre Eterno, Príncipe de Paz. [7]Lo dilatado de su imperio y la paz no tendrán límite, sobre el trono de David y sobre su reino, disponiéndolo y confirmándolo en juicio y en justicia desde ahora y para siempre. El celo de Jehová de los ejércitos hará esto." (Isaías 9:6-7)

"El Espíritu de Jehová el Señor está sobre mí, porque me ungió Jehová; me ha enviado a predicar buenas nuevas a los abatidos, a vendar a los quebrantados de corazón, a publicar libertad a los cautivos, y a los presos apertura de la cárcel; [2]a proclamar el año de la buena voluntad de Jehová, y el día de venganza del Dios nuestro; a consolar a todos los enlutados;" (Isaías 61:1-2)

"[6]Yo Jehová te he llamado en justicia, y te sostendré por la mano; te guardaré y te pondré por pacto al pueblo, por luz de las naciones, [7]para que abras los ojos de los ciegos, para que saques de la cárcel a los presos, y de casas de prisión a los que moran en tinieblas. [8]Yo Jehová; este es mi nombre; y a otro no daré mi gloria, ni mi alabanza a esculturas." (Isaías 42:6-8)

j. La profecía mesiánica se convierte en el centro de la profecía detallando todos los aspectos concernientes a las dos etapas de la llegada del Mesías: primero, como siervo sufriente para redimir al pueblo de sus pecados (el cordero que quita el pecado) y luego como el rey triunfante sobre Israel y todas las naciones.

"[3]Despreciado y desechado entre los hombres, varón de dolores, experimentado en quebranto; y como que escondimos de él el rostro, fue menospreciado, y no lo estimamos. [4]Ciertamente llevó él nuestras enfermedades, y sufrió nuestros dolores; y nosotros le tuvimos por azotado, por herido de Dios y abatido. [5]Mas él herido fue por nuestras rebeliones, molido por nuestros pecados; el castigo de nuestra paz fue sobre él, y por su llaga fuimos nosotros curados." (Isaías 53:3-5)

"[11]Verá el fruto de la aflicción de su alma, y quedará satisfecho; por su conocimiento justificará mi siervo justo a muchos, y llevará las iniquidades de ellos. [12]Por tanto, yo le daré parte con los grandes, y con los fuertes repartirá despojos; por cuanto derramó su vida hasta la muerte, y fue contado con los pecadores, habiendo él llevado el pecado de muchos, y orado por los transgresores." (Isaías 53:11-12)

4. Ubicación histórica y geográfica

a. El ministerio profético continuo comienza desde la época de los jueces con Samuel y los profetas orales o no literarios (Elías, Eliseo, Natán, Gad, Ahías, etc.). Estos no dejaron libros, pero según indicamos al principio, sus obras y palabras están documentadas en los libros de Samuel, Reyes y Crónicas.

b. Para comprender mejor el mensaje de cada profeta (sea este literario o no-literario), es necesario ubicarlo según la época de su ministerio (antes, durante o después del exilio), y de acuerdo con el reino o pueblo a quien profetizaron. La tabla siguiente nos ayuda a ubicar a los profetas literarios en términos históricos y geográficos.

A quién profetizaron	Antes del exilio	Durante el exilio en Babilonia	Posterior al exilio
Israel (Norte)	Amós, Oseas, Miqueas		
Judá (Sur)	Isaías, Joel, Miqueas, Habacuc, Sofonías, Jeremías	Ezequiel, Daniel, Jeremías	Zacarías, Hageo, Malaquías
Nínive	Jonás, Nahum		
Edom		Abdías	

c. El último de los profetas literarios es Malaquías, quien cierra el Antiguo Testamento anticipando la llegada futura del mesías (Jesús), y anunciando que su camino sería preparado por un mensajero (Juan, el Bautista).

"He aquí, yo envío mi mensajero, el cual preparará el camino delante de mí; y vendrá súbitamente a su templo el Señor a quien vosotros buscáis, y el ángel del pacto, a quien deseáis vosotros. He aquí viene, ha dicho Jehová de los ejércitos. 2¿Y quién podrá soportar el tiempo de su venida? ¿o quién podrá estar en pie cuando él se manifieste? Porque él es como fuego purificador, y como jabón de lavadores. 3Y se sentará para afinar y limpiar la plata; porque limpiará a los hijos de Leví, los afinará como a oro y como a plata, y traerán a Jehová ofrenda en justicia." (Malaquías 3:1-3)

d. Desde Malaquías hasta la llegada de Jesús, hay un período de tiempo de cerca de 400 años, que los estudiosos de la biblia llaman el tiempo de "silencio profético", debido a que en este tiempo no se levantó ningún otro profeta en Israel.

Después del exilio a Babilonia, al hablar del pueblo de Israel, no se limita a las diez tribus del norte, sino que se refiere a todos los que regresaron luego del exilio pertenecientes a todas las tribus.

e. Este período de tiempo de 400 años también se conoce como el período intertestamentario, siendo el puente entre el Antiguo y el Nuevo Testamento. En este período de tiempo, se prepara el escenario final para la llegada de Jesús, el Mesías, el hijo de Dios, para culminar el plan salvífico, en favor de la humanidad. Este será el tema de la próxima lección.

E. Preguntas de reflexión

1. El ministerio profético en este tiempo fue necesario porque los sacerdotes y pastores de Israel se corrompieron y no hicieron lo que Dios esperaba de ellos. Si nosotros como pastores y líderes de la iglesia no hiciéramos nuestra labor: ¿qué haría Dios al respecto?

2. Las ceremonias y sacrificios en el templo se volvieron rutinarios, sin devoción o arrepentimiento verdadero de parte de los sacerdotes y del pueblo. ¿Será posible que nuestra adoración en algún momento sea rutinaria, al punto que Dios pueda decir: "no me agrada"? ¿Qué debemos hacer al respecto?

3. ¿Será necesario en este tiempo, un ministerio profético que confronte al pueblo y a sus gobernantes con su pecado, y que llame al arrepentimiento?

4. Dios envió a hombres y mujeres a llevar un mensaje específico, a personas y pueblos específicos. ¿Estaremos como hijos de Dios alertas, y dispuestos a llevar la palabra de Dios a donde Él diga, y a quienes Él diga?

5. Al igual que profetas como Daniel y Jeremías, ¿estaremos dispuestos a enfrentar las consecuencias del servicio a Dios con tal de ser obedientes y firmes en nuestro testimonio? ¿Cuáles podrían ser las consecuencias en este tiempo?

6. ¿Por qué los profetas enfatizaban tanto la justicia social y la defensa de los pobres y oprimidos (e.j. Amós 5:24, Miqueas 6:8)?

F. Oración de cierre

Oremos para que Dios levante a hombres y mujeres que alcen su voz profética en este tiempo, llamando al pueblo al arrepentimiento, a la justicia, a la adoración sincera, y a un encuentro verdadero con el creador.

Lección 18:
El Período Intertestamentario
Preparando el escenario para el Mesías

A. Definiciones

- **Canon** – La palabra canon deriva del nombre griego "kanon", que significa "caña" o "vara"; también significa "norma" o "medida", que a su vez se deriva de la palabra hebrea "kaneh" que se utiliza a menudo como un estándar de medición. Por extensión, pasó a significar «la norma recta» o correcta y la lista de los documentos o conceptos que conforman dicha norma.
- **Canon bíblico** – El canon bíblico es el conjunto de libros que la tradición judeocristiana considera divinamente inspirados, y que constituyen la Biblia.

B. Texto clave (Malaquías 3:1)

"He aquí, yo envío mi mensajero, el cual preparará el camino delante de mí; y vendrá súbitamente a su templo el Señor a quien vosotros buscáis, y el ángel del pacto, a quien deseáis vosotros. He aquí viene, ha dicho Jehová de los ejércitos."

C. Introducción

Con el libro del profeta Malaquías se cierra el canon del Antiguo Testamento y comienza el tiempo de "silencio profético". Se trata de cerca de cuatrocientos años en que no se levantó ningún otro profeta reconocido como inspirado por Dios entre el pueblo judío. Este período de tiempo, que también se conoce como el período intertestamentario, culmina con la llegada y ministerio de Jesús de Nazaret. Es importante conocer los eventos políticos, religiosos y sociales que suceden en este período de tiempo. Estos eventos serán el trasfondo histórico que Dios usará para llevar a cabo su plan para la salvación de la humanidad: el nacimiento, ministerio, vida, muerte y resurrección de Jesús de Nazaret. El estudio de estos sucesos nos ayudará a entender que la llegada de Jesús no fue un accidente histórico, ni el resultado de eventos al azar, sino que Jesús vino al mundo en el tiempo preciso planificado por Dios.

D. Desarrollo de la lección

1. Cambios políticos

El pueblo de Judá siguió sometido a poderes extranjeros desde finales del siglo VII a.C. hasta el siglo II a.C., en que lograron independizarse por cerca de cien años (164 a.C. al 63 a.C.), tras librarse del dominio de Siria. En la lección número quince, hablamos un poco sobre los poderes extranjeros que dominaron a Judá, pero en esta lección entraremos en detalle. La secuencia de reinos extranjeros sobre Judá a partir del exilio es la siguiente:

a. **Imperio Babilónico** – desde el 605 a.C. (cuando Judá se convirtió en reino vasallo de Babilonia) hasta el 539 a.C.

b. **Imperio Medo-Persa** – desde el 539 a.C. (tras la conquista de Babilonia por Ciro el Persa) hasta el 333 a.C. Algunos de los gobernantes de este período de tiempo mencionados en la Biblia son Ciro, Darío y Artajerjes. Ya hemos hablado sobre como Dios utilizó a estos reyes en favor del pueblo judío.

c. **Imperio Greco-Macedonio** – desde el 332 a.C. (tras la conquista de palestina por Alejandro Magno) hasta la muerte de Alejandro en el 323 a.C.

   La lengua y la cultura griega (helenista) dominaron a partir de este momento en todo el mundo bajo el poder de Alejandro Magno y de sus sucesores, que iba desde la península griega hasta la frontera con India. Alejandro promovió una política de tolerancia hacia las distintas religiones de los países conquistados, no así algunos de sus sucesores.

d. **Sucesores de Alejandro Magno** – A la muerte de Alejandro Magno no había un sucesor viable para hacerse cargo del imperio. Luego de varias luchas y acuerdos políticos sus generales dividieron el imperio en cuatro regiones principales: Casandro (Grecia y Macedonia), Ptolomeo (Egipto), Seleuco (Siria y Asia oriental), y Lisímaco (Asia Menor y Tracia). Debido a la ubicación geográfica de Israel, con Siria en el norte y Egipto en el sur, Israel estuvo bajo el dominio de los siguientes reinos sucesores tras la muerte de Alejandro Magno:

   i. **Egipto:** bajo la dinastía de los Ptolomeos desde el 322 a.C. al 198 a.C. La última emperadora de los Ptolomeos fue la famosa Cleopatra.

ii. **Siria:** bajo la dinastía de los Seléucidas desde el 198 a.C. al 164 a.C. La mayoría de sus reyes tuvieron por nombre Antíoco.

Siria y Egipto siempre fueron enemigos, y el campo de batalla era el territorio ocupado por Israel, que se encontraba entre estas dos naciones. Se decía que este territorio estaba "entre el yunque y al martillo", por las luchas frecuentes entre estos reinos, por el control de la región que era clave para el comercio entre Asia y Europa. Finalmente, Siria se apoderó de la región.

El rey Antíoco IV Epífanes de Siria (cuyo reinado se extendió desde el 175 a.C. al 164 a.C.) promovió una política de mano dura y persecuciones contra los judíos en su deseo de imponer la cultura y religión griega. En este empeño, ordenó fuertes medidas en contra de la ley religiosa y tradiciones del pueblo judío. Sus acciones provocaron una revuelta que culminó con la independencia de Judá. Veamos algunas de estas medidas:

1. Prohibió el judaísmo suspendiendo toda clase de manifestación religiosa y el culto a Yahweh.

2. Ordenó que se comieran alimentos considerados impuros como el cerdo.

3. Trató de establecer el culto a los dioses griegos.

4. Estableció escuelas para enseñar la cultura y religión griega que fueron apoyadas por algunos sectores ricos de la población judía.

5. Establecieron juegos y deportes griegos en donde los jóvenes participaban desnudos, lo que era una abominación para los judíos.

6. Se establecieron baños públicos al estilo griego, en donde participaban desnudos hombres y mujeres (hombres y mujeres separados).

7. En el año 167 a. C. Antíoco IV, profanó el templo erigiendo un altar a Zeus y sacrificando cerdos, lo que se consideró la mayor de las abominaciones.

8. Esta acción detonó la rebelión del pueblo bajo el liderato de un sacerdote llamado Matatías y sus cinco hijos (conocidos como los Macabeos). Se cree que el nombre se origina de una palabra hebrea que significa "el martillo".

9. Tras tres años de lucha, los Macabeos lograron en el 164 a.C. reconquistar a Jerusalén, purificar el templo y restablecer el culto judío, evento que dio origen a la festividad de Janucá.

10. Esta victoria inició un período de independencia política que duraría unos cien años bajo la dinastía de los Asmoneos, descendientes de los Macabeos.

11. Estos hechos relacionados con la lucha del pueblo judío contra los sirios seléucidas son narrados en detalle en 1 de Macabeos, un libro que, aunque es de gran valor histórico, no es considerado canónico o inspirado, por la iglesia protestante.

e. **Independencia** – bajo los reyes Asmoneos, descendientes de los Macabeos (164 - 63 a.C.) En total hubo un total de siete reyes asmoneos, incluidos una mujer de nombre Salomé Alejandra. Los reyes asmoneos ejercían también como Sumo Sacerdote.

f. **Dominio Romano** – Una guerra civil entre los asmoneos Juan Hircano II y Aristóbulo II por el trono de Judá, resultó en la eventual dominación de **Roma** tras la caída de Jerusalén a manos del general Pompeyo, en el año 63 a.C. Veamos un resumen de los eventos principales de esta guerra y el resultado último del conflicto:

   i. Juan Hircano II era el heredero legítimo, pero su hermano Aristóbulo II le derrotó en batalla, y usurpó el trono.

   ii. Un idumeo llamado Antípater que había sido gobernador de la región de Edom al sur de Judá (Idumea era parte de Edom) bajo los Asmoneos, intervino a favor de Juan Hircano II, y consiguió el apoyo del general romano Pompeyo.

   iii. En este momento, los Asmoneos y Roma tenían un tratado de amistad y alianza que databa de alrededor del 161 a.C., pero Pompeyo vio la oportunidad de tomar el control total de la región.

   iv. En el año 63 a.C. el general Pompeyo entró triunfante en Jerusalén, depuso a Aristóbulo II, y dejó como líder nominal a Juan Hircano II. No obstante, quien realmente ejercía el poder era Antípater. Fue así como la región quedó definitivamente bajo el poder del imperio romano, hasta que fue conquistada por los musulmanes en el siglo VII d.C.

v. Antípater también consiguió el favor de los generales romanos Julio César, Marco Antonio y Octavio, logrando que nombraran a sus hijos Fasael y Herodes como tetrarcas de Jerusalén y Galilea, respectivamente.

vi. Los tetrarcas eran gobernantes regionales que respondían al rey, en este caso, Juan Hircano II. Herodes sería conocido más tarde como Herodes, el Grande.

vii. Todo parecía estar bajo control hasta que Roma se enfrascó en una guerra civil entre Pompeyo y Julio César en donde resultó vencedor Julio César (48 a.C.).

viii. Cuatro años más tarde de la victoria sobre Pompeyo, Julio César fue asesinado (44 a.C.) por un grupo de senadores romanos. Éstos temían que César estaba acumulando demasiado poder, y que podría convertirse en un monarca absoluto, destruyendo la República que era el sistema de gobierno de Roma.

ix. Aristóbulo II aprovechó la situación de inestabilidad política para hacer alianza con los partos (reino situado al este en lo que sería hoy Jordania y enemigo de Roma), e invadió Jerusalén para destronar a su hermano Juan Hircano II.

x. Herodes logró escapar de la invasión y se reunió en Roma con Marco Antonio y Octavio (quien se conocería más tarde como Augusto César y primer emperador romano), a quienes convenció de su lealtad, además de entregarles una buena suma de dinero.

xi. Marco Antonio y Octavio persuadieron al senado para que nombraran a Herodes rey de Judea, pero sería un rey vasallo de Roma, con el propósito de reconquistar la región y de mantener a raya al imperio parto.

xii. El senado romano le entregó un ejército, y con éste reconquistó la región en el 37 a.C., convirtiéndose en rey hasta su muerte.

xiii. El reino gobernado por Herodes el Grande fue conocido como el Reino de Judea.

xiv. Herodes expandió el Reino de Judea a través de conquistas militares y concesiones de territorio del emperador Augusto César, con quien mantuvo una estrecha relación.

xv. Para legitimar su derecho al trono como "judío" y "asmoneo" ante los judíos (Herodes era de raza árabe de Idumea) se casó con Mariana, nieta del rey asmoneo Juan Hircano II.

xvi. Herodes el Grande era el rey de Judea cuando nació Jesús, siendo aún emperador Augusto César.

xvii. Posteriormente hubo otros Herodes, descendientes de Herodes el Grande.

2. **Reinado de Herodes y la relación política entre judíos y romanos**

a. La historia bíblica y secular nos confirma que Herodes fue un rey cruel y sanguinario que no vaciló en matar esposas e hijos si sospechaba algún tipo de conspiración. En este sentido era paranoico. Sin embargo, la historia también indica que fue un político muy hábil, un gran estratega militar, así como un rey muy poderoso e influyente, que mantuvo el control en la región hasta su muerte. Herodes logró que sus hijos heredaran su reino, el cual a su muerte se dividió en tres regiones: Judea, Samaria y Galilea, cada una bajo el mandato de uno de sus hijos: Herodes Arquelao, Herodes Antipas y Herodes Felipe, respectivamente, quienes son mencionados en el Nuevo Testamento.

b. Herodes, conociendo la religión y costumbres judías, logró convencer a los romanos para que no cometiesen los mismos errores que Siria cuando gobernaba Judea. Les convenció de que, si no intervenían en los asuntos religiosos, ni intentaban imponer el paganismo, él podría mantener la paz entre el pueblo y el apoyo de los sectores ricos. Fue así como Herodes logró un estatus especial para los judíos dentro del imperio romano con ciertas concesiones únicas de los judíos:

i. La religión judía se reconoció como una religión legal. Esta fue la razón por la que los primeros cristianos no fueron perseguidos por los romanos, ya que en un principio, el cristianismo se consideraba una secta dentro del judaísmo. Una vez el cristianismo trascendió más allá de los judíos a los gentiles, entonces los judíos los denunciaron como una secta ilegal exigiendo al gobierno romano su persecución por ser "herejes".

ii. Se les concedió un alto grado de autonomía para atender sus asuntos civiles y religiosos a través del sumo sacerdote y el sanedrín, respetando así sus leyes y costumbres religiosas, pero bajo la supervisión del imperio.

El sanedrín era un cuerpo compuesto por 71 miembros incluyendo al sumo sacerdote, ancianos y escribas que funcionaba como tribunal supremo y consejo legislativo. Sus funciones incluían la interpretación y aplicación de la ley judía, la resolución de disputas religiosas y civiles, y la toma de decisiones sobre asuntos de gran importancia para la comunidad judía. Su origen data del siglo III a.C. hasta su disolución en el siglo V d.C.

iii. Podían cobrar tributos para el templo, a la misma vez que pagaban tributo a los romanos.

iv. Estaban exentos del servicio militar en el ejército romano.

v. Los soldados romanos podían exigir a los civiles que trabajaran para ellos en determinadas circunstancias, pero los judíos estaban exentos de hacerlo si era día de reposo (sábado).

vi. Podían tener su propia seguridad y guardias para custodiar el templo.

c. Fue un rey muy poderoso en la región que, con su ejército mantuvo a raya a los enemigos de Roma, especialmente al emergente imperio de los partos, cuando Roma aún estaba consolidando su poder en la región.

d. Hizo grandes obras y proyectos que trajeron riqueza y esplendor a la región, entre ellos, palacios como Masada y Herodión, la Fortaleza Antonia en Jerusalén (lugar donde Jesús fue juzgado por Pilato), y el palacio de Jerusalén. Además, fundó nuevos pueblos y construyó la ciudad de Cesarea con su impresionante puerto y estructuras al estilo de las grandes ciudades romanas. La nombró Cesarea en honor a Augusto César. No obstante, su mayor y más esplendorosa obra fue el templo de Jerusalén, el cual construyó para congraciarse con los judíos. Este templo fue una expansión y remodelación del segundo templo (el templo de Zorobabel). La obra de construcción se extendió por cuarenta y seis años. Éste fue el templo en el tiempo de Jesús.

e. En resumen, Herodes trajo un período de paz y prosperidad económica a la región, pero a costa de una política implacable de represión, violencia, y mano dura contra todo lo que tuviera apariencia de rebelión. Es por esto que, aunque la historia secular no registra la matanza de los niños en el tiempo del nacimiento de Jesús, el historial de Herodes no deja dudas de que éste fué un hecho histórico tal y como está registrado en el evangelio según San Mateo.

3. Cambios religiosos y sociales

Las instituciones religiosas que vemos en el Nuevo Testamento tomaron forma a partir del exilio, y se desarrollaron en los siglos subsiguientes. Durante el reinado de los Asmoneos, ya libres de la influencia de gobiernos extranjeros, las instituciones judías tomaron fuerza en el diario vivir del pueblo.

a. Ante la falta del templo, la sinagoga surgió durante la época del exilio como la institución dedicada al estudio de las escrituras, culto público, enseñanza y oración. A partir del exilio, las sinagogas proliferaron en el mundo antiguo entre los pueblos y ciudades de la diáspora judía. Una sinagoga se constituía cuando había por lo menos diez varones adultos para establecerla.

b. Surgió el culto rival en Samaria con el Pentateuco como única base escritural. Según explicado anteriormente, los asirios deportaron a gran parte de la población del reino de Israel en el norte tras la conquista de Samaria, y trajeron colonos que se mezclaron con los israelitas remanentes en la región, creando una raza mestiza despreciada por los judíos.

c. Se formalizó el poder del Sanedrín que regía los aspectos civiles y religiosos bajo la supervisión de Roma. Durante el tiempo del Nuevo Testamento el sanedrín era un grupo aristocrático alineado con Roma debido a sus intereses económicos. La mayor parte de sus miembros pertenecían a la secta de los saduceos.

d. El judaísmo del tiempo de Jesús estaba en deterioro. Dios no podía dejar que se deteriorara a tal nivel que el plan de la salvación no pudiera ejecutarse. Por eso, en el discurso de Jesús se plantea, que "nadie echa el vino nuevo en un odre viejo", refiriéndose al judaísmo como el odre viejo y a su revelación como el vino nuevo.

e. En el tiempo de los reyes asmoneos surgieron los grupos religiosos y políticos que vemos en acción en el Nuevo Testamento, a saber:

   i. Saduceos – clase sacerdotal aristocrática con intereses económicos acomodaticios a Roma que aceptaban influencias culturales externas. Eran el sector liberal del judaísmo. Cumplían con la letra de la ley, pero negaban los aspectos sobrenaturales como la resurrección, los ángeles y los milagros. Este grupo constituía la mayoría de los miembros del Sanedrín, y eran los administradores de las riquezas del templo. En el tiempo de Jesús, el Sumo Sacerdote pertenecía a los saduceos.

   ii. Fariseos – sector legalista y conservador del judaísmo que puso las tradiciones e interpretaciones de la ley por encima del espíritu de ésta. En el tiempo de Jesús, apenas se involucraban en cuestiones políticas, aunque eran mayormente patriotas y anti-romanos pues se oponían a toda influencia extranjera. Eran extremadamente inflexibles en cuanto al cumplimiento literal de la ley y de las tradiciones de los ancianos.

   iii. Escribas – copistas de las Escrituras y profundamente versados en la Ley de Moisés, por lo que eran respetados y considerados maestros y abogados. No se involucraban en política. La mayoría de los escribas pertenecían a los fariseos.

iv. Esenios – secta judía que se distinguió por su vida ascética, su énfasis en la pureza, y su preparación para el fin de los tiempos. Dejaron un legado importante a través de los Manuscritos del Mar Muerto (hallados en las cuevas de Qunrám). Vivían en comunas monásticas separadas del resto de la comunidad entregados al estudio, escritura e interpretación de la ley y los profetas. Esperaban la llegada del Mesías, y estaban convencidos de que el final de los tiempos era inminente. Los esenios no se mencionan en el Nuevo Testamento, pero se sabe de su existencia a través de sus escritos y descubrimientos arqueológicos. Se establecieron en Qumrám, un sector en el desierto cerca del Mar Muerto luego de abandonar a Jerusalén por la corrupción del templo. Algunos estudiosos creen que Juan el Bautista era esenio, o que por lo menos vivió entre ellos.

v. Zelotes y Sicarios – extremistas religiosos y nacionalistas que organizaron guerrillas armadas con la intención de derrocar al imperio romano y restaurar la independencia de Judá. También esperaban ansiosos la llegada del Mesías libertador. Antes y después de Jesús surgieron personas de estos grupos que reclamaban ser el Mesías. Algunos formaron ejércitos para luchar contra los romanos. Todos los intentos de estos grupos por derrocar a los romanos por la fuerza fueron aplastados. Uno de los discípulos de Jesús, Simón, el Zelote, perteneció a estos grupos.

vi. Herodianos – apoyaban a la dinastía de Herodes y a sus sucesores, a diferencia de los zelotes y otros grupos judíos que se oponían al dominio romano. Los herodianos apoyaban la administración romana y la preservación del poder de la dinastía herodiana en el contexto del control romano sobre la región. Por estas razones se presentaban como enemigos de Jesús.

vii. Publicanos – eran los responsables de recaudar los impuestos para el gobierno romano. Desempeñaban un rol administrativo importante para el imperio, pero eran despreciados por la población local debido a su asociación con la corrupción, y la opresión romana. Debido a esto, eran considerados impuros, y estaban excluidos de la vida religiosa y comunitaria judía. Mateo, uno del grupo de los doce discípulos de Jesús era publicano.

4. **Factores ideales para la llegada del Mesías y futura extensión de la iglesia cristiana creados durante el período intertestamentario**

a. El mundo conocido estaba bajo un solo gobierno: el imperio romano, lo que trajo un período de estabilidad política y social en la mayor parte del mundo conocido.

b. Un período extenso de paz desde el 27 a.C. con el comienzo del reinado de Augusto César hasta el 180 d.C. Este período se conoció como la "Pax Romana" en donde hubo ausencia de grandes guerras externas, lo que facilitó la propagación del evangelio.

c. Un lenguaje común en todo el imperio: el griego, que facilitó el llevar el mensaje del evangelio por todo el mundo conocido en África, Asia, Europa Oriental y Europa Occidental.

d. El Antiguo Testamento traducido al griego para beneficio de los judíos de la diáspora y de los gentiles.

e. Un sistema de carreteras y transportación marítima que permitió el libre movimiento de los misioneros a través del imperio. Se decía que "todos los caminos conducen a Roma".

f. Sinagogas judías establecidas en cada ciudad. Según vemos en el libro de los Hechos, cuando los apóstoles y misioneros llegaban a una ciudad, el primer sitio donde predicaban era en la sinagoga; así que de las sinagogas surgían las primeras iglesias y líderes.

g. Expectación mesiánica (esperando la llegada del Mesías) para ser libres de la opresión romana. Esta expectación fue alimentada por los años de silencio profético, la opresión romana, sectas religiosas, y los grupos revolucionarios.

Todos estos factores facilitaron el que el Evangelio de Jesús se esparciera por todo el imperio romano en menos de un siglo demostrando que Dios preparó el escenario para la llegada de Jesús en el tiempo preciso, según su plan maestro para la redención de la humanidad. En su soberanía, Dios utilizó los eventos de la historia para hacer cumplir sus planes y propósitos, según fueron predichos por sus siervos los profetas en el Antiguo Testamento.

E. Preguntas de reflexión

1. ¿Qué significa para nuestro diario vivir como creyentes, el saber que Dios es soberano, y que tiene pleno control de la historia?

2. Hemos visto varios factores que fueron favorables para la rápida expansión de la Iglesia en su primer siglo de vida. ¿Qué factores vemos en este tiempo que deben ayudarnos para que la Iglesia haga su trabajo evangelístico y misionero?

   a. Tecnología y comunicaciones

   b. Rápidos medios de transporte

   c. Diversidad cultural y globalización

   d. Necesidad de un mensaje de esperanza ante el fracaso de los gobiernos humanos

3. Los intereses económicos y las luchas de poder afectaron adversamente al sacerdocio y al pueblo de Israel a través de su historia. Hoy, al igual que en aquel tiempo, hemos visto situaciones en donde la corrupción y las luchas de poder también han alcanzado a sectores de la Iglesia. ¿Cómo se afecta la imagen de la Iglesia y su funcionamiento cuando surgen situaciones de corrupción y conflictos de liderato?

4. El pueblo judío mostró distintas formas de resistencia ante la influencia de prácticas y filosofías externas que pretendían contaminar su fe. ¿Qué influencias negativas vemos en este tiempo que quieren infiltrarse en la Iglesia cristiana? ¿Cómo podemos hacer frente y resistir estos intentos?

F. Oración de cierre

Oremos para que, en medio de los cambios políticos y sociales de este tiempo, podamos reconocer que vivimos un momento histórico y crucial para la propagación del Evangelio de Jesucristo. Oremos para que la Iglesia se mantenga íntegra y resista ante las presiones externas que quieran contaminar nuestra fe.

Lección 19:
Jesús y las Profecías Mesiánicas

A. Texto clave (Juan 5:39)

"[39]Escudriñad las Escrituras; porque a vosotros os parece que en ellas tenéis la vida eterna; y ellas son las que dan testimonio de mí;"

B. Introducción

1. El Antiguo Testamento anuncia y prepara el camino al mesías, mientras que el Nuevo Testamento es el testimonio de su llegada. En otras palabras, el Nuevo Testamento confirma del cumplimiento de las verdades proféticas y salvadoras contenidas en el Antiguo Testamento. Al llegar al Nuevo Testamento somos testigos de la ejecución del plan de Dios para salvar al ser humano por medio de Jesucristo. Jesús mismo afirmó que Él era el cumplimiento de las profecías al declarar:

Luego de su resurrección a los caminantes de Emmaús
"[44]Y les dijo: Estas son las palabras que os hablé, estando aún con vosotros: que era necesario que se cumpliese todo lo que está escrito de mí en la ley de Moisés, en los profetas y en los salmos." (Lucas 24:44)

"[26]¿No era necesario que el Cristo padeciera estas cosas, y que entrara en su gloria? [27]Y comenzando desde Moisés, y siguiendo por todos los profetas, les declaraba en todas las Escrituras lo que de él decían." (Lucas 24:26-27)

2. Aún antes de su muerte Jesús dijo a sus discípulos que todo lo que iba a acontecerle era necesario para que se cumpliesen las Escrituras.

En la última cena

"[24]A la verdad el Hijo del Hombre va, según está escrito de él, ¡mas! ay de aquel hombre por quien el Hijo del Hombre es entregado! Bueno le fuera a ese hombre no haber nacido." (Mateo 26:24)

Al ser arrestado

"[53]¿Acaso piensas que no puedo ahora orar a mi Padre, y que él no me daría más de doce legiones de ángeles? [54]Pero ¿cómo entonces se cumplirían las Escrituras, de que es necesario que así se haga?" (Mateo 26:53-54)

3. Asimismo, los apóstoles enseñaron que el nacimiento, ministerio, muerte y resurrección de Jesús, ocurrieron de acuerdo y conforme con las Escrituras. De hecho, el cumplimiento de las profecías y el testimonio de su resurrección eran la evidencia presentada por los discípulos para demostrar que Jesús era el mesías esperado.

Pedro a los judíos el día de Pentecostés

"[29]Varones hermanos, se os puede decir libremente del patriarca David, que murió y fue sepultado, y su sepulcro está con nosotros hasta

el día de hoy. [30]Pero siendo profeta, y sabiendo que con juramento Dios le había jurado que de su descendencia, en cuanto a la carne, levantaría al Cristo para que se sentase en su trono, [31]viéndolo antes, habló de la resurrección de Cristo, que su alma no fue dejada en el Hades, ni su carne vio corrupción. [32]A este Jesús resucitó Dios, de lo cual todos nosotros somos testigos." (Hechos 2:29-32)

Pablo a los judíos en Tesalónica

"[2]Y Pablo, como acostumbraba, fue a ellos, y por tres días de reposo discutió con ellos, [3]declarando y exponiendo por medio de las Escrituras, que era necesario que el Cristo padeciese, y resucitase de los muertos; y que Jesús, a quien yo os anuncio, decía él, es el Cristo." (Hechos 17:2-3)

Apolos a los judíos en Éfeso

"[27]Y queriendo él pasar a Acaya, los hermanos le animaron, y escribieron a los discípulos que le recibiesen; y llegado él allá, fue de gran provecho a los que por la gracia habían creído; [28]porque con gran vehemencia refutaba públicamente a los judíos, demostrando por las Escrituras que Jesús era el Cristo." (Hechos 18:27-28)

Esteban en su defensa ante los judíos

"[52]¿A cuál de los profetas no persiguieron vuestros padres? Y mataron a los que anunciaron de antemano la venida del Justo, de quien vosotros ahora habéis sido entregadores y matadores;" (Hechos 7:52)

4. En esta lección discutiremos la importancia de las profecías mesiánicas, y citaremos varias de éstas con el propósito de alimentar nuestra fe, confirmando a través de las Escrituras que Jesús es el Cristo, el Ungido de Dios.

C. Desarrollo de la lección

1. Importancia de las profecías mesiánicas

a. **¿Qué es la profecía mesiánica?**

La profecía mesiánica es uno de los fundamentos más impresionantes de la fe cristiana. Se refiere a las predicciones y anuncios en el Antiguo Testamento sobre la llegada de un Mesías, un salvador, el Ungido por Dios, esperado por los judíos, y que se cumplen en Jesucristo. Estas profecías, pronunciadas siglos antes de su cumplimiento, describen varias características y acontecimientos asociados con el Mesías incluyendo su linaje, lugar de nacimiento, ministerio, sufrimiento, muerte y resurrección.

b. **Confirmación de la Veracidad de las Escrituras**

La profecía mesiánica confirma la veracidad y fiabilidad de las Escrituras. Las numerosas profecías del Antiguo Testamento, que se cumplen en la vida, muerte y resurrección de Jesús, demuestran que la Biblia es coherente, y que sus escritos proféticos tienen cumplimiento en la historia. Este cumplimiento específico de las profecías refuerza que la Biblia es inspirada por Dios, y que su mensaje es verdadero y digno de confianza.

c. **Validación de la Identidad de Jesús como el Mesías**

Las profecías mesiánicas validan a Jesús como el Mesías prometido por Dios. Los evangelios presentan a Jesús cumpliendo estas profecías de manera específica, demostrando que él es el Ungido de Dios, el Salvador del mundo. Esto no solo autentica su ministerio, sino que también proporciona una base sólida para la fe cristiana, al mostrar que Jesús es quien dijo ser.

d. **Establecimiento de la Continuidad entre el Antiguo y Nuevo Testamento**

La profecía mesiánica establece una continuidad entre el Antiguo y el Nuevo Testamento. Las promesas hechas a los patriarcas y profetas del Antiguo Testamento encuentran su cumplimiento en el Nuevo Testamento a través de Jesús. Esto muestra la unidad de la revelación divina y el plan redentor de Dios a lo largo de la historia.

e. **Refuerzo de la Fe y la Esperanza en la Salvación**

Las profecías mesiánicas refuerzan la fe y la esperanza de los creyentes en la salvación a través de Jesús. Saber que Dios prometió un Mesías, y cumplió esa promesa en Jesús, da confianza a los creyentes de que Dios es fiel, y que sus promesas de redención y vida eterna son seguras. Esto nos motiva a confiar en Dios y vivir una vida de fe y obediencia. No solo esto, sino que nos da fe y esperanza de que, si las profecías concernientes a su primera venida se cumplieron, de la misma forma las profecías que tienen que ver con su regreso también se cumplirán.

f. **Provisión de un Modelo de Vida y Ministerio**

Las profecías mesiánicas proporcionan un modelo para el ministerio y vida de Jesús, que a su vez es un modelo para los cristianos. Las descripciones proféticas del carácter, sufrimiento y misión del Mesías guían a los creyentes en cómo deben vivir, sufrir por la justicia, y cumplir su misión en el mundo, siguiendo el ejemplo de Jesús.

En resumen, la profecía mesiánica en Jesús es crucial para la confirmación de la veracidad de las Escrituras, la validación de la identidad de Jesús como el Mesías, el establecimiento de la continuidad entre el Antiguo y el Nuevo Testamento, el refuerzo de la fe y la esperanza en la salvación, y la provisión de un modelo de vida y ministerio para los creyentes. ¡Aleluya!

2. **Principales profecías mesiánicas cumplidas en el Nuevo Testamento en la persona de Jesucristo**

Tema	Profecía	Cumplimiento en Jesucristo
El Mesías sería simiente de la mujer	Y pondré enemistad entre ti y la mujer, y entre tu simiente y la simiente suya; esta te herirá en la cabeza, y tú le herirás en el calcañar. *Génesis 3:15*	Pero cuando vino el cumplimiento del tiempo, Dios envió a su Hijo, nacido de mujer y nacido bajo la ley, *Gálatas 4:4*
El Mesías sería Descendiente de Abraham	Bendeciré a los que te bendijeren, y a los que te maldijeren maldeciré; y serán benditas en ti todas las familias de la tierra. *Génesis 12:3* En tu simiente serán benditas todas las naciones de la tierra, por cuanto obedeciste a mi voz. *Génesis 22:18*	Libro de la genealogía de Jesucristo, hijo de David, hijo de Abraham. *Mateo 1:1* Ahora bien, a Abraham fueron hechas las promesas, y a su simiente. No dice: Y a las simientes, como si hablase de muchos, sino como de uno: Y a tu simiente, la cual es Cristo. *Gálatas 3:16*

		Vosotros sois los hijos de los profetas, y del pacto que Dios hizo con nuestros padres, diciendo a Abraham: En tu simiente serán benditas todas las familias de la tierra. *Hechos 3:25*
El Mesías sería de la tribu de Judá	No será quitado el cetro de Judá, ni el legislador de entre sus pies, hasta que venga Siloh; Y a él se congregarán los pueblos. *Génesis 49:10*	hijo de Aminadab, hijo de Aram, hijo de Esrom, hijo de Fares, hijo de Judá, *Lucas 3:33*
El Mesías sería heredero al trono de David	Lo dilatado de su imperio y la paz no tendrán límite, sobre el trono de David y sobre su reino, disponiéndolo y confirmándolo en juicio y en justicia desde ahora y para siempre. El celo de Jehová de los ejércitos hará esto. *Isaías 9:7*	Este será grande, y será llamado Hijo del Altísimo; y el Señor Dios le dará el trono de David su padre; y reinará sobre la casa de Jacob para siempre, y su reino no tendrá fin. *Lucas 1:32-33*
El Mesías nacería en Belén de Judea	Pero tú, Belén Efrata, pequeña para estar entre las familias de Judá, de ti me saldrá el que será Señor en Israel; y sus salidas son desde el principio, desde los días de la eternidad. *Miqueas 5:2*	Cuando Jesús nació en Belén de Judea en días del rey Herodes, vinieron del oriente a Jerusalén unos magos. *Mateo 2:1* Y José subió de Galilea, de la ciudad de Nazaret, a Judea, a la ciudad de David, que se llama Belén, por cuanto era de la casa y familia de David; *Lucas 2:4*

El Mesías ostentaría títulos divinos	Porque un niño nos es nacido, hijo nos es dado, y el principado sobre su hombro; y se llamará su nombre Admirable, Consejero, Dios Fuerte, Padre Eterno, Príncipe de Paz. *Isaías 9:6*	...Y ahora, concebirás en tu vientre, y darás a luz un hijo, y llamarás su nombre Jesús. Este será grande, y será llamado Hijo del Altísimo; y el Señor Dios le dará el trono de David su padre; y reinará sobre la casa de Jacob para siempre, y su reino no tendrá fin. *Lucas 1:31-32* Y dará a luz un hijo, y llamarás su nombre JESÚS, porque él salvará a su pueblo de sus pecados. Todo esto aconteció para que se cumpliese lo dicho por el Señor por medio del profeta, cuando dijo: He aquí, una virgen concebirá y dará a luz un hijo, y llamarás su nombre Emanuel, que traducido es: Dios con nosotros. *Mateo 1:21-23*
El Mesías nacería de una virgen	Por tanto, el Señor mismo os dará señal: He aquí que la virgen concebirá, y dará a luz un hijo, y llamará su nombre Emanuel. *Isaías 7:14*	El nacimiento de Jesucristo fue así: Estando desposada María su madre con José, antes que se juntasen, se halló que había concebido del Espíritu Santo. *Mateo 1:18;* *Mateo 1:21-23*
El Mesías sería precedido por un precursor	He aquí, yo envío mi mensajero, el cual preparará el camino delante de mí; y vendrá súbitamente a su templo	Mas ¿qué salisteis a ver? ¿A un profeta? Sí, os digo, y más que profeta. Este es de quien está escrito: He aquí, envío mi mensajero

	el Señor a quien vosotros buscáis, y el ángel del pacto, a quien deseáis vosotros. He aquí viene, ha dicho Jehová de los ejércitos. *Malaquías 3:1-3*	delante de tu faz, El cual preparará tu camino delante de ti. *Lucas 7:26-27*
El precursor prepararía el camino	Voz que clama en el desierto: Preparad camino a Jehová; enderezad calzada en la soledad a nuestro Dios. Todo valle sea alzado, y bájese todo monte y collado; y lo torcido se enderece, y lo áspero se allane. Y se manifestará la gloria de Jehová, y toda carne juntamente la verá; porque la boca de Jehová ha hablado. *Isaías 40:3*	Le dijeron: ¿Pues quién eres? para que demos respuesta a los que nos enviaron. ¿Qué dices de ti mismo? Dijo: Yo soy la voz de uno que clama en el desierto: Enderezad el camino del Señor, como dijo el profeta Isaías. *Juan 1:22-23*
El precursor vendría en el espíritu de Elías	He aquí, yo os envío el profeta Elías, antes que venga el día de Jehová, grande y terrible. El hará volver el corazón de los padres hacia los hijos, y el corazón de los hijos hacia los padres, no sea que yo venga y hiera la tierra con maldición. *Malaquías 4:5-6*	Porque todos los profetas y la ley profetizaron hasta Juan. Y si queréis recibirlo, él es aquel Elías que había de venir. *Mateo 11:13-14* Respondiendo Jesús, les dijo: A la verdad, Elías viene primero, y restaurará todas las cosas. Mas os digo que Elías ya vino, y no le conocieron, sino que hicieron con él todo lo que quisieron; así también el Hijo del Hombre padecerá de ellos. Entonces los

		discípulos comprendieron que les había hablado de Juan el Bautista. *Mateo 17:11-13*
El Mesías llevaría luz a Galilea	Mas no habrá siempre oscuridad para la que está ahora en angustia, tal como la aflicción que le vino en el tiempo que livianamente tocaron la primera vez a la tierra de Zabulón y a la tierra de Neftalí; pues al fin llenará de gloria el camino del mar, de aquel lado del Jordán, en Galilea de los gentiles. El pueblo que andaba en tinieblas vio gran luz; los que moraban en tierra de sombra de muerte, luz resplandeció sobre ellos. *Isaías 9:1-2*	...y dejando a Nazaret, Cuando Jesús oyó que Juan estaba preso, volvió a Galilea; y dejando a Nazaret, vino y habitó en Capernaum, ciudad marítima, en la región de Zabulón y de Neftalí, para que se cumpliese lo dicho por el profeta Isaías, cuando dijo: Tierra de Zabulón y tierra de Neftalí, Camino del mar, al otro lado del Jordán, Galilea de los gentiles; El pueblo asentado en tinieblas vio gran luz; Y a los asentados en región de sombra de muerte, Luz les resplandeció. *Mateo 4:13-16*
El Mesías proclamaría buenas nuevas a los quebrantados de corazón	El Espíritu de Jehová el Señor está sobre mí, porque me ungió Jehová; me ha enviado a predicar buenas nuevas a los abatidos, a vendar a los quebrantados de corazón, a publicar libertad a los cautivos, y a los presos apertura de la cárcel; a proclamar el año de la buena voluntad de Jehová, y el día de venganza del Dios nuestro; a consolar	Y se le dio el libro del profeta Isaías; y habiendo abierto el libro, halló el lugar donde estaba escrito: El Espíritu del Señor está sobre mí, Por cuanto me ha ungido para dar buenas nuevas a los pobres; Me ha enviado a sanar a los quebrantados de corazón; A pregonar libertad a los cautivos, Y vista a los ciegos; A poner en libertad a los oprimidos; A predicar

	a todos los enlutados; *Isaías 61:1-2*	el año agradable del Señor. Y enrollando el libro, lo dio al ministro, y se sentó; y los ojos de todos en la sinagoga estaban fijos en él. Y comenzó a decirles: Hoy se ha cumplido esta Escritura delante de vosotros. *Lucas 4:17-21*
El Mesías haría milagros de sanidad	Decid a los de corazón apocado: Esforzaos, no temáis; he aquí que vuestro Dios viene con retribución, con pago; Dios mismo vendrá, y os salvará. Entonces los ojos de los ciegos serán abiertos, y los oídos de los sordos se abrirán. Entonces el cojo saltará como un ciervo, y cantará la lengua del mudo; porque aguas serán cavadas en el desierto, y torrentes en la soledad. *Isaías 35:4-6*	En esa misma hora sanó a muchos de enfermedades y plagas, y de espíritus malos, y a muchos ciegos les dio la vista. Y respondiendo Jesús, les dijo: Id, haced saber a Juan lo que habéis visto y oído: los ciegos ven, los cojos andan, los leprosos son limpiados, los sordos oyen, los muertos son resucitados, y a los pobres es anunciado el evangelio; y bienaventurado es aquel que no halle tropiezo en mí. *Lucas 7:21-23*
El Mesías entraría triunfante a Jerusalén sobre un pollino	Alégrate mucho, hija de Sion; da voces de júbilo, hija de Jerusalén; he aquí tu rey vendrá a ti, justo y salvador, humilde, y cabalgando sobre un asno, sobre un pollino hijo de asna. *Zacarías 9:9*	El siguiente día, grandes multitudes que habían venido a la fiesta, al oír que Jesús venía a Jerusalén, tomaron ramas de palmera y salieron a recibirle, y clamaban: ¡Hosanna! ¡Bendito el que viene en el nombre del Señor, el Rey de Israel! Y halló Jesús un asnillo, y montó sobre él,

		como está escrito: No temas, hija de Sion; He aquí tu Rey viene, Montado sobre un pollino de asna. *Mateo 12:12-15*
El Mesías sería traicionado por un amigo	Aun el hombre de mi paz, en quien yo confiaba, el que de mi pan comía, Alzó contra mí el calcañar. *Salmo 41:9*	No hablo de todos vosotros; yo sé a quienes he elegido; mas para que se cumpla la Escritura: El que come pan conmigo, levantó contra mí su calcañar. *Juan 13:18*
El Mesías sería vendido por 30 piezas de plata	Y les dije: Si os parece bien, dadme mi salario; y si no, dejadlo. Y pesaron por mi salario treinta piezas de plata. *Zacarías 11:12*	Entonces uno de los doce, que se llamaba Judas Iscariote, fue a los principales sacerdotes, y les dijo: ¿Qué me queréis dar, y yo os lo entregaré? Y ellos le asignaron treinta piezas de plata. Y desde entonces buscaba oportunidad para entregarle. *Mateo 26:14-16*
El Mesías sería traspasado	Y derramaré sobre la casa de David, y sobre los moradores de Jerusalén, espíritu de gracia y de oración; y mirarán a mí, a quien traspasaron, y llorarán como se llora por hijo unigénito, afligiéndose por él como quien se aflige por el primogénito. *Zacarías 12:10*	Pero uno de los soldados le abrió el costado con una lanza, y al instante salió sangre y agua. *Juan 19:34* Luego dijo a Tomás: Pon aquí tu dedo, y mira mis manos; y acerca tu mano, y métela en mi costado; y no seas incrédulo, sino creyente. *Juan 20:27*

Ningún hueso suyo sería quebrado	El guarda todos sus huesos; Ni uno de ellos será quebrantado. *Salmo 34:20*	Vinieron, pues, los soldados, y quebraron las piernas al primero, y asimismo al otro que había sido crucificado con él. Mas cuando llegaron a Jesús, como le vieron ya muerto, no le quebraron las piernas. Porque estas cosas sucedieron para que se cumpliese la Escritura: No será quebrado hueso suyo. *Juan 19:32,33,36*
La vida sería quitada al Mesías	Y después de las sesenta y dos semanas se quitará la vida al Mesías, mas no por sí; *Daniel 9:26a*	Entonces Jesús, clamando a gran voz, dijo: Padre, en tus manos encomiendo mi espíritu. Y habiendo dicho esto, expiró. *Lucas 23:46*
El Mesías sería resucitado	Porque no dejarás mi alma en el Seol, Ni permitirás que tu santo vea corrupción. *Salmo 16:10* Pero Dios redimirá mi vida del poder del Seol, Porque él me tomará consigo. *Salmo 49:15*	Aconteció que estando ellas perplejas por esto, he aquí se pararon junto a ellas dos varones con vestiduras resplandecientes; y como tuvieron temor, y bajaron el rostro a tierra, les dijeron: ¿Por qué buscáis entre los muertos al que vive? No está aquí, sino que ha resucitado. *Lucas 24:4-6*

3. El Salmo 22 e Isaías 53

La tabla que hemos presentado es realmente impresionante cuando consideramos lo específico de su cumplimiento y que la distancia entre las profecías y su consumación es de no menos de quinientos años. Sin embargo, hay dos pasajes del Antiguo Testamento que ilustran de manera sumamente dramática y precisa, los eventos relacionados con la pasión, muerte y resurrección de Jesús: el Salmo 22 (escrito cerca del siglo X a.C.) e Isaías 53 (escrito cerca del siglo VIII a.C.). Cuando leemos estos pasajes es como si hubiesen sido escritos en el siglo I por un testigo ocular de la pasión y muerte de Jesús, lo que es testimonio fehaciente de que los profetas de Dios hablaron por inspiración del Espíritu Santo.

Salmo 22

Versículo	Cumplimiento
1 Dios mío, Dios mío, ¿por qué me has desamparado?	**Una de las siete expresiones de Jesús en la cruz** Cerca de la hora novena, Jesús clamó a gran voz, diciendo: Elí, Elí, ¿lama sabactani? Esto es: Dios mío, Dios mío, ¿por qué me has desamparado? *Mateo 27:46*
7 Todos los que me ven me escarnecen; Estiran la boca, menean la cabeza, diciendo:	**Injuriado por el pueblo** Y los que pasaban le injuriaban, meneando la cabeza, *Mateo 27:39*

[8]*Se encomendó a Jehová; líbrele él; Sálvele, puesto que en él se complacía.*	De esta manera también los principales sacerdotes, escarneciéndole con los escribas y los fariseos y los ancianos, decían: A otros salvó, a sí mismo no se puede salvar; si es el Rey de Israel, descienda ahora de la cruz, y creeremos en él. Confió en Dios; líbrele ahora si le quiere; porque ha dicho: Soy Hijo de Dios. *Mateo 27:41-43*
[13]*Abrieron sobre mí su boca como león rapaz y rugiente.*	**Testigos falsos y acusaciones** Y los principales sacerdotes y los ancianos y todo el concilio, buscaban falso testimonio contra Jesús, para entregarle a la muerte, y no lo hallaron, aunque muchos testigos falsos se presentaban. Pero al fin vinieron dos testigos falsos, que dijeron: Este dijo: Puedo derribar el templo de Dios, y en tres días reedificarlo. *Mateo 26:59-61*
[14a]*He sido derramado como aguas,*	**Hemorragia a causa de las heridas** Pero uno de los soldados le abrió el costado con una lanza, y al instante salió sangre y agua. Y el que lo vio da testimonio, y su testimonio es verdadero; y él sabe que dice verdad, para que vosotros también creáis. *Juan 19:34-35*
[14b]*Y todos mis huesos se descoyuntaron;*	**Efecto de ser colgado en la cruz** Y cuando llegaron al lugar llamado de la Calavera, le crucificaron allí, y a los

	malhechores, uno a la derecha y otro a la izquierda. *Lucas 23:33*
[14c] *Mi corazón fue como cera, Derritiéndose en medio de mis entrañas.*	**Herida de lanza en el costado** Pero uno de los soldados le abrió el costado con una lanza, y al instante salió sangre y agua. *Juan 19:34*
[15] *Como un tiesto se secó mi vigor, Y mi lengua se pegó a mi paladar,* [21] Me pusieron además hiel por comida, Y en mi sed me dieron a beber vinagre. *Salmo 69:21*	**Sed por deshidratación debido a la hemorragia** Después de esto, sabiendo Jesús que ya todo estaba consumado, dijo, para que la Escritura se cumpliese: Tengo sed. Y estaba allí una vasija llena de vinagre; entonces ellos empaparon en vinagre una esponja, y poniéndola en un hisopo, se la acercaron a la boca. *Juan 19:28-29*
[16a] *Porque perros me han rodeado; Me ha cercado cuadrilla de malignos;*	**Rodeado de la multitud que le acosaba y se maltrataba** Y el pueblo estaba mirando; y aun los gobernantes se burlaban de él, diciendo: A otros salvó; sálvese a sí mismo, si este es el Cristo, el escogido de Dios. Los soldados también le escarnecían, acercándose y presentándole vinagre, *Lucas 23:35-36* Y le golpeaban en la cabeza con una caña, y le escupían, y puestos de rodillas le hacían reverencias. *Marcos 15:19*

[16b]Horadaron mis manos y mis pies.	**Clavos en sus manos y pies** Le dijeron, pues, los otros discípulos: Al Señor hemos visto. Él les dijo: Si no viere en sus manos la señal de los clavos, y metiere mi dedo en el lugar de los clavos, y metiere mi mano en su costado, no creeré. *Juan 20:25*
[18]Repartieron entre sí mis vestidos, Y sobre mi ropa echaron suertes.	**Repartición de sus vestidos** Cuando le hubieron crucificado, repartieron entre sí sus vestidos, echando suertes, para que se cumpliese lo dicho por el profeta: Partieron entre sí mis vestidos, y sobre mi ropa echaron suertes. *Mateo 27:35*

Isaías 53

Versículo	Cumplimiento
1 Quién ha creído a nuestro anuncio? ¿y sobre quién se ha manifestado el brazo de Jehová?	**Su mensaje no fue aceptado por la mayoría del pueblo** Pero a pesar de que había hecho tantas señales delante de ellos, no creían en él; para que se cumpliese la palabra del profeta Isaías, que dijo: Señor, ¿quién ha creído a nuestro anuncio? ¿Y a quién se ha revelado el brazo del Señor? *Juan 12:37-38*
3 Despreciado y desechado entre los hombres, varón de dolores, experimentado en quebranto; y como que escondimos de él el rostro, fue menospreciado, y no lo estimamos.	**Torturado y humillado** Y los hombres que custodiaban a Jesús se burlaban de él y le golpeaban; *Lucas 22:63* Y le golpeaban en la cabeza con una caña, y le escupían, y puestos de rodillas le hacían reverencias. *Marcos 15:19* y habiendo azotado a Jesús, le entregó para ser crucificado. *Mateo 27:26b*
4a Ciertamente llevó él nuestras enfermedades, y sufrió nuestros dolores;	**Sanó las dolencias y enfermedades del pueblo** Y cuando llegó la noche, trajeron a él muchos endemoniados; y con la palabra echó fuera a los demonios, y sanó a todos los enfermos; para que

	se cumpliese lo dicho por el profeta Isaías, cuando dijo: Él mismo tomó nuestras enfermedades, y llevó nuestras dolencias. *Mateo 8:16-17*
[4b]y nosotros le tuvimos por azotado, por herido de Dios y abatido.	**Quienes planificaron su muerte, en su ceguera espiritual, pensaban que estaban haciendo la voluntad de Dios** Esto no lo dijo por sí mismo, sino que como era el sumo sacerdote aquel año, profetizó que Jesús había de morir por la nación; no solamente por la nación, sino también para congregar en uno a los hijos de Dios que estaban dispersos. Así que, desde aquel día acordaron matarle. *Juan 11:51-53*
[5]Mas él herido fue por nuestras rebeliones, molido por nuestros pecados; el castigo de nuestra paz fue sobre él, y por su llaga fuimos nosotros curados.	**Muerte expiatoria por el pecado** Quien llevó él mismo nuestros pecados en su cuerpo sobre el madero, para que nosotros, estando muertos a los pecados, vivamos a la justicia; y por cuya herida fuisteis sanados. *1 Pedro 2:24*
[6a]Todos nosotros nos descarriamos como ovejas, cada cual se apartó por su camino;	**Sus discípulos le abandonaron** Entonces todos los discípulos, dejándole, huyeron. *Marcos 14:50*

[6b]*mas Jehová cargó en él el pecado de todos nosotros.*	**Tomó nuestro lugar, cargando sobre sí nuestro pecado** Al que no conoció pecado, por nosotros lo hizo pecado, para que nosotros fuésemos hechos justicia de Dios en él. *2 Corintios 5:21*
[7]*Angustiado él, y afligido, no abrió su boca; como cordero fue llevado al matadero; y como oveja delante de sus trasquiladores, enmudeció, y no abrió su boca.*	**No se defendió ante sus acusadores** Entonces el sumo sacerdote, levantándose en medio, preguntó a Jesús, diciendo: ¿No respondes nada? ¿Qué testifican estos contra ti? Mas él callaba, y nada respondía. *Marcos 14:60-61* Y los principales sacerdotes le acusaban mucho. Otra vez le preguntó Pilato, diciendo: ¿Nada respondes? Mira de cuántas cosas te acusan. Mas Jesús ni aun con eso respondió; de modo que Pilato se maravillaba. *Marcos 15:4-5*
[8]*Por cárcel y por juicio fue quitado; y su generación, ¿quién la contará? Porque fue cortado de la tierra de los vivientes, y por la rebelión de mi pueblo fue herido.*	**Su vida fue cortada** Entonces Jesús, clamando a gran voz, dijo: Padre, en tus manos encomiendo mi espíritu. Y habiendo dicho esto, expiró. *Lucas 23:46*
[9a]*Y se dispuso con los impíos su sepultura,*	**Crucificado entre malhechores** Entonces crucificaron con él a dos ladrones, uno a la derecha, y otro a la izquierda. *Mateo 27:38*

[9b]*mas con los ricos fue en su muerte*	**Enterrado por hombres ricos** Cuando llegó la noche, porque era la preparación, es decir, la víspera del día de reposo, José de Arimatea, miembro noble del concilio, que también esperaba el reino de Dios, vino y entró osadamente a Pilato, y pidió el cuerpo de Jesús. *Marcos 15:42-43* Y tomando José el cuerpo, lo envolvió en una sábana limpia, y lo puso en su sepulcro nuevo, que había labrado en la peña; y después de hacer rodar una gran piedra a la entrada del sepulcro, se fue. *Mateo 27:59-60* También Nicodemo, el que antes había visitado a Jesús de noche, vino trayendo un compuesto de mirra y de áloes, como cien libras. *Juan 19:39*
[10a]*Con todo eso, Jehová quiso quebrantarlo, sujetándole a padecimiento*	**Su sacrificio fue haciendo la voluntad del Padre** Y decía: Abba, Padre, todas las cosas son posibles para ti; aparta de mí esta copa; mas no lo que yo quiero, sino lo que tú. *Marcos 14:36*
[10b]*Cuando haya puesto su vida en expiación por el pecado, verá linaje, vivirá por largos días, y la voluntad de Jehová será en su mano prosperada.*	**Vida después de la muerte** Porque primeramente os he enseñado lo que asimismo recibí: Que Cristo murió por nuestros pecados, conforme a las Escrituras; y que fue sepultado,

	y que resucitó al tercer día, conforme a las Escrituras; *1 Corintios 15:3-5*
[11]Verá el fruto de la aflicción de su alma, y quedará satisfecho; por su conocimiento justificará mi siervo justo a muchos, y llevará las iniquidades de ellos.	**Justificación del pecador** y que de todo aquello de que por la ley de Moisés no pudisteis ser justificados, en él es justificado todo aquel que cree. *Hechos 13:39* siendo justificados gratuitamente por su gracia, mediante la redención que es en Cristo Jesús, *Romanos 3:24*
[12]Por tanto, yo le daré parte con los grandes, y con los fuertes repartirá despojos; por cuanto derramó su vida hasta la muerte, y fue contado con los pecadores, habiendo él llevado el pecado de muchos, y orado por los transgresores.	**Llevó sobre sí nuestro pecado** Crucificaron también con él a dos ladrones, uno a su derecha y otro a su izquierda. Y se cumplió la Escritura que dice: Y fue contado con los inicuos. *Marcos 15:27-28* Quien llevó él mismo nuestros pecados en su cuerpo sobre el madero, para que nosotros, estando muertos a los pecados, vivamos a la justicia; y por cuya herida fuisteis sanados. *1 Pedro 2:24*

D. Enseñanzas de esta lección

1. Aunque ya lo hemos mencionado, a la luz de esta lección, es necesario recalcar que Dios no improvisa, sino que tiene pleno control de la historia.

2. Nuestra vida está en las manos del Dios soberano, quien tiene un plan para nuestras vidas. Como dice el salmista (Salmo 138:8),

> "[8]*Jehová cumplirá su propósito en mí;*
> *Tu misericordia, oh Jehová, es para siempre;*
> *No desampares la obra de tus manos."*

3. La exaltación de Jesús fue a través de su obediencia y sufrimiento. Su dolor fue necesario para nuestra salvación. De la misma manera, aunque la mayoría de las veces nos cuesta entenderlo, las luchas y pruebas son parte de la vida del creyente pues nos ayudan a crecer y nos capacitan para ser de bendición a otros.

4. De la misma forma que todas las profecías concernientes a la primera venida del Mesías se cumplieron, ciertamente, todas las profecías que tienen que ver con su regreso en gloria, también se cumplirán: ¡ALELUYA!

5. El cumplimiento de las profecías mesiánicas demuestra que Jesús era quien dijo ser: el Hijo de Dios y Salvador de la humanidad. Nos revela la soberanía de Dios y su amor hacia nosotros.

6. La resurrección de Jesús nos recuerda que nosotros también seremos resucitados juntamente con Él.

"[14]sabiendo que el que resucitó al Señor Jesús, a nosotros también nos resucitará con Jesús, y nos presentará juntamente con vosotros." (2 Corintios 4:14)

E. Preguntas de reflexión

1. ¿Cómo fortalecen tu fe las profecías mesiánicas cumplidas en Jesús?

Reflexión: Considera cómo el cumplimiento de las profecías en la vida de Jesús refuerza la veracidad de la Biblia y la confiabilidad de Dios. ¿De qué manera este conocimiento te ayuda a confiar más en las promesas de Dios para tu propia vida?

2. ¿Qué te enseñan las profecías mesiánicas sobre el carácter de Dios?

Reflexión: Las profecías mesiánicas muestran a un Dios que planifica y cumple sus promesas. Reflexiona sobre cómo estas profecías revelan aspectos del carácter de Dios, como su fidelidad, justicia y amor. ¿Cómo puedes aplicar este entendimiento a tus circunstancias actuales?

3. ¿De qué manera las profecías mesiánicas te motivan a vivir una vida de mayor obediencia y fidelidad a Dios?

Reflexión: Al ver cómo Jesús cumplió su misión profetizada con obediencia y sacrificio, ¿cómo te sientes llamado a responder en tu propia vida? ¿Qué áreas de tu vida necesitan una mayor alineación con la voluntad de Dios?

4. ¿Qué impacto tiene en tu vida diaria el saber que Jesús es el cumplimiento de las profecías mesiánicas?

Reflexión: Piensa en cómo esta verdad influye en tu identidad como cristiano y en tu propósito en la vida. ¿Cómo cambia tu perspectiva sobre los desafíos y oportunidades que enfrentas diariamente?

5. ¿Cómo puedes usar el conocimiento de las profecías mesiánicas para compartir tu fe con otros?

Reflexión: Reflexiona sobre cómo el cumplimiento de las profecías puede ser una herramienta poderosa para evangelizar y explicar la fe cristiana a otros. ¿Cómo puedes comunicar de manera efectiva la importancia de estas profecías a amigos, familiares o compañeros de trabajo?

F. Oración de cierre

Demos gracias a Dios porque en su amor y sabiduría, nos ha permitido conocer el cumplimiento profético de su palabra, lo que afirma nuestra fe en nuestro en medio de nuestro diario vivir, sabiendo que nuestro Dios, no improvisa.

Lección 20:
El Tiempo es Cumplido
Mateo, Lucas (4 a.C.)

A. Textos clave (Gálatas 4:4, Hebreos 1:1-2)

"[4]Pero cuando vino el cumplimiento del tiempo, Dios envió a su Hijo, nacido de mujer y nacido bajo la ley."

"Dios, habiendo hablado muchas veces y de muchas maneras en otro tiempo a los padres por los profetas, [2]en estos postreros días nos ha hablado por el Hijo, a quien constituyó heredero de todo, y por quien asimismo hizo el universo;"

B. Introducción

Han pasado ya cerca de 400 años desde que Malaquías, el último de los profetas del Antiguo Testamento dijo estas palabras:

"He aquí, yo envío mi mensajero, el cual preparará el camino delante de mí; y vendrá súbitamente a su templo el Señor a quien vosotros buscáis, y el ángel del pacto, a quien deseáis vosotros. He aquí viene, ha dicho Jehová de los ejércitos." (Malaquías 3:1)

Desde entonces, y particularmente en el siglo primero, el pueblo de Israel vivía a la expectativa de la llegada del Mesías. Cada joven judía oraba con la esperanza de ser la madre del

Mesías, el Ungido de Jehová, que restituiría el reino de Israel. La masa del pueblo, que vivía sometida bajo el yugo del imperio romano, también oraba pidiendo a Dios que cumpliera las promesas hechas al rey David. Había otros que entendían que era necesario tomar las armas para liberar a Israel de sus enemigos, y que una vez lo hicieran, entonces aparecería el Mesías para darles la victoria. Tenemos a otros como Simeón, que en sus oraciones rogaba no morir hasta ver la llegada del Mesías. Este era un tiempo de efervescencia política y religiosa en todo Israel. Incluso habían aparecido algunos líderes revolucionarios reclamando ser el mesías, pero estos movimientos fueron aplastados por los romanos de una forma brutal. Lejos de aplacarse las expectativas del pueblo, surgió un deseo aún mayor por la llegada del Mesías.

Sin embargo, el tiempo de espera había terminado. Durante todo este tiempo, según hemos visto en las lecciones pasadas, Dios había estado preparando el escenario para la llegada de Aquel que sería el Salvador y Mesías de judíos y gentiles.

Recordemos algunos sucesos y condiciones que nos dejan ver con claridad que este era el tiempo de Dios para la llegada del mesías y la propagación de su mensaje.

1. El mundo conocido estaba bajo un solo gobierno: el imperio romano, lo que trajo un período de estabilidad política y social en la mayor parte del mundo conocido.

2. La Pax Romana, un tiempo prolongado de paz sin conflictos o guerras mayores en la extensión del imperio romano.

3. Un lenguaje común en todo el imperio: el griego.

4. El Antiguo Testamento traducido al griego para beneficio de los judíos de la diáspora y de los gentiles.

5. Sistemas de carreteras y transportación marítima que permitieron el libre movimiento de los misioneros a través del imperio.

6. Decaimiento del judaísmo por su corrupción en el liderato del templo.

7. Sinagogas judías establecidas por todo el imperio, siendo éstas el primer lugar a donde se dirigían los misioneros, y de donde surgían las primeras congregaciones en sus respectivas ciudades.

8. Gran expectación mesiánica esperando la liberación de Roma promovida por años de silencio profético, la opresión romana y los grupos revolucionarios.

Con todo este escenario preparado, podemos imaginarnos a Dios en el cielo dando instrucciones y preparando los toques finales para dar comienzo a los que serían los tres años más trascendentales en la historia de la salvación de la humanidad.

En esta lección hablaremos acerca de los protagonistas **escogidos por Dios** para la siguiente fase del plan: la llegada del Mesías.

C. Desarrollo de la lección

1. **El primer protagonista: Jesús**

    a. Allá en la eternidad, se dio un diálogo entre el Padre y el Hijo, en donde acordaron el plan para redimir a la humanidad. La Biblia no es explícita sobre los detalles de esta conversación, pero sí es claro que el Padre hizo un llamado al Hijo, y que el Hijo respondió dispuesto a dar su vida por nosotros. Veamos algunos pasajes que confirman esta verdad.

"[17]Por eso me ama el Padre, porque yo pongo mi vida, para volverla a tomar. [18]Nadie me la quita, sino que yo de mí mismo la pongo. Tengo poder para ponerla, y tengo poder para volverla a tomar. ***Este mandamiento recibí de mi Padre.****"* (Juan 10:17-18)

"[38]Porque he descendido del cielo, no para hacer mi voluntad, ***sino la voluntad del que me envió.****"* (Juan 6:38)

"[41]Y él se apartó de ellos a distancia como de un tiro de piedra; y puesto de rodillas oró, [42]diciendo: Padre, si quieres, pasa de mí esta copa; ***pero no se haga mi voluntad, sino la tuya.*** *[43]Y se le apareció un ángel del cielo para fortalecerle."* (Lucas 22:41-43)

b. En este momento, es necesario recordar por qué el Dios eterno decidió que era necesario enviar a un Salvador:

   i. El ser humano está moral y espiritualmente corrompido a causa del pecado.

   ii. La consecuencia del pecado es muerte (separación eterna de Dios):

      1. "la paga del pecado es muerte" (Romanos 6:9)

      2. "el alma que pecare ésa morirá" (Ezequiel 18:20)

   iii. Siendo pecador, el ser humano no tiene la posibilidad de justificarse (declararse justo o sin culpa) ante Dios por sus propios méritos.

iv. El único que podía hacer algo para salvar al hombre era Dios mismo.

v. En su deseo de rescatar al ser humano Dios concibió un plan de redención (salvación).

vi. Este plan consistió en enviar a alguien justo, digno, santo, perfecto y sin pecado que fuera capaz de:

1. tomar el lugar del ser humano en el justo juicio de Dios que conlleva la muerte del pecador.
2. pagar el precio o condena de muerte que hay sobre la humanidad satisfaciendo así la justicia de Dios.
3. restablecer la comunión entre el hombre y Dios.

vii. Quien único tenía los méritos para esta misión era su propio Hijo tomando forma de hombre y entregando su vida en sacrificio.

"[5]*Haya, pues, en vosotros este sentir que hubo también en Cristo Jesús,* [6]*el cual, siendo en forma de Dios, no estimó el ser igual a Dios como cosa a que aferrarse,* [7]*sino que se despojó a sí mismo, tomando forma de siervo, hecho semejante a los hombres;* [8]*y estando en la condición de hombre, se humilló a sí mismo, haciéndose obediente hasta la muerte, y muerte de cruz.* [9]*Por lo cual Dios también le exaltó hasta lo sumo, y le dio un nombre que es sobre todo nombre,* [10]*para que en el nombre de Jesús se doble toda rodilla de los que están en los cielos, y en la tierra, y debajo de la tierra;* [11]*y toda lengua confiese que Jesucristo es el Señor, para gloria de Dios Padre.*" (Filipenses 2:5-11)

c. Por tanto, demos gracias a Dios el Padre y a su Hijo Jesucristo, porque mereciendo la muerte a causa de nuestro pecado, decidió salvarnos tan solo por amor.

*"[6]Porque Cristo, cuando aún éramos débiles, a su tiempo murió por los impíos. [7]Ciertamente, apenas morirá alguno por un justo; con todo, pudiera ser que alguno osara morir por el bueno. [8]**Mas Dios muestra su amor para con nosotros, en que, siendo aún pecadores, Cristo murió por nosotros.**"* (Romanos 5:6-8)

Ilustración

Escuché una historia que dice así: Un niño se encontraba jugando en el patio de su casa cuando de pronto encuentra un hormiguero. El niño regresó todos los días a observar aquel hormiguero. De tanto ir a observar aquellas hormigas, eventualmente las adoptó como sus mascotas. Un día, el padre decidió ir a cortar la grama en el patio y el niño se percató de que la máquina de cortar grama acabaría con su hormiguero. Angustiado, fue corriendo a advertirles a sus hormigas que tenían que irse de allí. Se acercó y les dijo que tenían que irse porque si no morirían. Les suplicó, les rogó, les gritó, pero las hormigas no respondían. Entonces le cruzó un pensamiento, *"la única forma en que podrían entenderme sería convirtiéndome en una de ellas. Entonces podría explicarles que están en riesgo de muerte y salvarlas."*

Esta historia nos ilustra lo que hizo el Padre Celestial por nosotros. En su amor inexplicable, le pidió a su Hijo que se encarnara para ser, no solo Dios con nosotros, sino uno de nosotros. Jesús es el Emanuel que caminó y vivió en medio nuestro para enseñarnos el camino de salvación. Jesús nos ha hablado en un idioma que todos podemos entender. El idioma del amor, y de la entrega incondicional, para que no tengamos ninguna duda de que *"Él es el camino, la verdad y la vida"* (Juan 14:6) que nos lleva a reconciliarnos con el Padre celestial.

2. **Segunda protagonista: María**

    a. Se trataba de una joven de Nazaret que al momento de aparecerse el ángel contaría con apenas trece o catorce años.

    b. En estos tiempos era costumbre el que las parejas se casaran siendo muy jóvenes. Recordemos que la expectativa de vida en esta época era de treinta a cuarenta años en promedio.

    c. María estaba comprometida para casarse con José. Usualmente el matrimonio era arreglado por los padres, y el período de compromiso duraba un año.

    d. Era descendiente del rey David, de la tribu de Judá.

    e. Las respuestas de María ante las palabras del ángel, y sus declaraciones en respuesta a la anunciación, nos dejan ver su carácter y por qué fue escogida para ser la madre del Mesías.

    "38 Entonces María dijo: He aquí la sierva del Señor; hágase conmigo conforme a tu palabra. Y el ángel se fue de su presencia." (Lucas 1:38)

    "46 Entonces María dijo:

    Engrandece mi alma al Señor;
47 Y mi espíritu se regocija en Dios mi Salvador.
48 Porque ha mirado la bajeza de su sierva;

> *Pues he aquí, desde ahora me dirán bienaventurada todas las generaciones."*
>
> (Lucas 1:46-48)

***Pregunta:* ¿Qué cualidades podemos ver en María a partir de estos pasajes que ayudarían a explicar su elección como madre del Mesías?**

Posibles respuestas:

a. obediencia – dispuesta a hacer la voluntad de Dios.

b. gozo – de ser la seleccionada como instrumento de bendición para su pueblo.

c. confianza – a pesar del temor que debió sentir ante una misión inusual y trascendental.

d. humildad – en lugar de sentir orgullo respondió con alabanza, reconociendo que no era merecedora de tal encomienda.

e. conocedora de las promesas a Israel desde Abraham y su descendencia según lo demuestra en su oración de exaltación a Dios (Lucas 2:46-55)

3. **Tercer protagonista: José**

a. Hombre de la tribu de Judá, descendiente del rey David.

b. Siendo que su genealogía estaba registrada en el pueblo de Belén, tuvo que viajar con María desde Nazaret para cumplir con el edicto de Augusto César, el cual requería que todo el mundo fuese censado en su pueblo de origen (Lucas 2:1-7).

c. Esto dio lugar para el cumplimiento de la profecía en el sentido de que el Mesías nacería en Belén de Judea (Miqueas 5:2).

d. Carpintero de oficio (Mateo 13:55) que representaba ser obrero de la construcción y ebanista.

e. A la luz de Marcos 6:3, José le enseñó el oficio de carpintería a Jesús, pues la comunidad en donde se crio lo identificaba como "el carpintero".

f. Procreó varios hijos e hijas con María (Marcos 6:3).

g. Aparenta ser que al momento de Jesús iniciar su ministerio ya había muerto.

h. El siguiente pasaje bíblico nos demuestra las características de este hombre escogido para ser el padre terrenal de Jesús.

"[19]José su marido, como era ***justo****, y* ***no quería infamarla****, quiso dejarla secretamente. [20]Y pensando él en esto, he aquí un ángel del Señor le apareció en sueños y le dijo:* ***José, hijo de David****, no temas recibir a María tu mujer, porque lo que en ella es engendrado, del Espíritu Santo es. [21]Y dará a luz un hijo, y llamarás su nombre JESÚS, porque él salvará a su pueblo de sus pecados. [22]Todo esto aconteció para que se cumpliese lo dicho por el Señor por medio del profeta, cuando dijo:*

> *[23]He aquí, una virgen concebirá y dará a luz un hijo,*
> *Y llamarás su nombre Emanuel,*

que traducido es: Dios con nosotros.

> [24]*Y despertando José del sueño,* ***hizo como el ángel del Señor le había mandado, y recibió a su mujer.***
> [25]*Pero no la conoció hasta que dio a luz a su hijo primogénito; y le puso por nombre JESÚS."*
> (Mateo 1:19-25)

***Pregunta:* ¿Cuáles son las cualidades que vemos en José que nos dejan ver por qué Dios lo escogió para ser el padre terrenal de Jesús?**

Posibles respuestas:

a. Justo – esto se refiere a que era piadoso en cuanto al cumplimiento de la ley de Moisés, y compasivo.

b. Conocedor de las Escrituras y de las promesas a Israel – el ángel le recordó su linaje ("hijo de David") para que comprendiera que el hijo que María esperaba representaba el cumplimiento de las Escrituras, pues el Mesías sería descendiente de David.

c. Sensible y de buen corazón – decidió no denunciar públicamente a María, a lo que tenía derecho según la ley, pero esto hubiese representado la humillación de María, y hasta su muerte.

d. Obediente – siguió las instrucciones de Dios recibiendo a María, cuidando al niño ante las amenazas de sus enemigos, y criándole como hijo suyo.

e. Hombre de fe – creyó que el embarazo de María era realmente del Espíritu Santo.

4. **Cuarto y quinto protagonistas: Magos (sabios) y pastores**

   a. El escenario de la llegada del Mesías no podía darse sin la adoración debida al Dios encarnado. Para esto, Dios escogió a dos grupos bien diferentes los unos de los otros en cuanto a su posición social y económica.

   b. Por un lado, se reveló a los pastores, que representaban a los obreros más humildes y sin educación formal de su tiempo. Por otro lado, también se reveló a un grupo de magos (sabios) que de acuerdo con su descripción poseían riquezas y conocimientos en ciencias.

   c. Los pastores eran judíos y naturales de la región donde Jesús nació.

   d. En contraste con los pastores, los magos vinieron de lejos, del oriente, que pudiera ser algún país como Persia, Babilonia o Arabia.

   e. Los pastores habían crecido escuchando las promesas de Dios y esperaban la llegada del Mesías.

   f. Por otra parte, los magos lo más probable eran sabios y astrónomos estudiosos de las escrituras de Israel, que conocían la profecía que anunciaba la aparición de una estrella que tendría que ver que la llegada de un futuro rey en Israel.

   "[17]Lo veré, mas no ahora;

   Lo miraré, mas no de cerca;

   Saldrá ESTRELLA de Jacob,

   Y se levantará cetro de Israel,

Y herirá las sienes de Moab,
Y destruirá a todos los hijos de Set."
(Números 24:17)

g. Los pastores, avisados por ángeles, llegaron al pesebre la noche del nacimiento de Jesús. En cambio, los magos, avisados por la aparición de una estrella, iniciaron un largo peregrinaje para encontrarse con el niño Rey.

***Pregunta:* ¿Qué querrá Dios enseñarnos ante el hecho de haber escogido a estos dos grupos de personas para revelarles la llegada de su Hijo, y concederles el privilegio de ser los primeros en adorarle?**

Posibles respuestas:

a. La buena noticia de salvación es para ricos y para pobres.

b. La buena noticia es para el que tiene muchos estudios, y para el que no tiene ninguno.

c. Esta noticia es para los que están cerca (los míos), y para los que están lejos (gente de todos los pueblos).

d. La salvación es para:

   i. judíos y gentiles (no judíos).

   ii. los que pueden traer ofrendas materiales, y los que solo pueden traer la ofrenda del corazón.

   iii. todos los que son sensibles para creer en la revelación de Dios.

iv. los que saben distinguir las señales de los tiempos que aparecen en el cielo y en la tierra.

v. los que son obedientes a la voz y el llamado de Dios.

Conclusión

Dios escogió de manera muy cuidadosa a las personas que iban a participar de la llegada del Mesías. Cuando vemos las características de estas personas, vemos algunas cosas en común que son relevantes para nosotros como cristianos y que debemos imitar:

1. Todos fueron obedientes al llamado de Dios, aun cuando en un principio, no podían entender a cabalidad lo que ese llamado representaba.

2. Todos estuvieron dispuestos a seguir las instrucciones de Dios para que se cumplieran sus propósitos, aun cuando representó grandes distancias, tiempo, dinero y sacrificios.

3. Todos eran conocedores de las Escrituras, y de las promesas para el pueblo de Israel.

4. Todos se mostraron agradecidos de la oportunidad de ser parte o testigos del cumplimiento de las promesas de Dios para Israel y para toda la humanidad.

D. Preguntas de reflexión

1. Si hubieses estado en el lugar de María o de José, ¿cuál crees que habría sido tu reacción ante el llamado de Dios?

2. El pueblo judío estaba esperando la llegada del mesías sin estar conscientes de que Dios estaba preparando en el trasfondo el escenario para el momento preciso de su llegada. ¿Qué puede decirnos esto sobre las peticiones que tenemos delante de Dios?

3. ¿Cuáles son las características de José y María que debemos imitar como creyentes?

4. ¿Cuánto esfuerzo estamos haciendo para alcanzar a ricos y pobres, doctos e indoctos, cercanos y lejanos para Cristo?

5. ¿Por qué decimos que Cristo nos ha hablado en el lenguaje del amor y de la entrega?

6. ¿Si Dios cumplió su promesa de enviar al Mesías la primera vez, crees que cumplirá la promesa de que viene por segunda vez?

E. Oración de Cierre

Oremos para que, al igual que María y José, nosotros seamos tenidos por dignos de servir al Señor como colaboradores en la salvación de la humanidad.

CONOCE LA HISTORIA BÍBLICA
El Camino a Nuestra Salvación

—

Lección 21:
Vida de Jesús — Nacimiento y Niñez
Mateo, Lucas (c. 4 a.C. - 8 d.C.)

A. Texto clave (Lucas 2:10-14)

"10Pero el ángel les dijo: No temáis; porque he aquí os doy nuevas de gran gozo, que será para todo el pueblo: 11que os ha nacido hoy, en la ciudad de David, un Salvador, que es CRISTO el Señor. 12Esto os servirá de señal: Hallaréis al niño envuelto en pañales, acostado en un pesebre. 13Y repentinamente apareció con el ángel una multitud de las huestes celestiales, que alababan a Dios, y decían:

14¡Gloria a Dios en las alturas,
Y en la tierra paz, ¡buena voluntad para con los hombres!"

B. Introducción

La vida, ministerio, muerte y resurrección de Jesucristo es narrada en el Nuevo Testamento en los cuatro evangelios: Mateo, Marcos, Lucas y Juan. El conjunto de estos libros canónicos presenta perspectivas complementarias que forman una visión completa de su persona y obra.

Autoría y Contexto

El evangelio según San Mateo se le atribuye a Mateo, uno de los doce apóstoles de Jesús, también conocido como Leví, el recaudador de impuestos. Se entiende que Mateo fue testigo ocular de los hechos narrados en su evangelio. Su escrito está dirigido principalmente a una audiencia judía, y enfatiza cómo en la persona de Jesús se cumplen las profecías del Antiguo Testamento, presentándolo como el Mesías prometido.

El evangelio según San Marcos es tradicionalmente atribuido a Juan Marcos, un compañero del apóstol Pedro. Aunque no fue testigo ocular de los hechos de Jesús, se entiende que escribió su evangelio a base de lo que aprendió del apóstol. Se considera el primer evangelio escrito, y tiene un estilo conciso y dinámico. Marcos se dirige a una audiencia romana, y destaca las acciones de Jesús (más que los discursos), retratándolo como el poderoso Hijo de Dios.

El evangelio según San Lucas es atribuido a Lucas, el médico y compañero de Pablo. Lucas tampoco fue testigo ocular de la vida de Jesús, pero según indica en la introducción de su evangelio, investigó con diligencia "todas las cosas desde su origen", y las escribió en orden (Lucas 1:3). Lucas es el escrito más extenso de los cuatro evangelios, y está dirigido a un público gentil (no judío). Lucas presenta a Jesús como el Salvador de toda la humanidad, poniendo énfasis en su compasión por los marginados y los enfermos.

Juan es el evangelio más teológico, y fue escrito por Juan, el apóstol amado de Jesús. A diferencia de los evangelios sinópticos (Mateo, Marcos y Lucas), Juan se centra más en la divinidad de Jesús y su relación con el Padre, proporcionando profundos discursos y reflexiones sobre la identidad y misión de Cristo.

Propósito y Temas

Cada evangelio tiene un propósito y un énfasis particular. Mateo busca demostrar que Jesús es el Rey y Mesías esperado, estableciendo la continuidad con la tradición judía. Marcos enfatiza el poder y la autoridad de Jesús, siendo un relato lleno de acción que muestra a Cristo como el Siervo sufriente y Salvador. Lucas ofrece una narrativa detallada y ordenada, subrayando la universalidad de la salvación en Jesús, el amigo de pecadores y marginados. Juan, por su parte, se enfoca en revelar la identidad divina de Jesús y su misión redentora, invitando a los lectores a creer en Él para obtener vida eterna.

Estructura y Contenido

Los Evangelios cubren varios aspectos claves de la vida de Jesús:

- **Nacimiento y preparación:** Mateo y Lucas ofrecen relatos detallados del nacimiento y la infancia de Jesús, incluyendo la genealogía, el nacimiento virginal y la visita de los magos. Marcos y Juan comienzan con el ministerio de Juan el Bautista y el bautismo de Jesús.

- **Ministerio en Galilea:** Todos los evangelios relatan el ministerio de Jesús en Galilea, incluyendo sus enseñanzas, parábolas y milagros. Este período muestra su autoridad sobre la naturaleza, los demonios, las enfermedades y el pecado.

- **Viaje a Jerusalén:** Los evangelios registran la enseñanza de Jesús y sus interacciones con diversas personas mientras viaja hacia Jerusalén, preparándose para su pasión.

- **Semana de la Pasión:** La última semana de Jesús en Jerusalén, que incluye la entrada triunfal, la Última Cena, su arresto, juicio y crucifixión es narrada con gran detalle en cada uno de ellos a veces de manera complementaria.
- **Resurrección:** Todos los evangelios concluyen con el relato de la resurrección de Jesús, ofreciendo diversas apariciones a sus discípulos, y comisionándolos a llevar su mensaje al mundo.

Importancia y Legado

Los Evangelios son fundamentales para la fe cristiana, proporcionando la base para la comprensión de quién es Jesús y cuál es su mensaje. A través de estos relatos, los cristianos encontramos no solo una narración histórica, sino una invitación a experimentar la transformación y esperanza que Jesús ofrece. Los Evangelios no solo informan, sino que también inspiran, llamando a los creyentes a seguir el ejemplo de Cristo, y a compartir su amor y verdad con el mundo.

En resumen, los Evangelios ofrecen una rica y diversa perspectiva de la vida y obra de Jesús, cada uno aportando un ángulo único que, en conjunto, presenta una imagen completa del Salvador. Leer y estudiar estos textos es esencial para comprender el corazón del mensaje cristiano, y para cultivar una relación íntima con nuestro Señor.

En esta lección nos concentraremos en el nacimiento y niñez de Jesús según narrado en los evangelios de Mateo y Lucas, mientras que en las próximas lecciones cubriremos su ministerio público, pasión, muerte y resurrección.

C. Desarrollo de la lección

A continuación, presentamos un bosquejo de los eventos más importantes en el nacimiento y niñez de Jesús, seguido por un resumen de las enseñanzas que podemos derivar de estas etapas de su vida.

1. **Nacimiento y niñez de Jesús**

    a. Anuncio del nacimiento de Juan el Bautista, hijo de Zacarías (sacerdote) y Elizabeth, ambos de la tribu de Leví.

    b. Zacarías profetiza que Juan prepararía el camino del Señor (Lucas 1:76-79).

    c. Anuncio del nacimiento virginal de Jesús, hijo de María y José (según la ley) por obra del Espíritu Santo.

    d. Lucas registra la genealogía de Jesús por la descendencia de María, mientras que Mateo por la línea de José, demostrando que ambos eran descendientes de David de acuerdo con las profecías.

    e. Nacimiento de Jesús en Belén de Judea (ciudad de David).

    f. Adoración de los pastores la noche del nacimiento de Jesús.

    g. Jesús es circuncidado al octavo día según requerido por la ley del Antiguo Testamento.

    h. Jesús es llevado al templo por sus padres para ser consagrado a Dios como hijo primogénito, según requerido por la ley del Antiguo Testamento (Números 18:15-16)

i. Visita y adoración de los magos cerca de dos años después del nacimiento.

j. Huida a Egipto ante amenaza del rey Herodes de matar a Jesús niño.

k. Herodes ordena la matanza de los niños menores de dos años en Belén y sus alrededores.

l. Regreso de Egipto a la región de Galilea, y establecimiento en el pueblo de Nazaret.

m. Visita al templo a los doce años con sus padres.

n. Creció sujeto a sus padres: *"52 Y Jesús crecía en sabiduría y en estatura, y en gracia para con Dios y los hombres"* (Lucas 2:52).

o. Silencio histórico hasta su aparición pública con cerca de 30 años de edad.

2. **Enseñanzas de la vida de Jesús**

1. **Cumplimiento de las Profecías Mesiánicas**

El nacimiento de Jesús cumple varias profecías del Antiguo Testamento, mostrando que Él es el Mesías prometido por Dios.

a. *Nacimiento de una virgen:* Isaías 7:14 se cumple en Mateo 1:22-23 y Lucas 1:26-35.

b. *Nacimiento en Belén:* Miqueas 5:2 se cumple en Mateo 2:1 y Lucas 2:4-7.

c. *Descendiente de David:* Isaías 11:1-5 se cumple en Mateo 1:1

2. Humildad

Jesús nació en circunstancias humildes, en un establo y acostado en un pesebre (Lucas 2:7), lo que destaca la humildad con la que el Hijo de Dios eligió entrar al mundo. Siendo el Señor y creador del universo, su nacimiento debió haber sido en un palacio acompañado por los ricos y poderosos. Sin embargo, quiso dar el mayor ejemplo de humildad identificándose de esa forma con los pobres y necesitados de todos los tiempos y épocas. No solo esto, sino que a través de su vida siguió demostrando la mayor sencillez, negándose a mostrar ostentación de riquezas terrenales, identificándose siempre con la gente sencilla y común.

3. Anuncio a los Marginados

Los primeros en recibir la noticia del nacimiento de Jesús fueron los pastores (Lucas 2:8-14), que en esa época eran considerados personas marginadas, y de baja categoría social. Esto muestra que el mensaje de Jesús es para todos, especialmente para los marginados y humildes.

4. La Divinidad y la Humanidad de Jesús

El nacimiento virginal de Jesús enfatiza su naturaleza divina, mientras que su nacimiento como humano muestra su completa humanidad. Esto es esencial para comprender a Jesús como "todo Dios y todo hombre" según lo revela el evangelio según San Mateo.

"[23]He aquí, una virgen concebirá y dará a luz un hijo,
Y llamarás su nombre Emanuel,
que traducido es: Dios con nosotros."
(Mateo 1:23)

El apóstol Pablo describe este misterio con las siguientes palabras:
"[16]E indiscutiblemente, grande es el misterio de la piedad:
Dios fue manifestado en carne,
Justificado en el Espíritu,
Visto de los ángeles,
Predicado a los gentiles,
Creído en el mundo,
Recibido arriba en gloria."
(1Timoteo 3:16)

El evangelio según San Juan describe el milagro de la encarnación del hijo de Dios de la siguiente forma:
"[14]Y aquel Verbo fue hecho carne, y habitó entre nosotros (y vimos su gloria, gloria como del unigénito del Padre), lleno de gracia y de verdad." (Juan 1:14)

5. **Jesús como el Salvador del Mundo**

El ángel anunció que Jesús sería el Salvador, el Cristo, y el Señor, destacando su misión de salvar a la humanidad de sus pecados. No se trata de que Jesús "descubrió su identidad mesiánica" en el camino según han sugerido algunos teólogos modernos, sino que su misión como redentor de la humanidad estaba definida desde antes de su nacimiento.

"[21]*Y dará a luz un hijo, y llamarás su nombre JESÚS, porque él salvará a su pueblo de sus pecados."* (Mateo 1:21)

6. **Realeza y Adoración**

Los magos del oriente reconocieron a Jesús como el Rey de los judíos y le adoraron, trayendo regalos que simbolizan su realeza, divinidad y sacrificio (Mateo 2:1-12). Los regalos de oro, incienso y mirra que los magos llevaron a Jesús tienen profundos significados simbólicos en la tradición cristiana, reflejando diferentes aspectos de la identidad y el propósito de Jesús. Veamos el simbolismo atribuido a cada uno de estos regalos:

a. **Oro**

El oro simboliza la realeza y la divinidad. En la antigüedad, el oro era un regalo apropiado para un rey. Este regalo reconoce a Jesús como el Rey de reyes. Es un tributo a su posición real y a su naturaleza divina, indicando que Jesús es el Mesías prometido, el Rey eterno de la línea genealógica de David.

b. **Incienso**

El incienso, una resina aromática que se quemaba en los rituales religiosos, simboliza la divinidad y la adoración. Este regalo señala el papel de Jesús como sacerdote y su divinidad. En el templo judío, el incienso se usaba durante los sacrificios y oraciones, y su inclusión aquí sugiere que Jesús es digno de adoración y que intercede entre Dios y la humanidad ejerciendo un ministerio sacerdotal.

c. **Mirra**

La mirra es una resina usada en embalsamamientos y para preparar los cuerpos para el entierro, simbolizando sufrimiento y muerte. Este regalo prefigura el sufrimiento y la muerte de Jesús. Aunque es un niño en ese momento, la mirra sugiere su sacrificio futuro en la cruz, indicando su rol como el Salvador que sufrirá y morirá por los pecados del mundo.

Estos regalos, presentados por los magos, no solo honran a Jesús en su nacimiento, sino que también profetizan su misión y los aspectos clave de su identidad como Rey, Dios, Sacerdote y Salvador.

7. **Persecución y Protección Divina**

Desde su nacimiento, Jesús enfrentó persecución, como lo demuestra la orden de Herodes de matar a los niños en Belén. Sin embargo, Dios protegió a Jesús, guiando a su familia a Egipto (Mateo 2:13-15). De la misma forma, Dios protegió a Jesús de cada uno de los intentos de sus enemigos que intentaron evitar que llevara a cabo su misión.

8. **Identidad y Misión desde la niñez**

Incluso en su niñez, Jesús mostró conciencia de su identidad como Hijo de Dios como podemos ver en el episodio en que se presenta en el templo a los doce años. En este episodio, cuando es cuestionado por sus padres de porqué se había quedado en el templo en lugar de regresar con ellos a Galilea, Jesús contestó que le era necesario estar en los negocios de su Padre (Lucas 2:41-52), refiriéndose al Padre Celestial.

9. **Obediencia y Crecimiento Humano**

Jesús creció en sabiduría y estatura, y en gracia para con Dios y los hombres, mostrando que, aunque era divino, también experimentó el desarrollo de un ser humano. Es interesante notar su ejemplo de familia al sujetarse en obediencia a sus padres terrenales obedeciendo el mandamiento de honrar a padre y madre.

"[51] Y descendió con ellos, y volvió a Nazaret, y estaba sujeto a ellos. Y su madre guardaba todas estas cosas en su corazón.

[52] Y Jesús crecía en sabiduría y en estatura, y en gracia para con Dios y los hombres."

(Lucas 2:51-52)

10. **El Rol del Espíritu Santo**

El Espíritu Santo desempeñó un papel crucial en la concepción de Jesús, confirmando su divinidad e indicando que su vida y ministerio estarían profundamente guiados por el Espíritu.

"[35] Respondiendo el ángel, le dijo: El Espíritu Santo vendrá sobre ti, y el poder del Altísimo te cubrirá con su sombra; por lo cual también el Santo Ser que nacerá, será llamado Hijo de Dios." (Lucas 1:35)

D. Preguntas de reflexión

1. ¿Qué significa para ti que Jesús, el Hijo de Dios, naciera en un pesebre humilde en lugar de un palacio?

2. ¿Cómo puedes reflejar la humildad del nacimiento de Jesús en tu propia vida?

3. ¿Qué regalos puedes ofrecer en tu vida diaria para honrar a Jesús?

4. ¿Qué podemos aprender de la sumisión de Jesús a sus padres?

5. ¿Cómo podemos crecer (al igual que Jesús) en sabiduría y gracia ante Dios y los hombres (Lucas 2:52)?

6. ¿Qué impacto tiene en nosotros saber que Jesús experimentó la niñez y cada etapa de crecimiento al igual que todo ser humano?

7. Dios libró a Jesús de Herodes y de sus enemigos en varias ocasiones: ¿Puede alguien testificar sobre como Dios le ha librado de algún peligro o enemigo?

E. Oración de cierre

Oremos dando gracias a Dios por identificarse con nosotros desde la niñez, de manera que puede comprendernos y compadecerse de cada una de nuestras pruebas y tribulaciones. Demos gracias por los evangelios que nos dan testimonio de la vida y obra de Jesús, y afirman nuestra fe.

CONOCE LA HISTORIA BÍBLICA
El Camino a Nuestra Salvación

Lección 22:
Vida de Jesús — Ministerio y Mensaje
Mateo, Marcos, Lucas, Juan (c. 27 d.C. - 30 d.C.)

A. Texto clave (Mateo 4:23-24)

"23 Y recorrió Jesús toda Galilea, enseñando en las sinagogas de ellos, y predicando el evangelio del reino, y sanando toda enfermedad y toda dolencia en el pueblo. 24 Y se difundió su fama por toda Siria; y le trajeron todos los que tenían dolencias, los afligidos por diversas enfermedades y tormentos, los endemoniados, lunáticos y paralíticos; y los sanó."

B. Introducción

Luego de la presentación de Jesús en el templo a los doce años, le sigue un silencio histórico hasta el momento de su aparición pública cuando contaba con cerca de treinta años. El testimonio bíblico de aquellos que le conocían en su comunidad, sugiere que Jesús permaneció con su familia en Nazaret hasta el momento de su manifestación pública. Antes de iniciar su ministerio, Jesús era conocido entre los suyos como:

1. el hijo del carpintero (Mateo 13:55).
2. el carpintero (Marcos 6:3).

3. natural de Nazaret en Galilea (Mateo 21:11).

4. miembro de una familia compuesta por su madre, hermanos y hermanas (Marcos 6:3).

Es decir, se trataba de alguien que no era extraño en su comunidad, sino conocido por su familia y oficio. No obstante, este hombre que había convivido entre ellos sería pronto motivo de asombro y escándalo, ya que se convertiría en un predicador itinerante, que diría y haría cosas que nunca nadie había hecho o dicho. Cuando llegó el tiempo preciso en el plan de Dios, el Padre le reveló que había llegado la hora de comenzar la obra para la cual había sido enviado. Así que, se fue al desierto a ayunar y vencer al enemigo, dejó su pueblo de Nazaret, y comenzó a predicar en toda Judea, Galilea y las regiones cercanas anunciando la llegada del Reino de Dios.

C. Desarrollo de la lección

1. Eventos clave en el ministerio de Jesús

Continuando con la historia del plan de Dios para la redención de la humanidad, presentamos un bosquejo de los acontecimientos más significativos en el ministerio público de Jesús según narrado en los evangelios.

a. Comenzó el ministerio de Juan el Bautista, anunciando que el Reino de los Cielos se había acercado, llamando al pueblo al arrepentimiento, y a dar testimonio de esto a través del bautismo en agua.

b. El ministerio de Juan provocó un avivamiento espiritual entre el pueblo que comenzó a preparar el camino para la manifestación de Jesús según profetizado por el profeta Isaías (Isaías 40:3).

c. Jesús fue bautizado por Juan el Bautista en el río Jordán, identificándose de esta manera con aquellos que venía a salvar.

d. En el acto de bautismo, el Padre y el Espíritu dieron testimonio acerca de Jesús.

"16 Y Jesús, después que fue bautizado, subió luego del agua; y he aquí los cielos le fueron abiertos, y vio al Espíritu de Dios que descendía como paloma, y venía sobre él. 17 Y hubo una voz de los cielos, que decía: Este es mi Hijo amado, en quien tengo complacencia." (Mateo 3:16-17)

e. Juan el Bautista dio testimonio de que Jesús era el Hijo de Dios (Juan 1:33-34) y el Cordero de Dios que quita el pecado del mundo (Juan 1:29-30).

f. Jesús ayunó por cuarenta días en el desierto en donde fue tentado por Satanás.

g. Jesús venció las tentaciones y comenzó su ministerio anunciando que el reino de los cielos se había acercado, y llamando al arrepentimiento (Mateo 4:17).

h. La mayor parte de su ministerio fue en la región de la Galilea con intervenciones en Judea, Samaria y las ciudades al este del Jordán.

i. El ministerio de Jesús se manifestó mayormente en cuatro áreas: predicación, enseñanza, sanidad de enfermos y liberación de endemoniados.

j. Jesús comenzó a hacer señales que demostraban su autoridad sobre las enfermedades, los demonios, la naturaleza y la muerte. Las señales eran evidencia de que el reino de Dios estaba entre ellos.

k. Jesús llamó a doce discípulos, y los capacitó para llevar el mensaje del evangelio anunciando la llegada del Reino de los cielos (Mateo 10:7-8). También les dio autoridad para confirmar la palabra predicada por medio de milagros de sanidad y liberación.

l. El propósito de capacitar a los discípulos era dual: alcanzar a un mayor número de personas con su mensaje, y adiestrarlos para que siguieran la obra cuando Él ya no estuviese presente físicamente.

"Habiendo reunido a sus doce discípulos, les dio poder y autoridad sobre todos los demonios, y para sanar enfermedades. [2]Y los envió a predicar el reino de Dios, y a sanar a los enfermos." (Lucas 9:1-2)

m. Jesús organizó a un grupo de otros setenta discípulos. A éstos le dio la encomienda de ir delante de Él como avanzada (Lucas 10:1-3), preparando el camino para su llegada.

n. El ministerio de Jesús le ganó el favor del pueblo. Era seguido por multitudes por todas partes para escucharle, y ser testigos de las señales milagrosas.

o. Las multitudes encontraron en Jesús un mensaje refrescante de amor, justicia y esperanza, de parte de alguien que hablaba con autoridad, en contraste con los religiosos de su época (Marcos 1:22) que ponían sobre el pueblo cargas y rituales que ni ellos mismos podían llevar (Lucas 11:46).

p. Por otro lado, Jesús se ganó el desprecio de los líderes religiosos (sacerdotes, fariseos, saduceos y escribas). Éstos le veían como una amenaza a sus intereses económicos y políticos, pues Jesús los confrontaba ante el pueblo por su hipocresía y falsas motivaciones.

q. Desde temprano en su ministerio, los líderes religiosos, buscaban la oportunidad de acusarlo y arrestarlo para sacarlo del camino. Pero Jesús no lo permitió, pues aún no había llegado la hora de su entrega y sacrificio.

r. Luego de cerca de tres años de ministerio, Jesús supo que había llegado la hora de sufrir el martirio, entonces, predijo a sus discípulos que sería entregado a sus enemigos y que le matarían, pero que resucitaría al tercer día (Mateo 17:22-23).

s. Jesús se dirigió a Jerusalén con sus discípulos en lo que sería su semana de pasión y muerte.

t. Antes de su entrada triunfal en Jerusalén, Jesús resucitó a su amigo Lázaro, lo que causó una gran conmoción. Este milagro confirmó en la mente del pueblo que Jesús era el Mesías.

u. Jesús hizo su entrada triunfal en Jerusalén, dando comienzo a los eventos de su última semana en la tierra.

v. Estando en Jerusalén, Jesús confrontó de una forma más directa a los líderes religiosos, provocando que éstos comenzaran a tramar de manera más intencional su arresto y muerte.

w. Judas Iscariote, uno de los doce discípulos, traicionó a Jesús y lo entregó por dinero.

x. Jesús fue arrestado por los líderes religiosos, quienes después de interrogarlo inútilmente lo entregaron a Poncio Pilato, el gobernador romano, con falsas acusaciones de rebelión.

y. Poncio Pilato, estando bajo la presión del pueblo, y a pesar de varios intentos por liberarlo, juzgó y condenó a Jesús a muerte por crucifixión, finalizando de esta manera su ministerio terrenal.

Los eventos vinculados de forma directa con su pasión, muerte y resurrección los cubriremos en la próxima lección.

2. Temas centrales en el mensaje de Jesús

1. El Reino de Dios

El Reino de Dios o Reino de los Cielos es un tema central en las enseñanzas de Jesús. Los estudiosos de la Biblia están de acuerdo en que ambos términos (Reino de Dios y Reino de los Cielos) son sinónimos. Al decir que "el reino de los cielos se ha acercado", Jesús está indicando que la manifestación del reino de Dios en la tierra está llegando a través de Él mismo. Su presencia, su ministerio, y sus milagros, son señales de que el Reino está comenzando a manifestarse.

De manera implícita Jesús está señalando que Él es el Rey de ese Reino. En otras palabras, el Reino de Dios "se ha acercado" porque el Rey ha llegado. Este anuncio se unió a la expectativa del pueblo que esperaba a un rey ungido por Dios (el Mesías) que restituiría el reino davídico de Israel. En sus palabras y acciones, Jesús estaba iniciando el Reino y una nueva era en la historia de la salvación, pero no se trataba del reino político que el pueblo esperaba. Se trataba de un reino espiritual que comienza en el corazón de los creyentes con Jesús como Señor y Cristo, pero que será plenamente manifestado en el futuro.

En el Nuevo Testamento, el Reino de Dios tiene dos dimensiones, la presente y la futura. En el mensaje de Jesús, la dimensión presente comienza con su llegada, y la dimensión futura o escatológica tiene que ver con el reino eterno que establecerá Dios al fin de los tiempos. En este sentido, el mensaje del Reino en el Nuevo Testamento está en tensión con estas dos realidades. Es lo que algunos teólogos han llamado el "ya, pero todavía no". Con esto quieren decir que desde ya los creyentes disfrutamos de las bendiciones del Reino por medio de la obra redentora de Jesús. Pero que la manifestación plena del Reino sucederá al fin de los tiempos cuando Dios impondrá su Reino sobre la tierra con Jesús como Rey y Señor. Es en este tiempo cuando el mundo finalmente tendrá un reino de amor, justicia y paz. Para efectos de esta lección nos enfocaremos en la dimensión presente. El aspecto futuro del Reino lo discutiremos en la última lección de esta serie.

El Reino que es predicado por Jesús tiene las siguientes características y enseñanzas:

1. **El Reino se ha acercado**

"[14]Después que Juan fue encarcelado, Jesús vino a Galilea predicando el evangelio del reino de Dios, [15]diciendo: El

tiempo se ha cumplido, y el reino de Dios se ha acercado; arrepentíos, y creed en el evangelio." (Marcos 1:14-15)

"[16]La ley y los profetas eran hasta Juan; desde entonces el reino de Dios es anunciado, y todos se esfuerzan por entrar en él." (Lucas 16:16)

Tras siglos esperando la llegada del Mesías, Jesús comenzó su ministerio haciendo una declaración que creó esperanza y expectación en el pueblo: "el reino de Dios se ha acercado". Como ya hemos dicho, con esta declaración Jesús daba a entender que en su persona daba comienzo el Reino de Dios.

Este Reino no era un reino terrenal, sino una realidad espiritual en la que Dios irrumpió en la historia a través de su Hijo, salvando y restaurando al ser humano. Por tanto, no se limita a un lugar físico o geográfico, sino que abarca la transformación de corazones y vidas en todo lugar donde es proclamado, promoviendo paz, justicia y amor, en conformidad con los propósitos divinos. En la medida en que los discípulos de Jesús adoptan sus enseñanzas, el reino se extiende y se hace presente. Por otro lado, en la medida en que el resto del mundo sigue en rebelión contra Dios, el reino está por venir.

2. **Las señales dan testimonio de la llegada del Mesías y Rey**

"[21]En esa misma hora sanó a muchos de enfermedades y plagas, y de espíritus malos, y a muchos ciegos les dio la vista. [22]Y respondiendo Jesús, les dijo: Id, haced saber a Juan lo que habéis visto y oído: los ciegos ven, los cojos andan, los leprosos son limpiados, los sordos oyen, los muertos son resucitados, y

a los pobres es anunciado el evangelio; [23]y bienaventurado es aquel que no halle tropiezo en mí." (Lucas 7:21-23)

Estas palabras de Jesús son en respuesta a la pregunta de Juan el Bautista a Jesús, en el sentido de si, Él era el Mesías que habría de venir o si debían esperar a otro. Juan había declarado al principio del ministerio de Jesús que éste era Aquel que el pueblo había estado esperando. Sin embargo, al pasar el tiempo, Juan dudó al ver que el ministerio de Jesús no iba en la dirección que ellos esperaban. Su expectativa era la restauración del reino de David. O sea, un reino político y terrenal. Jesús, en su respuesta cita Isaías 35:5-6 e Isaías 61:1, que son pasajes mesiánicos conocidos por Juan y por el pueblo judío. Al citarles el libro de Isaías, es como si Jesús estuviera diciendo: "Sí, yo soy el Mesías anunciado por los profetas, y las señales que hago dan testimonio de que esto es así." Su autoridad sobre las enfermedades y sobre la muerte demostraban que era el Mesías, y que el Reino de Dios ya estaba presente.

3. **Autoridad sobre los demonios**

"[28]Pero si yo por el Espíritu de Dios echo fuera los demonios, ciertamente ha llegado a vosotros el reino de Dios." (Mateo 12:28)

Este pasaje se da en el contexto de la discusión entre Jesús y los fariseos, en donde éstos lo acusaron de echar fuera demonios por Beelzebú, príncipe de los demonios. En su respuesta, Jesús no solo refuta la acusación de los fariseos, sino que afirma que el Reino de Dios estaba presente a través de su persona, y la manifestación del poder del Espíritu de Dios. Su autoridad sobre los demonios era evidencia de que el Reino de los Cielos había llegado y estaba entre ellos.

4. **Llamado al arrepentimiento**

"[17]Desde entonces comenzó Jesús a predicar, y a decir: Arrepentíos, porque el reino de los cielos se ha acercado." (Mateo 4:17)

La entrada al Reino tiene como condición el arrepentimiento. Arrepentimiento implica un cambio de actitud: lamentar nuestro pecado y volvernos a Dios con todo nuestro corazón. A veces las personas sienten remordimiento y se arrepienten de las consecuencias de su pecado, pero no del pecado mismo. El verdadero arrepentimiento implica aborrecer el pecado, reconocer que hemos ofendido a Dios, y pedir su perdón.

5. **Sometimiento a Dios**

"[21]No todo el que me dice: Señor, Señor, entrará en el reino de los cielos, sino el que hace la voluntad de mi Padre que está en los cielos. [22]Muchos me dirán en aquel día: Señor, Señor, ¿no profetizamos en tu nombre, y en tu nombre echamos fuera demonios, y en tu nombre hicimos muchos milagros? [23]Y entonces les declararé: Nunca os conocí; apartaos de mí, hacedores de maldad." (Mateo 7:21-23)

No basta con invocar a Dios o hacer señales milagrosas en su nombre; esto no es suficiente. La entrada al Reino de los Cielos implica negarnos a nosotros mismos y esforzarnos en hacer la voluntad del Padre. Este es uno de los aspectos más difíciles de la vida cristiana, pues implica renunciar al "yo", al ego y a nuestra voluntad, para cumplir la suya.

6. **Servir a los necesitados**

"[33]Y pondrá las ovejas a su derecha, y los cabritos a su izquierda. [34]Entonces el Rey dirá a los de su derecha: Venid, benditos de mi Padre, heredad el reino preparado para vosotros desde la fundación del mundo. [35]Porque tuve hambre, y me disteis de comer; tuve sed, y me disteis de beber; fui forastero, y me recogisteis; [36]estuve desnudo, y me cubristeis; enfermo, y me visitasteis; en la cárcel, y vinisteis a mí. [37]Entonces los justos le responderán diciendo: Señor, ¿cuándo te vimos hambriento, y te sustentamos, o sediento, y te dimos de beber? [38]¿Y cuándo te vimos forastero, y te recogimos, o desnudo, y te cubrimos? [39]¿O cuándo te vimos enfermo, o en la cárcel, y vinimos a ti? [40]Y respondiendo el Rey, les dirá: De cierto os digo que en cuanto lo hicisteis a uno de estos mis hermanos más pequeños, a mí lo hicisteis." (Mateo 25:33-40)

Los cristianos no podemos ser indiferentes ante las necesidades del prójimo. El hambriento, el desnudo, el extranjero, el enfermo, el huérfano, y el preso, tienen un lugar muy especial en el corazón de Dios. Dondequiera que se lleven a cabo acciones de amor en su nombre, el Reino de los Cielos estará presente. Aún más, ayudar al prójimo representa ayudar a Jesús mismo, recordándonos que cada ser humano es imagen y semejanza de Dios. El no hacerlo así, implicaría no cumplir con Jesús y, en consecuencia, la no entrada al reino.

7. El reino de los cielos es valioso

"[44]Además, el reino de los cielos es semejante a un tesoro escondido en un campo, el cual un hombre halla, y lo esconde de nuevo; y gozoso por ello va y vende todo lo que tiene, y compra aquel campo. [45]También el reino de los cielos es semejante a un mercader que busca buenas perlas, [46]que habiendo hallado una perla preciosa, fue y vendió todo lo que tenía, y la compró." (Mateo 13:44-46)

El Reino de Dios es tan valioso, que vale la pena sacrificar todo, aún nuestras metas y sueños terrenales, con tal de alcanzarlo. Como dijo el apóstol Pablo: *"Y ciertamente, aun estimo todas las cosas como pérdida por la excelencia del conocimiento de Cristo Jesús, mi Señor, por amor del cual lo he perdido todo, y lo tengo por basura, para ganar a Cristo,"* (Filipenses 3:8). Las posesiones, la fama, los títulos, o el reconocimiento público, no se pueden comparar al regalo de una vida reconciliada con Dios, y al don de la vida eterna.

8. El trigo y la cizaña crecerán juntos

"[27]Vinieron entonces los siervos del padre de familia y le dijeron: Señor, ¿no sembraste buena semilla en tu campo? ¿De dónde, pues, tiene cizaña? [28]Él les dijo: Un enemigo ha hecho esto. Y los siervos le dijeron: ¿Quieres, pues, que vayamos y la arranquemos? [29]Él les dijo: No, no sea que, al arrancar la cizaña, arranquéis también con ella el trigo. [30]Dejad crecer juntamente lo uno y lo otro hasta la siega; y al tiempo de la siega yo diré a los segadores: Recoged primero la cizaña, y atadla en manojos para quemarla; pero recoged el trigo en mi granero." (Mateo 13:27-30)

En Mateo 13:36-43 Jesús explica con claridad la Parábola del trigo y la cizaña. La buena semilla son los hijos del reino, y la cizaña representa a los hijos del malo. Ambos, los hijos del reino, y los hijos del malo crecerán juntos hasta el fin de los tiempos cuando será el tiempo de la siega. Entonces, los hijos del malo serán separados para condenación eterna, y los hijos del reino *"resplandecerán como el sol en el reino de su Padre"* (Mateo 13:43). Esta parábola tiene las siguientes enseñanzas:

a. En este mundo, el bien y el mal coexisten, y Dios permite que ambos crezcan juntos hasta el momento apropiado. Este hecho nos enseña a ser pacientes y a confiar en que Dios tiene un plan para lidiar con el mal.

b. La parábola subraya que no es nuestro papel juzgar y separar a las personas; esa tarea pertenece a Dios. En el momento del juicio final, Él hará una separación perfecta entre los justos y los malvados.

c. Dios permite que el trigo y la cizaña crezcan juntos, lo que refleja su paciencia y misericordia. Ofrece tiempo para que las personas se arrepientan y se conviertan en "trigo".

d. El trigo, que representa a los hijos del reino, será recogido y llevado al "granero", simbolizando la recompensa eterna en el reino de Dios.

2. Los Valores del Reino

1. Amor: El mandamiento supremo

"[34]Entonces los fariseos, oyendo que había hecho callar a los saduceos, se juntaron a una. [35]Y uno de ellos, intérprete de la ley, preguntó por tentarle, diciendo: [36]Maestro, ¿cuál es el gran mandamiento en la ley? [37]Jesús le dijo: Amarás al Señor tu Dios con todo tu corazón, y con toda tu alma, y con toda tu mente. [38]Este es el primero y grande mandamiento. [39]Y el segundo es semejante: Amarás a tu prójimo como a ti mismo. [40]De estos dos mandamientos depende toda la ley y los profetas." (Mateo 22:34-40)

Según discutimos en una de las primeras lecciones, el propósito de la ley del Antiguo Testamento era enseñarle al pueblo de Israel cómo tener una relación correcta con Dios y sus semejantes. Los sacrificios y ceremonias del Antiguo Testamento eran mecanismos ceremoniales para ayudar al hombre a reconciliarse con Dios y con su prójimo cuando sus acciones dañaran la relación con uno u otro. Los ritos y ceremonias, por tanto, debían tener como base dos elementos fundamentales: amor y arrepentimiento de corazón. Sin embargo, al pasar el tiempo, el pueblo de Israel le dio más importancia a los ritos y ceremonias, practicándolos de forma mecánica, y se olvidó de lo más importante: el amor y la actitud del corazón.

Veámoslo de este modo, si amo a Dios y amo a mi prójimo, nunca haría nada a propósito que pudiera ofenderles. San Agustín, uno de los grandes teólogos en la historia de la Iglesia dijo lo siguiente: *"Ama y haz lo que quieras"*. Lo que debe inspirarnos a obedecer a Dios no debe ser el temor al castigo, sino el amor por habernos creado y amado. Mi motivación al compartir con mi prójimo no debe ser lo que pueda obtener de éste, sino actuar motivado por el amor.

Los religiosos en el tiempo de Jesús, en su celo del cumplimiento literal de la ley, establecieron ordenanzas que contradecían el espíritu mismo de la ley, faltando al amor y a la misericordia (ej. estaba prohibido sanar a un enfermo en sábado). Jesús enfrentó a los religiosos de su tiempo por este y otros mandamientos que faltaban al amor, enseñando y modelando los valores del Reino que son amor, justicia y paz.

2. **El Sermón del Monte**

Los pasajes bíblicos que mejor ilustran las enseñanzas de Jesús sobre la conducta y los valores del creyente se encuentran en el Sermón del Monte (Mateo 5-7). De hecho, algunos estudiosos bíblicos llaman al Sermón del Monte "la Carta Magna" o "la Constitución" para los ciudadanos del Reino de Dios. Veamos algunos de los puntos más relevantes de este pasaje, que es de vital importancia para la vida y testimonio del cristiano.

Las bienaventuranzas (Mateo 5:3-12)

3Bienaventurados** (dichosos) **los pobres en espíritu, porque de ellos es el reino de los cielos.

En este pasaje, pobres de espíritu se refiere a aquellos que reconocen su necesidad de Dios y le buscan de todo corazón. Son los que reconocen su condición de pecado, y que en vez de justificarse a sí mismos, procuran reconciliarse con Dios.

4Bienaventurados los que lloran, porque ellos recibirán consolación.

Dios es el Padre eterno que nos consuela cuando estamos en prueba o necesidad. Resulta paradójico y hasta difícil de entender, pero las pruebas son el escenario en donde mejor comprendemos la magnitud del amor y el cuidado de Dios. Es en esos momentos, cuando recibimos la consolación de Dios, le sentimos más cerca, y se hace más real en nuestras vidas. Recibir el consuelo de Dios en medio de nuestras situaciones del diario vivir nos convierte en bienaventurados.

5Bienaventurados los mansos, porque ellos recibirán la tierra por heredad.

Mansedumbre, en nuestra relación con Dios, significa someternos libremente a su voluntad. La mansedumbre en nuestra relación con los hombres no implica sumisión incondicional al maltrato o a las humillaciones. Tampoco debe confundirse con humildad. Más bien significa demostrar paciencia en toda circunstancia, así como disposición de aceptar y tolerar a las demás personas en amor.

6Bienaventurados los que tienen hambre y sed de justicia, porque ellos serán saciados.

Este pasaje se refiere tanto a los que sufren injusticias, como a aquellos que tienen hambre y sed de vivir una vida agradable a Dios. En cuanto a lo primero, confiamos en que nuestro Dios es soberano y que está atento para intervenir en nuestro favor. Confiamos, aunque de momento estemos sufriendo situaciones que no podamos entender, sabiendo que la justicia divina supera la terrenal. Su promesa es que seremos saciados de su justicia. En cuanto a lo segundo, son los que no se conforman con una relación liviana con el Señor. Son los que no permiten que los afanes de la vida o la indiferencia los alejen de Dios, sino que procuran tiempo para buscar su rostro.

7Bienaventurados los misericordiosos, porque ellos alcanzarán misericordia.

Misericordia significa tener compasión por aquellos que sufren, así como ser compasivos aún con aquellos que no lo merecen. No es solo lamentar la condición de los menos afortunados, sino también hacer algo concreto en favor de estos. En un tiempo donde impera el individualismo y la indiferencia, Dios tiene promesa para aquellos que muestran misericordia: Él mismo tendrá misericordia de nosotros.

8Bienaventurados los de limpio corazón, porque ellos verán a Dios.

Limpieza de corazón implica no dar lugar a todo aquello que pueda afectar nuestra relación con Dios y con nuestros semejantes: celos, envidia, iras, inmoralidad, chismes, palabras ofensivas, egoísmo, indiferencia, peleas, discusiones, etc. Esto requiere examinarnos día a día con mucha honestidad, y pedirle a Dios que nos ayude a quitar de nuestro corazón lo que no le agrade.

[9]Bienaventurados los pacificadores, porque ellos serán llamados hijos de Dios.

En un mundo lleno de todo tipo de violencia, los cristianos somos llamados a ser agentes de paz. Mientras otros instigan al conflicto, la división, el chisme y la confrontación, nuestro llamado es a promover el respeto y la reconciliación. Que nos distingamos por ser personas que traemos la paz en medio de los conflictos, y seremos llamados hijos de Dios.

[10]Bienaventurados los que padecen persecución por causa de la justicia, porque de ellos es el reino de los cielos.

[11]Bienaventurados sois cuando por mi causa os vituperen y os persigan, y digan toda clase de mal contra vosotros, mintiendo.

[12]Gozaos, y alegraos porque vuestro galardón es grande en los cielos; porque así persiguieron a los profetas que fueron antes de vosotros.

Los versículos diez, once y doce se refieren a aquellos que sufren por su deseo de agradar a Dios. Jesús no escondió la realidad de que en algún momento enfrentaríamos opresión y persecución por su causa. El ser fieles a Dios puede tener un precio cuando nos encontramos en escenarios con personas que no comparten nuestros valores. Este precio puede ser desde una simple burla hasta la más dura represión. Otros han sido perseguidos antes que nosotros, y no somos mejores que ellos. No obstante, este pasaje nos anima a recordar que nuestra recompensa última no será aquí en la tierra sino en los cielos, y que el galardón será grande cuando hayamos vencido.

3. **Características que debemos demostrar los ciudadanos del Reino**

a. *Ser sal de la tierra* (Mateo 5:13): que damos sabor, y procuramos preservar todo a nuestro alrededor.

b. *Ser luz del mundo* (Mateo 5:14-16): que alumbramos y dirigimos con nuestra ejemplo y conducta.

c. *Demostrar amor hacia los enemigos* (Mateo 5:38-48): en lugar de ser vengativos.

d. *No depender de juramentos, sino ser íntegros* (Mateo 5:33-37): que nuestro "sí" sea "sí" y nuestro "no" sea "no".

4. **Las normas del Reino son más altas que la ley del Antiguo Testamento**

Al dirigirse a los judíos en el Sermón del Monte, Jesús les deja saber que las exigencias morales del Reino son más altas que el cumplimiento de la ley del Antiguo Testamento, lo que hace que trasciendan más allá del pueblo judío hasta nuestro tiempo. Cumplir con la ley era un asunto ritual, pero cumplir con las normas del

Reino requiere un cambio en el corazón. De acuerdo con la enseñanza de Jesús, las malas intenciones y los malos deseos son tan pecaminosos como las malas acciones.

De hecho, las normas del Reino son tan elevadas, que no solo nos retan a vivir en un estándar más alto de espiritualidad y convivencia, sino que nos confrontan con nuestra dependencia total de Dios, y de su Espíritu para vivir una vida cristiana victoriosa. Cuando somos confrontados con algunas de estas exigencias, podría venirnos a la mente la pregunta de los discípulos a Jesús cuando dijeron *"¿Quién, pues, podrá ser salvo?"* (Mateo 19:25). Y entonces, para alivio nuestro, recordamos la respuesta de Jesús: *"Para los hombres esto es imposible; más para Dios todo es posible"* (Mateo 19:26).

Veamos algunos ejemplos:

a. Insultar a una persona, o enojarse con ella, es tan malo como matarla (Mateo 5:22).

b. Desear a la persona ajena es tan malo como el adulterio mismo (Mateo 5:28).

c. Ofrendar estando en enemistad con alguien, no es aceptable (Mateo 5:23-24).

d. La actitud y motivación con que ayudamos a otros es más importante que la acción misma de ayudar (Mateo 6:1-4).

e. Hacer tesoros en el cielo es más importante que acumular riquezas en la tierra (Mateo 6:19-21).

f. Tenemos que perdonar si queremos ser perdonados (Mateo 6:14-15).

g. No debemos juzgar al prójimo (Mateo 7:1-6)

h. La regla de oro: tratar a los demás de la misma forma en que queremos ser tratados (Mateo 7: 7-12).

i. Los frutos, no las apariencias ni las palabras, son los que dan a conocer a una persona (Mateo 7:15-20).

j. La persona sabia y prudente es quien pone por obra las enseñanzas de Jesús, pero la necia es quien no lo hace (Mateo 7:24-29).

3. **La importancia del servicio**

"[14]Pues si yo, el Señor y el Maestro, he lavado vuestros pies, vosotros también debéis lavaros los pies los unos a los otros. [15]Porque ejemplo os he dado, para que como yo os he hecho, vosotros también hagáis. [16]De cierto, de cierto os digo: El siervo no es mayor que su señor, ni el enviado es mayor que el que le envió." (Juan 13:14-16)

La humildad y el servicio son elementos esenciales en el mensaje de Jesús. Al lavar los pies de sus discípulos, Jesús asumió el trabajo del siervo más humilde. Su intención era ilustrar de forma dramática, sus expectativas sobre cómo debe ser el trato entre sus seguidores: servirse unos a otros. Aún más, el servicio debe ser el distintivo del creyente en todos los ámbitos de vida, pues el servicio no es otra cosa que el lenguaje del amor. El mundo sabrá que somos hijos de Dios en la medida que demostremos amor genuino hacia nuestros semejantes, expresado a través del servicio. En otras palabras: el servicio es la manera de expresar el amor.

4. El precio del discipulado

"[24]Entonces Jesús dijo a sus discípulos: Si alguno quiere venir en pos de mí, niéguese a sí mismo, y tome su cruz, y sígame." (Mateo 16:24)

Jesús fue claro al dejarnos saber que el discipulado tiene un costo y un precio que pagar. Seguir a Jesús implica poner a Dios primero, y estar dispuestos a renunciar a nuestros gustos, planes y prioridades con tal de hacer su voluntad. También conlleva estar dispuestos a pasar pruebas y dificultades por amor de aquel que dio su vida por nosotros. Ya hemos mencionado que Jesús nunca garantizó una vida libre de problemas. Todos sufrimos las consecuencias de vivir en un mundo caído a consecuencia del pecado. La gran diferencia es que el creyente atraviesa las dificultades con la dirección y el acompañamiento del Señor, confiados en que Él ha vencido al mundo (Juan 16:33).

5. La misión de Jesús

Como parte de su mensaje Jesús comunicó con claridad los propósitos de su misión a favor del ser humano. Al hablar sobre su misión, Jesús describió la condición de la humanidad como seres caídos y dañados por el pecado. Una humanidad perdida que necesitaba ser rescatada, perdonada, liberada y sanada. Esto solo era posible por la intervención de Dios.

Veamos los propósitos de la misión de Jesús en sus propias palabras:

1. Hacer la voluntad del Padre

"[38]Porque he descendido del cielo, no para hacer mi voluntad, sino la voluntad del que me envió." (Juan 6:38)

El plan de salvación se originó en el cielo por voluntad del Padre Celestial en acuerdo con el Hijo. Este aspecto es clave en el evangelio según San Juan (Juan 4:34, Juan 5:30, Juan 6:39).

2. **Dar vida abundante**

"[10]El ladrón no viene sino para hurtar y matar y destruir; yo he venido para que tengan vida, y para que la tengan en abundancia." (Juan 10:10)

Jesús vino a deshacer las obras del enemigo de manera que los que creen en Él pasen de muerte a vida (Juan 5:24)

3. **Salvar lo perdido**

"[10]Porque el Hijo del Hombre vino a buscar y a salvar lo que se había perdido." (Lucas 19:10)

Ampliando este punto, el evangelio según San Juan dice que Dios no envió a su hijo al mundo para condenar al mundo, sino para que el mundo sea salvo por Él (Juan 3:17).

4. **Perdonar pecados**

"[24]Pues para que sepáis que el Hijo del Hombre tiene potestad en la tierra para perdonar pecados (dijo al paralítico): A ti te digo: Levántate, toma tu lecho, y vete a tu casa." (Lucas 5:24)

La salvación se consigue a través del perdón de los pecados, y Jesús demostró por medio de la sanidad de un hombre paralítico que sí tenía autoridad para perdonar pecados. Para que no hubiera lugar a dudas, Jesús hizo este milagro en presencia del pueblo, y de los religiosos que le cuestionaban dicha autoridad.

5. **Servicio y Sacrificio**

"[27]y el que quiera ser el primero entre vosotros será vuestro siervo; [28]como el Hijo del Hombre no vino para ser servido, sino para servir, y para dar su vida en rescate por muchos." (Mateo 20:27-28)

Jesús hizo hincapié en que los valores del reino de Dios son diferentes a los valores del mundo. En el mundo, la grandeza se mide a base del poder que ejercen unos sobre otros. Mientras que, en el Reino, se mide a base del servicio y del sacrificio que estamos dispuestos a hacer por los demás. En este sentido, Jesús dio el ejemplo máximo sirviendo al necesitado y entregando su vida. Los cristianos somos llamados a seguir su ejemplo sirviéndonos unos a otros, y proclamando el mensaje de salvación.

6. **Dar buenas noticias**

"[18]El Espíritu del Señor está sobre mí,
Por cuanto me ha ungido para dar buenas nuevas a los pobres;
Me ha enviado a sanar a los quebrantados de corazón;
A pregonar libertad a los cautivos,
Y vista a los ciegos;
A poner en libertad a los oprimidos;
[19]A predicar el año agradable del Señor."
(Lucas 4:18-19)

Estas palabras de Jesús son, las que, a mi juicio, mejor definen su misión terrenal. Traer buenas noticias para todos los que en algún momento hemos vivido: pobreza material o espiritual, quebrantamiento de corazón, ceguera de cualquier tipo, u opresión por parte del hombre o del enemigo de las almas. Para todos los que nos hemos sentido vulnerables, heridos y necesitados, Jesús tiene palabras de sanidad, libertad y esperanza.

7. **Presentar a Dios como nuestro Padre Celestial**

"[9]Vosotros, pues, oraréis así: Padre nuestro que estás en los cielos, santificado sea tu nombre." (Mateo 6:9)

"[9]¿Qué hombre hay de vosotros, que, si su hijo le pide pan, le dará una piedra? [10]¿O si le pide un pez, le dará una serpiente? [11]Pues si vosotros, siendo malos, sabéis dar buenas dádivas a vuestros hijos, ¿cuánto más vuestro Padre que está en los cielos dará buenas cosas a los que le pidan?" (Mateo 7:9-11)

En el Antiguo Testamento, Dios es un Padre para el pueblo de Israel, un Padre protector, disciplinario y proveedor; pero la relación es más colectiva, y basada en el pacto. En el Nuevo Testamento, a través de Jesucristo, la paternidad de Dios se revela de manera más personal e íntima, extendiéndose a todos los creyentes como hijos adoptivos de Dios (Juan 1:12). La relación es más cercana, accesible, y está basada en el amor, la gracia y la intimidad, con énfasis en la misericordia y la salvación a través de Cristo.

D. Preguntas de reflexión

1. ¿Qué aspectos del carácter de Jesús se destacan más en sus enseñanzas y acciones durante su ministerio público? Reflexiona sobre cómo puedes incorporar estos aspectos en tu propia vida.

2. ¿Qué significa para ti que Jesús haya venido a servir, y no a ser servido? Piensa en formas prácticas de vivir un estilo de vida de servicio a los demás.

3. Jesús vino *"a buscar y a salvar lo que se había perdido"* (Lucas 19:10) ¿Cómo las acciones de Jesús hacia los marginados y pecadores te desafían en tu trato con los demás? Reflexiona sobre tu actitud y comportamiento hacia las personas que la sociedad puede ignorar o rechazar.

4. ¿De qué forma nosotros también podemos predicar el año agradable del Señor? Piensa en las maneras en que podemos ayudar a sanar y libertar a los heridos de corazón.

5. ¿Por qué no debemos juzgar al prójimo? Reflexiona en instancias en donde tu juicio pudo estar equivocado hacia alguna persona.

6. ¿De qué maneras demostró Jesús que el amor es el mandamiento supremo? Reflexiona sobre maneras en que podemos imitarlo.

7. ¿Estás de acuerdo en que nuestras actitudes y motivaciones son tan importantes como nuestras acciones? ¿Por qué?

E. Oración de cierre

Oremos para que, día a día, reflejemos los valores del Reino de Dios en amor, justicia y paz; que cada día, nos vistamos más y más del carácter de Cristo.

Lección 23:
Vida de Jesús — Pasión, Muerte y Resurrección
Mateo, Marcos, Lucas, Juan (c. 30 d.C.)

A. Textos clave

"[22]Estando ellos en Galilea, Jesús les dijo: El Hijo del Hombre será entregado en manos de hombres, [23]y le matarán; mas al tercer día resucitará. Y ellos se entristecieron en gran manera." (Mateo 17:22-23)

"[17]Subiendo Jesús a Jerusalén, tomó a sus doce discípulos aparte en el camino, y les dijo: [18]He aquí subimos a Jerusalén, y el Hijo del Hombre será entregado a los principales sacerdotes y a los escribas, y le condenarán a muerte; [19]y le entregarán a los gentiles para que le escarnezcan, le azoten, y le crucifiquen; mas al tercer día resucitará." (Mateo 20:17-19)

"[2]Sabéis que dentro de dos días se celebra la pascua, y el Hijo del Hombre será entregado para ser crucificado." (Mateo 26:2)

B. Introducción

Jesús sabía claramente en qué consistía su misión y estaba preparado para llevarla a cabo. Su muerte no fue una casualidad o accidente histórico. No se trata de un evento en donde las cosas "se salieron de control" o "no salieron como se esperaba" sino todo lo contrario. La muerte y resurrección de Jesús ocurren de acuerdo con el plan de Dios para nuestra salvación, y es Dios quien tiene el control de los eventos. Es por esto por lo que Jesús dijo:

> *"[17]Por eso me ama el Padre, porque yo pongo mi vida, para volverla a tomar. [18]Nadie me la quita, sino que yo de mí mismo la pongo. Tengo poder para ponerla, y tengo poder para volverla a tomar. Este mandamiento recibí de mi Padre."* (Juan 10:17-18)

Su muerte representa el evento más significativo en la historia de la humanidad, porque es a través de su muerte expiatoria (eliminación de la culpa o pecado a través de un tercero) que podemos ser salvos.

En los pasajes que mencionamos al principio, vemos tres instancias en las que Jesús les dice a sus discípulos lo que acontecerá una vez lleguen a Jerusalén. El primer aviso lo ofrece mientras estaban en Galilea, antes de salir a Jerusalén para la fiesta de la Pascua. El segundo aviso lo manifiesta mientras iban camino a Jerusalén, y el tercero, apenas dos días antes de ser crucificado. Sin embargo, junto con el anuncio de su muerte, Jesús también les dijo que resucitaría, pero sus discípulos no comprendieron sus palabras en ese momento.

C. Desarrollo de la lección

1. **Pasión y Muerte de Jesús**

   1. **Eventos principales**

      a. Entrada triunfal en Jerusalén siendo recibido por el pueblo como el Mesías: el Hijo de David y Rey de los Judíos.

b. La expectativa del pueblo era que se establecería un reino político, con Jesús como rey, derrocando a los romanos, pero ese no era el plan de Dios para ese momento.

c. Los discípulos no entendieron hasta después de su resurrección que la manifestación del Mesías sería en dos etapas: primero como siervo sufriente para redención de la humanidad, y al final de los tiempos como rey triunfante.

d. Los líderes de los fariseos y saduceos acordaron matar a Jesús por la amenaza que representaba a sus intereses. Los saduceos temían una revuelta que afectara sus intereses económicos, y los fariseos temían perder el poder religioso ante el pueblo.

e. Jesús tiene la última cena con sus discípulos.

f. Jesús se retira a orar en el huerto de Getsemaní con sus discípulos.

g. Judas Iscariote (uno de los doce discípulos), traiciona y entrega a Jesús a los líderes religiosos a cambio de dinero.

h. En el momento del arresto de Jesús en el huerto de Getsemaní sus discípulos huyeron y le abandonaron.

i. Jesús es juzgado y condenado a muerte por el Sanedrín, acusado de blasfemia al afirmar su divinidad.

j. El Sanedrín no tenía autoridad para matar a Jesús, así que lo llevaron ante el gobernador Poncio Pilato con acusaciones falsas de rebelión, para que fuera éste quien ejecutara la sentencia de muerte.

k. Pilato no encontró causa que justificara la ejecución de Jesús y le dio al pueblo la opción de liberarlo.

l. El pueblo, instigado por sus líderes, rechazó la oferta de Pilato y pidió que Jesús fuera crucificado.

m. Pilato, obrando en contra de su deseo, cedió y sentenció a Jesús a muerte por crucifixión.

n. Los soldados romanos ejecutaron la orden, y crucificaron a Jesús en medio de dos ladrones, quienes eran más bien revolucionarios en contra de la dominación romana.

o. Jesús fue declarado muerto por los soldados romanos.

p. Jesús fue sepultado por un discípulo llamado José de Arimatea, con la ayuda de un maestro de la ley llamado Nicodemo (Juan 19:38-40)

2. **Personajes principales en el drama de la pasión, muerte y resurrección**

a. Sus acusadores (fariseos y saduceos) – representan a los líderes religiosos corruptos que actúan motivados por ambiciones políticas y económicas.

b. La multitud – representa a las masas, que en su ignorancia, se dejan influenciar por líderes manipuladores.

c. Judas – representa a aquellos que, a pesar de creer al evangelio, traicionan sus valores motivados por la ambición.

d. Pilato – representa a los políticos débiles de carácter que actúan en contra de sus convicciones para mantener su posición, y ganar el favor del pueblo.

e. El ladrón rebelde – representa a aquellos que ni aún en su peor condición reconocen su necesidad de Dios. Su distintivo es la arrogancia y la temeridad.

f. El ladrón arrepentido – representa a los "pobres de espíritu", aquellos que son humildes, reconocen su necesidad de Dios, y muestran arrepentimiento.

g. Los discípulos – representan a aquellos que creen en Jesús, pero el temor a las consecuencias del discipulado no les permite dar testimonio abierto de Él, y se vuelven atrás.

h. María y Juan – representan aquellos que son fieles al Señor, en todo tiempo, en todo momento, en toda circunstancia, sin importar el riesgo o las consecuencias que esto represente. Su distintivo es integridad, valor y amor a prueba de todo.

i. El centurión romano – representa a aquellos que ante la evidencia reconocen la divinidad de Jesús.

j. José de Arimatea – representa el discípulo fiel, sensible y valiente, que trata con respeto y dignidad al Señor.

2. Resurrección de Jesús

1. Eventos principales en la resurrección de Jesús

a. Resucitó al tercer día según les había dicho a sus discípulos.

b. Ascendió al Padre para ser glorificado.

c. Se les apareció a sus discípulos:

i. María Magdalena.

ii. Simón Pedro.

iii. dos discípulos que iban camino a Emaús.

iv. los once discípulos.

v. Jacobo (su hermano carnal por parte de María).

vi. a más de quinientos.

d. Se apareció a sus discípulos con un cuerpo glorificado. O sea, un cuerpo inmortal e incorruptible que no está limitado por barreras físicas, y que podía ser palpado por sus discípulos.

e. Se les apareció a los apóstoles por cuarenta días antes de ascender de forma definitiva al cielo, enseñándoles y hablándoles acerca del reino de Dios.

f. Jesús ascendió al cielo ante los ojos de sus discípulos, pero antes, les comisionó para predicar y enseñar el evangelio a todas las naciones.

2. **Evidencias de la resurrección**

a. Hubo muchos testigos de que Jesús efectivamente fue sepultado, por lo que la tumba vacía es un testimonio contundente de su resurrección.

b. Jesús se apareció a varios de sus discípulos con pruebas indubitables de que en efecto era Él, como lo demostraban las marcas en sus manos, pies y costado.

c. Los discípulos se transformaron de cobardes y temerosos, en valientes y atrevidos testigos del Cristo resucitado.

d. Aunque los discípulos se mostraron incrédulos con las primeras noticias de la resurrección, las experiencias vividas con el Cristo resucitado los llevaron a una convicción tan grande, que estuvieron dispuestos a morir por Él. Nadie estaría dispuesto a morir por una mentira.

e. La existencia misma de la Iglesia a través del testimonio documentado de los escritores del Nuevo Testamento, y de los padres apostólicos, que es como se conoce a los líderes cristianos que vivieron inmediatamente después de los apóstoles de Jesús. Los Padres Apostólicos no fueron apóstoles, pero algunos de ellos conocieron a los apóstoles o estuvieron fuertemente influenciados por sus enseñanzas.

f. La llegada y manifestación del Espíritu Santo, el cual Jesús dijo que enviaría una vez hubiese resucitado y ascendido al Padre.

g. El poder transformador del evangelio en las vidas de aquellos que reciben a Jesús como Señor y Salvador.

h. Nuestra propia experiencia como creyentes en Jesús.

3. Implicaciones de la muerte y resurrección de Jesús para el creyente

a. Jesús venció la muerte, el poder de las tinieblas, y el poder del pecado sobre la humanidad (Colosenses 2:14-15).

b. Jesús es hecho Señor y Rey (Hechos 2:36).

c. Jesús recibió toda potestad (autoridad) en el cielo y en la tierra (Mateo 28:18).

d. Jesús fue exaltado por el Padre y le dio un nombre que es sobre todo nombre (Filipenses 2:8-10).

e. Jesús es el único camino de salvación para la humanidad; no hay otro nombre en que podamos ser salvos (Hechos 4:12).

f. Hemos sido reconciliados con Dios por medio de su muerte (Romanos 5:9-11).

g. Jesús prometió que un día resucitaremos con Él. (Romanos 6:7-9)

3. **Enseñanzas clave de la muerte y resurrección de Jesús**

1. **Sacrificio Expiatorio por los Pecados**

La muerte de Jesús en la cruz representa un sacrificio expiatorio por los pecados de la humanidad. Todos los seres humanos somos pecadores y estamos separados de Dios. La muerte de Jesús pagó el precio por nuestros pecados, ofreciendo perdón y reconciliación con Dios. Su sacrificio satisface la justicia divina, y permite que los pecadores sean justificados (declarados justos) como un acto de gracia ante Dios.

"[5]Mas él herido fue por nuestras rebeliones, molido por nuestros pecados; el castigo de nuestra paz fue sobre él, y por su llaga fuimos nosotros curados." (Isaías 53:5)

"[23]Por cuanto todos pecaron, y están destituidos de la gloria de Dios, [24]siendo justificados gratuitamente por su gracia, mediante la redención que es en Cristo Jesús, [25]a quien Dios puso como propiciación por medio de la fe en su sangre, para manifestar su justicia, a causa de haber pasado por alto, en su paciencia, los pecados pasados." (Romanos 3:23-25)

"[2]Y él es la propiciación por nuestros pecados; y no solamente por los nuestros, sino también por los de todo el mundo." (1 Juan 2:2)

2. **Demostración del Amor de Dios**

La crucifixión de Jesús es la máxima demostración del amor de Dios hacia la humanidad. A través de su sacrificio, Dios muestra su amor y su deseo de salvarnos. Este amor es incondicional y se extiende a todos, ofreciendo salvación a quienes creen en Él.

"[16]Porque de tal manera amó Dios al mundo, que ha dado a su Hijo unigénito, para que todo aquel que en él cree, no se pierda, más tenga vida eterna." (Juan 3:16)

"[8]Mas Dios muestra su amor para con nosotros, en que siendo aún pecadores, Cristo murió por nosotros." (Romanos 5:8)

"[9]En esto se mostró el amor de Dios para con nosotros, en que Dios envió a su Hijo unigénito al mundo, para que vivamos por él. [10]En esto consiste el amor: no en que nosotros hayamos amado a Dios, sino en que él nos amó a nosotros, y envió a su Hijo en propiciación por nuestros pecados." (1 Juan 4:9-10)

3. **Victoria sobre el Pecado y la Muerte**

La muerte de Jesús no solo expía el pecado, sino que también derrota el poder del pecado y la muerte. Su resurrección posterior confirma esta victoria, asegurando la esperanza de la vida eterna para los creyentes, y confirmando que la muerte no tiene la última palabra. De tal forma que todo aquel que cree, no vive bajo el yugo del pecado, sino en la libertad de Cristo.

"[54]Y cuando esto corruptible se haya vestido de incorrupción, y esto mortal se haya vestido de inmortalidad, entonces se cumplirá la palabra que está escrita: Sorbida es la muerte en victoria. [55]¿Dónde está, oh muerte, tu aguijón? ¿Dónde, oh sepulcro, tu victoria? [56]Ya que el aguijón de la muerte es el pecado, y el poder del pecado, la ley. [57]Mas gracias sean dadas a Dios, que nos da la victoria por medio de nuestro Señor Jesucristo." (1 Corintios 15:54-57)

"[9]Sabiendo que Cristo, habiendo resucitado de los muertos, ya no muere; la muerte no se enseñorea más de él. [10]Porque en cuanto murió, al pecado murió una vez por todas; mas en cuanto vive, para Dios vive." (Romanos 6:9-10)

4. **Nuevo Pacto**

La muerte de Jesús establece un nuevo pacto entre Dios y la humanidad. Este nuevo pacto se basa en la gracia y el perdón de Dios a través de la fe en Jesucristo, en lugar de la obediencia a la ley del Antiguo Testamento. El nuevo pacto ofrece una relación directa y personal con Dios, acceso al perdón, y la promesa de la vida eterna para todos los creyentes.

"[20]De igual manera, después que hubo cenado, tomó la copa, diciendo: Esta copa es el nuevo pacto en mi sangre, que por vosotros se derrama." (Lucas 22:20)

"[15]Así que, por eso es mediador de un nuevo pacto, para que interviniendo muerte para la remisión de las transgresiones que había bajo el primer pacto, los llamados reciban la promesa de la herencia eterna." (Hebreos 9:15)

5. **La Ascensión de Jesús: Exaltación y Soberanía**

La ascensión de Jesús al cielo marca su exaltación a la diestra de Dios, donde ejerce su autoridad y continúa su ministerio como nuestro sumo sacerdote e intercesor.

"[50]Y los sacó fuera hasta Betania, y alzando sus manos, los bendijo. [51]Y aconteció que, bendiciéndolos, se separó de ellos, y fue llevado arriba al cielo." (Lucas 24:50-51)

"[14]Por tanto, teniendo un gran sumo sacerdote que traspasó los cielos, Jesús el Hijo de Dios, retengamos nuestra profesión. [15]Porque no tenemos un sumo sacerdote que no pueda compadecerse de nuestras debilidades, sino uno que fue tentado en todo según nuestra semejanza, pero sin pecado. [16]Acerquémonos, pues, confiadamente al trono de la gracia, para alcanzar misericordia y hallar gracia para el oportuno socorro." (Hebreos 4:14-16)

6. **La promesa del Espíritu Santo: Capacitación para la Misión**

Después de su ascensión, Jesús envió el Espíritu Santo para capacitar a los creyentes para la misión de ser sus testigos en todo el mundo. El Espíritu Santo provee poder, guía, consuelo y dones espirituales.

"[16]Y yo rogaré al Padre, y os dará otro Consolador, para que esté con vosotros para siempre: [17]el Espíritu de verdad, al cual el mundo no

puede recibir, porque no le ve, ni le conoce; pero vosotros le conocéis, porque mora con vosotros, y estará en vosotros." (Juan 14:16-17)

"[8]Pero recibiréis poder, cuando haya venido sobre vosotros el Espíritu Santo, y me seréis testigos en Jerusalén, en toda Judea, en Samaria, y hasta lo último de la tierra." (Hechos 1:8)

"Cuando llegó el día de Pentecostés, estaban todos unánimes juntos. [2]Y de repente vino del cielo un estruendo como de un viento recio que soplaba, el cual llenó toda la casa donde estaban sentados; [3]y se les aparecieron lenguas repartidas, como de fuego, asentándose sobre cada uno de ellos. [4]Y fueron todos llenos del Espíritu Santo, y comenzaron a hablar en otras lenguas, según el Espíritu les daba que hablasen." (Hechos 2:1-4)

7. **La Promesa del Retorno de Jesús: Esperanza Escatológica**

La ascensión de Jesús también incluye la promesa de su retorno. Los cristianos vivimos con la esperanza de la segunda venida de Cristo, cuando Él establecerá su reino eterno de justicia y paz. La promesa del retorno de Jesús brinda esperanza y motivación a los creyentes para vivir en santidad, fidelidad y expectación, anticipando el día en que Jesús vendrá a renovar todas las cosas y en que estaremos para siempre con Él.

"[2]En la casa de mi Padre muchas moradas hay; si así no fuera, yo os lo hubiera dicho; voy, pues, a preparar lugar para vosotros. [3]Y si me fuere y os preparare lugar, vendré otra vez, y os tomaré a mí mismo, para que donde yo estoy, vosotros también estéis." (Juan 14:2-3)

"[11]los cuales también les dijeron: Varones galileos, ¿por qué estáis mirando al cielo? Este mismo Jesús, que ha sido tomado de vosotros al cielo, así vendrá como le habéis visto ir al cielo." (Hechos 1:11)

"[16]Porque el Señor mismo con voz de mando, con voz de arcángel, y con trompeta de Dios, descenderá del cielo; y los muertos en Cristo resucitarán primero. [17]Luego nosotros los que vivimos, los que hayamos quedado, seremos arrebatados juntamente con ellos en las nubes para recibir al Señor en el aire, y así estaremos siempre con el Señor." (1 Tesalonicenses 4:16-17)

D. Preguntas de reflexión

1. ¿Qué significa para ti que Jesús haya muerto por tus pecados? Reflexiona sobre el impacto personal de su sacrificio en tu vida y en tu relación con Dios.

2. ¿Cómo te afecta saber que la muerte de Jesús fue un acto de amor incondicional de Dios hacia la humanidad? Piensa en cómo este amor puede influir en tus relaciones y en tu actitud hacia los demás.

3. ¿De qué manera el conocimiento del sufrimiento de Jesús cambia tu perspectiva sobre el sufrimiento en tu propia vida? Considera cómo puedes encontrar esperanza y consuelo en medio de tus propias pruebas.

4. ¿Cómo puedes vivir de manera que honres el sacrificio de Jesús en tu vida diaria?
   Piensa en acciones concretas que puedes tomar para vivir de una manera que refleje tu gratitud y devoción.

5. ¿Cómo la resurrección de Jesús cambia tu perspectiva sobre la muerte y la vida eterna? Considera como puedes vivir con una esperanza renovada y una perspectiva eterna.

6. ¿Cómo la resurrección de Jesús confirma su identidad y misión como el Hijo de Dios? Reflexiona sobre cómo esta confirmación fortalece tu fe en las promesas de Jesús.

7. ¿Cómo puedes compartir el mensaje de la resurrección de Jesús con otros de una manera que sea significativa y relevante? Considera maneras prácticas y efectivas de comunicar en tu entorno la esperanza de la resurrección.

E. Oración de cierre

Demos gracias a Dios por decidir salvar a la humanidad a través del sacrificio de su Hijo, y por la esperanza de vida eterna que tenemos en Él.

Lección 24:
¿Quién es éste?

A. Texto clave (Marcos 4:39-41)

"[39]Y levantándose, reprendió al viento, y dijo al mar: Calla, enmudece. Y cesó el viento, y se hizo grande bonanza. [40]Y les dijo: ¿Por qué estáis así amedrentados? ¿Cómo no tenéis fe? [41]Entonces temieron con gran temor, y se decían el uno al otro: ¿Quién es este, que aun el viento y el mar le obedecen?"

B. Introducción

El ministerio público de Jesús provocó reacciones en el pueblo, y todos se preguntaban quién era este hombre que hablaba con autoridad y que hacía señales que nadie había hecho antes. Así mismo, a través de la historia muchos se han formulado la misma pregunta, ¿quién es Jesús? Ante esto, se han planteado algunas alternativas:

1. ¿Un maestro que enseñó altas normas morales?

2. ¿Un loco que deliraba y se creyó que era Dios?

3. ¿Un profeta similar a los profetas del Antiguo Testamento?

4. ¿Un "iluminado" como Buda, Mahoma o Krishna?

5. ¿Un hacedor de milagros o curandero?

6. ¿Un mito histórico?

En esta lección explicaremos que la vida y ministerio de Jesús nos llevan a concluir que Él fue mucho más que un maestro, profeta, milagrero o iluminado. Que ciertamente no fue un demente delirante ni es un mito, sino que demostró con su vida, muerte y resurrección que era quien dijo ser: El Hijo de Dios. El testimonio y veracidad de sus palabras y acciones fueron tan contundentes que sus seguidores estuvieron dispuestos no solo a sufrir, sino también a morir por Él. De la misma manera, el testimonio documentado de sus discípulos y aún de historiadores no cristianos, confirman la historicidad de su vida y enseñanzas. Tan es así, que la historia misma se ha dividido en dos: antes de Cristo, y después de Cristo; y la Iglesia Cristiana alrededor del mundo ha sido el movimiento religioso más grande en la historia de la humanidad.

C. Desarrollo de la lección

1. Ante la pregunta de quién es Jesús, ¿qué dice el testimonio bíblico?

1. ¿Qué dijo Juan el Bautista?

"[29]*El siguiente día vio Juan a Jesús que venía a él, y dijo: He aquí el Cordero de Dios, que quita el pecado del mundo.*" (Juan 1:29)

Para un judío del siglo primero, esta declaración de Juan era a la vez comprensible e incomprensible. Por un lado, sabía que Juan se refería al cordero que era sacrificado como parte de los ritos del templo para cubrir con su sangre los pecados personales y del pueblo. Por otro lado, no podían comprender aún cómo aquel hombre podía ser el cordero que quitaría el pecado del mundo.

2. **¿Qué dijo Dios el Padre?**

"[16]Y Jesús, después que fue bautizado, subió luego del agua; y he aquí los cielos le fueron abiertos, y vio al Espíritu de Dios que descendía como paloma, y venía sobre él. [17]Y hubo una voz de los cielos, que decía: Este es mi Hijo amado, en quien tengo complacencia." (Mateo 3:16-17)

"[5]Mientras él aún hablaba, una nube de luz los cubrió; y he aquí una voz desde la nube, que decía: Este es mi Hijo amado, en quien tengo complacencia; a él oíd." (Mateo 17:5)

En estos pasajes, tanto el Padre como el Espíritu Santo están presentes dando testimonio de que Jesús era el Hijo de Dios. El Padre se complace en su Hijo porque vino a hacer su voluntad, y dice, "a Él oíd", confirmando que le ha otorgado plena autoridad para hablar de parte de Él.

3. **¿Qué decían los demonios?**

"[23]Pero había en la sinagoga de ellos un hombre con espíritu inmundo, que dio voces, [24]diciendo: ¡Ah! ¿qué tienes con nosotros, Jesús nazareno? ¿Has venido para destruirnos? Sé quién eres, el Santo de Dios. [25]Pero Jesús le reprendió, diciendo: ¡Cállate, y sal de él!" (Marcos 1:23-25)

"[6]Cuando vio, pues, a Jesús de lejos, corrió, y se arrodilló ante él. [7]Y clamando a gran voz, dijo: ¿Qué tienes conmigo, Jesús, Hijo del Dios Altísimo? Te conjuro por Dios que no me atormentes." (Marcos 5:6-7)

Es interesante notar que mientras los intelectuales y poderosos de la época no quisieron reconocer a Jesús como Mesías, sino que le tachaban de endemoniado (Marcos 3:22), los mismos demonios sabían quién era aquel a quien se estaban enfrentando, y se sometían a su autoridad.

4. **¿Qué dijeron sus discípulos antes de su muerte y resurrección?**

"[41]Entonces temieron con gran temor, y se decían el uno al otro: ¿Quién es éste, que aun el viento y el mar le obedecen?" (Marcos 4:41)

En un principio, los discípulos no sabían qué pensar sobre este hombre que hacía señales nunca vistas.

"[16]Respondiendo Simón Pedro, dijo: Tú eres el Cristo, el Hijo del Dios viviente." (Mateo 16:16)

Luego de casi tres años de andar con Jesús, de ver sus señales, y escuchar sus enseñanzas, a Pedro le es revelado quien verdaderamente es Jesús. No es solo un maestro o hacedor de maravillas, ni siquiera un gran profeta, es el Hijo de Dios.

5. **¿Qué dijeron sus discípulos después de la resurrección?**

   a. **Tomás**

   "[28]Entonces Tomás respondió y le dijo: ¡Señor mío, y Dios mío!" (Juan 20:28)

En esta declaración, Tomás le reconoció como Señor, y le adoró como a Dios mismo.

b. **Juan**

"Lo que era desde el principio, lo que hemos oído, lo que hemos visto con nuestros ojos, lo que hemos contemplado, y palparon nuestras manos tocante al Verbo de vida [2](porque la vida fue manifestada, y la hemos visto, y testificamos, y os anunciamos la vida eterna, la cual estaba con el Padre, y se nos manifestó); [3]lo que hemos visto y oído, eso os anunciamos, para que también vosotros tengáis comunión con nosotros; y nuestra comunión verdaderamente es con el Padre, y con su Hijo Jesucristo." (1 Juan 1:1-3)

c. **Pedro**

"[16]Porque no os hemos dado a conocer el poder y la venida de nuestro Señor Jesucristo siguiendo fábulas artificiosas, sino como habiendo visto con nuestros propios ojos su majestad. [17]Pues cuando él recibió de Dios Padre honra y gloria, le fue enviada desde la magnífica gloria una voz que decía: Este es mi Hijo amado, en el cual tengo complacencia." (2 Pedro 1:16-17)

Estos pasajes representan el testimonio de aquellos que conocieron a Jesús de primera mano. Hombres que caminaron y comieron con Él. Que vieron con sus propios ojos sus milagros y señales. Que escucharon sus enseñanzas directamente de Él. Son las palabras de discípulos que recibieron autoridad para sanar enfermos y echar fuera demonios. Ellos vieron saltar al cojo, escucharon hablar al mudo, vieron la sanidad del ciego, y la sanidad del leproso. Además, fueron testigos de muertos que fueron resucitados. Sus palabras son el testimonio de aquellos que fueron testigos de su vida, muerte y resurrección, y por eso podían decir: "les hablamos de aquello que vimos, oímos y palpamos". O sea, el Evangelio no se trata de cuentos de camino, fábulas o mitos, sino de hechos históricos de los que ellos fueron testigos. Su convicción fue tal que de ahí en adelante dedicaron su vida a la propagación de su mensaje haciendo las mismas señales que vieron hacer a Jesús.

6. **¿Qué dijo Jesús de sí mismo?**

"[6]*Jesús le dijo: Yo soy el camino, y la verdad, y la vida; nadie viene al Padre, sino por mí."* (Juan 14:6)

"[51]*Yo soy el pan vivo que descendió del cielo; si alguno comiere de este pan, vivirá para siempre; y el pan que yo daré es mi carne, la cual yo daré por la vida del mundo."* (Juan 6:51)

"[12]*Otra vez Jesús les habló, diciendo: Yo soy la luz del mundo; el que me sigue, no andará en tinieblas, sino que tendrá la luz de la vida."* (Juan 8:12)

"[9]*Yo soy la puerta; el que por mí entrare, será salvo; y entrará, y saldrá, y hallará pastos."* (Juan 10:9)

"[11]*Yo soy el buen pastor; el buen pastor su vida da por las ovejas."* (Juan 10:11)

"[25]*Le dijo la mujer: Sé que ha de venir el Mesías, llamado el Cristo; cuando él venga nos declarará todas las cosas.* [26]*Jesús le dijo: Yo soy, el que habla contigo."* (Juan 4:25-26)

"[3]*Enviaron, pues, las hermanas para decir a Jesús: Señor, he aquí el que amas está enfermo.* [4]*Oyéndolo Jesús, dijo: Esta enfermedad no es para muerte, sino para la gloria de Dios, para que el Hijo de Dios sea glorificado por ella."* (Juan 11:3-4)

"25 Le dijo Jesús: Yo soy la resurrección y la vida; el que cree en mí,
aunque esté muerto, vivirá. 26 Y todo aquel que vive y cree en mí,
no morirá eternamente. ¿Crees esto?" (Juan 11:25-26)

Jesús hizo declaraciones sobre sí mismo que eran muy difíciles de aceptar. Podemos imaginarnos a sus discípulos y al pueblo pensando: ¿Cómo este hombre puede decir que nadie puede llegar al Padre si no es por Él? ¿Qué es eso de que es la luz del mundo, la puerta de la salvación, y el pan vivo que descendió del cielo? Quien come su carne: ¿tiene vida eterna? ¿Cómo puede ser eso? ¿Quién se cree que es?

Sin embargo, Jesús no solo dijo que era el Mesías, el Hijo del Hombre y el Hijo de Dios, sino que respaldó sus palabras y enseñanzas por medio de numerosos milagros, señales y prodigios. De esta forma demostró que venía de parte de Dios para llevar a cabo la misión más importante en la historia de la humanidad: salvarnos del pecado, y reconciliarnos con Dios.

2. **¿Qué señales hizo Jesús que demostraron que era quien decía ser?**

   1. **Autoridad sobre la enfermedad**

      a. **Tocando a los enfermos**

      "13 Entonces, extendiendo él la mano, le tocó, diciendo: Quiero; sé limpio. Y al instante la lepra se fue de él." (Lucas 5:13)

b. **Tocando su manto**

"[35]Cuando le conocieron los hombres de aquel lugar, enviaron noticia por toda aquella tierra alrededor, y trajeron a él todos los enfermos; [36]y le rogaban que les dejase tocar solamente el borde de su manto; y todos los que lo tocaron, quedaron sanos." (Mateo 14:35-36)

c. **Diciendo la palabra**

"[8]Respondió el centurión y dijo: Señor, no soy digno de que entres bajo mi techo; solamente di la palabra, y mi criado sanará." (Mateo 8:8)

"[13]Entonces Jesús dijo al centurión: Ve, y como creíste, te sea hecho. Y su criado fue sanado en aquella misma hora." (Mateo 8:13)

d. **Formando lodo**

"[6]Dicho esto, escupió en tierra, e hizo lodo con la saliva, y untó con el lodo los ojos del ciego, [7]y le dijo: Ve a lavarte en el estanque de Siloé (que traducido es, Enviado). Fue entonces, y se lavó, y regresó viendo." (Juan 9:6-7)

2. **Autoridad sobre los demonios**

"[40]Al ponerse el sol, todos los que tenían enfermos de diversas enfermedades los traían a él; y él, poniendo las manos sobre cada uno de ellos, los sanaba. [41]También salían demonios de muchos, dando voces y diciendo: Tú eres el Hijo de Dios. Pero él los reprendía y no les dejaba hablar, porque sabían que él era el Cristo." (Lucas 4:40-41)

3. **Autoridad sobre la naturaleza**
"[38]*Y él estaba en la popa, durmiendo sobre un cabezal; y le despertaron, y le dijeron: Maestro, ¿no tienes cuidado que perecemos?* [39]*Y levantándose, reprendió al viento, y dijo al mar: Calla, enmudece. Y cesó el viento, y se hizo grande bonanza."* (Marcos 4:38-39)

4. **Autoridad sobre la muerte**
"[13]*Y cuando el Señor la vio, se compadeció de ella, y le dijo: No llores.* [14]*Y acercándose, tocó el féretro; y los que lo llevaban se detuvieron. Y dijo: Joven, a ti te digo, levántate.* [15]*Entonces se incorporó el que había muerto, y comenzó a hablar. Y lo dio a su madre."* (Lucas 7:13-15)

5. **Autoridad sobre el pecado**
"[24]*Pues para que sepáis que el Hijo del Hombre tiene potestad en la tierra para perdonar pecados (dijo al paralítico): A ti te digo: Levántate, toma tu lecho, y vete a tu casa."* (Lucas 5:24)

6. **Autoridad sobre la materia**
"[41]*Entonces tomó los cinco panes y los dos peces, y levantando los ojos al cielo, bendijo, y partió los panes, y dio a sus discípulos para que los pusiesen delante y repartió los dos peces entre todos.* [42]*Y comieron todos y se saciaron.* [43]*Y recogieron de los pedazos doce cestas llenas, y de lo que sobró de los peces."* (Marcos 6:41-43)

Jesús demostró sin duda alguna que su poder podía transformar la materia, multiplicarla y reproducirla en cualquier momento.

7. **Predijo su Muerte y resurrección**

"[21]Desde entonces comenzó Jesús a declarar a sus discípulos que le era necesario ir a Jerusalén y padecer mucho de los ancianos, de los principales sacerdotes y de los escribas; y ser muerto, y resucitar al tercer día." (Mateo 16:21)

8. **Resucitó de los muertos**

"[5]Mas el ángel, respondiendo, dijo a las mujeres: No temáis vosotras; porque yo sé que buscáis a Jesús, el que fue crucificado. [6]No está aquí, pues ha resucitado, como dijo. Venid, ved el lugar donde fue puesto el Señor. [7]E id pronto y decid a sus discípulos que ha resucitado de los muertos, y he aquí va delante de vosotros a Galilea; allí le veréis." (Mateo 28:5-7)

La resurrección de Jesús fue el evento culminante que confirmó su identidad como el Hijo de Dios y ha estado en el centro del mensaje de la iglesia como la mayor evidencia de que Jesús era quien decía ser. La tumba vacía, el testimonio de sus discípulos, la historia de la Iglesia y el testimonio de generaciones de cristianos confirman la resurrección de Jesús.

9. **Vidas transformadas**

"[13]Entonces viendo el denuedo de Pedro y de Juan, y sabiendo que eran hombres sin letras y del vulgo, se maravillaban; y les reconocían que habían estado con Jesús. [14]Y viendo al hombre que había sido sanado, que estaba en pie con ellos, no podían decir nada en contra." (Hechos 4:13-14)

"[19]Mas Pedro y Juan respondieron diciéndoles: Juzgad si es justo delante de Dios obedecer a vosotros antes que a Dios; [20]porque no podemos dejar de decir lo que hemos visto y oído. [21]Ellos entonces

les amenazaron y les soltaron, no hallando ningún modo de castigarles, por causa del pueblo; porque todos glorificaban a Dios por lo que se había hecho," (Hechos 4:19-21)

Conclusión

El encuentro con el Cristo resucitado transformó a los discípulos de ser personas inconstantes, inseguras y temerosas, a ser hombres de fe que con valor predicaban la palabra de Dios. Las experiencias que vivieron fueron de tal magnitud que aún se atrevieron a retar a las autoridades religiosas y políticas de su tiempo. La valentía de los discípulos y las señales que hacían en el nombre de Jesús impactaron al pueblo llevando a muchos a creer en Él. Ha sido sobre el testimonio de estos primeros creyentes que se ha levantado la Iglesia de Jesucristo a través de los siglos, pues el Cristo vivo sigue salvando y transformando las vidas.

D. Preguntas de reflexión

1. ¿Quién es Jesús para ti?

Posibles respuestas:

a. Salvador

b. Señor

c. Modelo máximo de amor y vida

d. Amigo

e. Consolador

f. Guía

g. Fortaleza

h. Sanador

i. Restaurador

j. Reconciliador con Dios y con el prójimo

2. ¿Quién es Jesús para algunas personas en este tiempo?

Posibles respuestas:

a. un maestro de moral.

b. alguien a quien busco cuando tengo problemas.

c. alguien que tiene "el deber" de prosperarme.

d. historias para que los niños duerman en la noche.

e. un personaje histórico que vivió hace mucho tiempo, pero, sin relevancia para el presente.

f. un mito.

g. Etc.

3. ¿Qué implica para nuestras vidas que Jesús sea nuestro Salvador y Señor?

Posibles respuestas:

a. Obediencia

b. Seguridad

c. Apoyo en las pruebas

d. Paz

e. Razón y sentido de la vida

4. ¿En qué condición nos encontraríamos si no hubiésemos conocido al Señor?

5. ¿Puede alguien testificar de algún milagro de sanidad en su vida o en su familia?

6. ¿Puede alguien hablarnos de cómo Cristo transformó su vida?

E. Oración de cierre

Oremos para que nuestra fe sea firme en afirmar que Jesús es verdaderamente el Hijo de Dios y Salvador del mundo. Oremos para que esta convicción, nos dé valor para compartir con otros la buena noticia de salvación.

Lección 25:
La Iglesia en la Historia de Nuestra Salvación
Hechos (c. 30 d.C. - 62 d.C.)

A. Textos clave (Hechos 1:6-8, Hechos 2:46-47)

"6Entonces los que se habían reunido le preguntaron, diciendo: Señor, ¿restaurarás el reino a Israel en este tiempo? 7Y les dijo: No os toca a vosotros saber los tiempos o las sazones, que el Padre puso en su sola potestad; 8pero recibiréis poder, cuando haya venido sobre vosotros el Espíritu Santo, y me seréis testigos en Jerusalén, en toda Judea, en Samaria, y hasta lo último de la tierra."

"46Y perseverando unánimes cada día en el templo, y partiendo el pan en las casas, comían juntos con alegría y sencillez de corazón, 47alabando a Dios, y teniendo favor con todo el pueblo. Y el Señor añadía cada día a la iglesia los que habían de ser salvos."

B. Introducción

Luego de su resurrección, Jesús se presentó a los apóstoles durante cuarenta días hablándoles sobre el reino de Dios (Hechos 1:3). Llegada la hora de su ascenso al cielo, Jesús les reunió para darles las últimas instrucciones: esperar en Jerusalén hasta que recibieran la promesa del Espíritu Santo. Fue en este momento que los discípulos le preguntaron si el reino de Israel sería restaurado en su tiempo. Por tres años, Jesús estuvo enseñándoles los misterios del reino de Dios, sin embargo, ellos aún pensaban que su misión futura tendría que ver con un reino temporal. Jesús fue categórico en su respuesta al indicarles que no les tocaba conocer los tiempos que están bajo el dominio del Padre. No obstante, les aclaró que su misión consistiría en ser sus testigos hasta lo último de la tierra. En otras palabras, llevar el mensaje de salvación a toda la humanidad.

Para llevar a cabo esta misión, Jesús les prometió que recibirían el poder del Espíritu Santo, pues sabía que por sus propias fuerzas no les sería posible cumplir con tal encomienda. El Espíritu Santo vendría para acompañarlos, guiarles y capacitarles para continuar la obra que habían comenzado con Jesús en la tierra. En el Antiguo Testamento, la misión de dar a conocer a Dios a las naciones le correspondía al pueblo de Israel. Ahora, en la continuación del plan de Dios para nuestra salvación, la misión le correspondería a la Iglesia, un cuerpo compuesto por judíos y no-judíos salvados por la fe en Jesucristo, y guiados por el Espíritu Santo.

El libro de los Hechos nos narra el nacimiento de la Iglesia el día de Pentecostés cuando los discípulos recibieron la promesa del Espíritu Santo. Asimismo, nos relata los inicios de la expansión de la Iglesia desde Jerusalén hacia el resto del mundo.

C. Desarrollo de la lección

1. Eventos claves en el nacimiento y expansión de la iglesia narrados en el libro de los Hechos

1. Inicios de la iglesia en Jerusalén y Samaria

a. Jesús se apareció a sus discípulos por cerca de cuarenta días hablándoles acerca del Reino de Dios.

b. Jesús reunió a sus discípulos en un monte cerca de Jerusalén, y les dio instrucciones de permanecer en la ciudad hasta que recibieran la promesa del Espíritu Santo.

c. Jesús ascendió al cielo ante la vista de los discípulos congregados en el monte.

d. Los discípulos regresaron a Jerusalén según las instrucciones recibidas.

e. Diez días después de la ascensión de Jesús se celebraba el día de Pentecostés (cincuenta días después de la pascua), una de las tres principales fiestas judías, que atraía a Jerusalén a miles de peregrinos procedentes de todas partes del mundo conocido.

f. Éste fue el día que Dios escogió para enviar la promesa del Espíritu Santo sobre cerca de ciento veinte discípulos, de manera que miles de personas de distintos lugares del imperio fueran testigos de este momento.

g. La manifestación del derramamiento del Espíritu Santo a través de un viento recio, la aparición de lenguas como de fuego sobre los discípulos, y su capacidad de hablar en idiomas que no conocían, conmocionó a los peregrinos de la ciudad, quienes se preguntaban qué significaba lo que estaba ocurriendo.

h. Lo más extraño, era que cada uno los oía hablar en su propia lengua *"las maravillas de Dios"* (Hechos 2:11).

i. Pedro se levantó y le predicó a la multitud diciendo que lo que ellos veían era el cumplimiento de la promesa del profeta Joel, de que en los postreros días Dios derramaría de su Espíritu sobre toda carne (Joel 2:28).

j. Pedro continuó su predicación acusándolos de ser responsables de la muerte de Jesús, a quien Dios levantó de los muertos, y le había hecho Señor y Cristo.

k. Pedro exhortó a la multitud a arrepentirse y bautizarse para perdón de pecados.

l. Ante el llamado de Pedro, se convirtieron y bautizaron cerca de tres mil personas, iniciando así la Iglesia de Jesucristo.

m. Los convertidos perseveraban en la doctrina de los apóstoles, en la comunión unos con otros, en el partimiento del pan y en las oraciones (Hechos 2:42).

n. Los primeros discípulos en Jerusalén vivían en comunidad, compartiendo sus bienes, y repartiendo a cada uno de acuerdo con sus necesidades.

o. El Señor añadía cada día a la Iglesia los que habían de ser salvos (Hechos 2:47b).

p. La sanidad de un cojo en el templo, por los apóstoles Pedro y Juan, provocó un segundo gran discurso de Pedro en donde se convirtieron cerca de cinco mil personas.

q. Los apóstoles enfrentaron oposición y persecución de parte de los líderes religiosos, quienes les amenazaron para que no predicaran más en el nombre de Jesús. No obstante, los apóstoles se afirmaron en obedecer a Dios antes que a los hombres (Hechos 5:29).

r. Los apóstoles hacían muchas señales y maravillas, incluyendo diversos milagros de sanidad, gozaban del favor del pueblo, predicaban cada día en el templo, y el número de creyentes seguía aumentando.

s. Ante el aumento del trabajo debido al creciente número de discípulos, la Iglesia eligió a siete diáconos para que se encargaran de los aspectos administrativos, de manera que los apóstoles pudieran dedicarse a la predicación y enseñanza.

t. Uno de los diáconos llamado Esteban se distinguió por hacer prodigios y señales ante el pueblo, además de por su sabiduría al predicar.

u. Los líderes judíos apresaron a Esteban con acusaciones falsas, y finalmente fue ejecutado por lapidación.

v. Tras el martirio de Esteban, vino una gran persecución que esparció a los cristianos a otras ciudades más allá de Jerusalén.

w. Felipe (otro de los siete diáconos nombrados por la iglesia y conocido más adelante como Felipe, el evangelista), luego del martirio de Esteban, predicó el evangelio en Samaria, provocando allí un gran avivamiento.

x. La Iglesia en Jerusalén se alegró de lo sucedido en Samaria y enviaron al apóstol Pedro para afirmar la obra comenzada por Felipe.

2. **Conversión de Saulo**

a. Saulo de Tarso, un fariseo muy celoso de la ley y de las costumbres del judaísmo se constituyó en perseguidor de la iglesia.

b. Ocupado en esto, pidió cartas a los líderes religiosos de Jerusalén para perseguir a los cristianos en la ciudad de Damasco.

c. Cuando iba camino a Damasco, el Señor se le reveló de forma extraordinaria en el camino, y le llamó para ser apóstol del evangelio para los gentiles, o sea, los no-judíos.

d. Saulo respondió al llamado e inmediatamente comenzó a dar testimonio de su conversión en las sinagogas de Damasco y Jerusalén, testificando de su encuentro con el Cristo resucitado, afirmando que Jesús era el Mesías prometido por los profetas.

e. Debido a su testimonio a favor de Jesús, los judíos procuraron matarlo, pero los hermanos lo enviaron a Tarso, su ciudad natal.

3. **Alcanzando a los gentiles (no-judíos)**

   a. Pedro, estando en Jope, tuvo una visión para que aceptara y fuera a predicarle a un centurión romano llamado Cornelio, sin rechazarlo por ser pagano. Esto representó la primera vez que el Evangelio fue predicado a los gentiles.

   b. Mientras Pedro predicaba en casa de Cornelio, éste, y los otros gentiles que estaban en la reunión, recibieron la promesa del Espíritu Santo, hablando en lenguas al igual que los discípulos en Pentecostés. Esto asombró a Pedro, quien entendió que Dios no hace acepción de personas entre judíos y gentiles.

   c. La Iglesia en Jerusalén, dirigida por Santiago (hermano de Jesús por parte de madre), le cuestionó a Pedro el haber entrado a la casa de un hombre gentil, lo que no era correcto dentro de las costumbres del judaísmo.

   d. Pedro les narró la visión que lo llevó a la casa de Cornelio, y les habló de su asombro al ver que los gentiles también recibieron el Espíritu Santo.

   e. Ante el testimonio de Pedro, la Iglesia se alegró porque los gentiles también habían recibido la oportunidad de arrepentimiento para vida y salvación.

   f. Los discípulos que fueron esparcidos tras el martirio de Esteban llegaron a distintas ciudades predicando el Evangelio tan solo a judíos, pero los que llegaron a Antioquía también les predicaron a los gentiles.

   g. Como resultado de la predicación en Antioquía, se convirtió un gran número de personas gentiles.

h. La Iglesia en Jerusalén supo lo que estaba ocurriendo en Antioquía, y enviaron a un discípulo llamado Bernabé para evaluar la obra y afirmarlos en la fe.

i. La llegada de Bernabé fue de gran bendición, y muchas personas se añadieron a la iglesia.

j. Bernabé fue a Tarso a buscar a Saulo para que le ayudase en el discipulado de la Iglesia en Antioquía. Estuvieron allí por cerca de un año edificando a los hermanos.

k. A los discípulos se les llamó cristianos por primera vez en Antioquía (Hechos 11:26).

4. **Los viajes misioneros de Pablo y sus compañeros**

   a. Estando en Antioquía, Saulo y Bernabé fueron llamados por el Espíritu Santo a iniciar viajes misioneros por las regiones de Asia, Acaya y Macedonia.

   b. En su primer viaje misionero, Bernabé y Saulo (llamado Pablo de aquí en adelante), fundaron iglesias en las ciudades de Antioquía de Pisidia, Iconio, Listra y Derbe, ubicadas en Asia Menor (conocida hoy día como Turquía).

   c. La estrategia utilizada por Pablo y sus compañeros en los viajes misioneros consistía en predicar primero en la sinagoga judía de donde surgían los primeros convertidos, y luego a los gentiles. De esta forma dejaban establecida en cada ciudad una iglesia compuesta por judíos y gentiles con ancianos (pastores) a cargo de éstas.

d. Las iglesias establecidas con esta estrategia, se convertían a su vez en iglesias misioneras, estableciendo nuevas congregaciones en la ciudad y en las regiones cercanas.

e. El mensaje de Pablo y Bernabé se centraba en anunciar que: a) Jesús era el Mesías prometido por los profetas b) Dios dio testimonio de esto al resucitarlo de entre los muertos c) por medio del arrepentimiento y la fe en Jesús se consigue perdón de pecados d) la buena noticia de salvación es para judíos y gentiles.

f. Su mensaje conllevó tanto aceptación, como oposición, por parte de judíos y gentiles ante las autoridades romanas. Esto incluyó persecución, cárcel y castigo corporal.

g. Completado el primer viaje misionero, Pablo y Bernabé regresaron a Antioquía, y después de un tiempo iniciaron un segundo viaje misionero.

h. Debido a un desacuerdo entre Pablo y Bernabé (por causa de Juan Marcos quien los abandonó en el primer viaje misionero), éstos se separaron quedando Bernabé con Juan Marcos de compañero rumbo a Chipre, mientras que Pablo, escogiendo a Silas, salió rumbo a Asia Menor y Grecia.

i. En su segundo viaje misionero Pablo fundó las iglesias de Filipos, Tesalónica, Berea y Corinto en regiones que hoy son parte de Grecia, y la iglesia de Éfeso en Asia Menor.

j. Las iglesias fundadas por Pablo y sus compañeros de ministerio fueron de gran influencia en la expansión del evangelio, y en la fundación de varias iglesias en las regiones de Asia Menor (Turquía), Macedonia (Grecia) y Acaya (Grecia).

k. Pablo llevó a cabo un tercer viaje misionero que se centró en fortalecer y consolidar las iglesias ya establecidas, especialmente en Éfeso, donde pasó unos tres años.

l. Luego de su estadía prolongada en Éfeso, Pablo visitó las iglesias en Grecia, y luego se propuso regresar a Jerusalén.

m. En su viaje a Jerusalén se detuvo en distintos puertos, y tuvo la oportunidad de ministrar y confirmar a los hermanos que venían a recibirle.

5. **Arresto de Pablo: De Jerusalén a Roma**

a. Una vez en Jerusalén Pablo visitó a los líderes de la Iglesia, y les contó las maravillas que Dios había hecho entre los gentiles a través de su ministerio.

b. Luego de unos días, Pablo fue al templo en donde fue identificado por judíos de Asia quienes lo acusaron falsamente de hablar en contra de sus leyes y costumbres, y de haber entrado gentiles al templo, lo que era castigado con muerte.

c. Los judíos sacaron a Pablo del templo con violencia, y procuraban matarlo, causando un gran alboroto en la ciudad.

d. Ante el alboroto, la guardia romana intervino impidiendo la muerte de Pablo a manos de los judíos, pero fue arrestado por el tribuno romano.

e. El tribuno trajo a Pablo ante el Concilio de líderes judíos para saber de qué le acusaban.

f. Pablo se percató de que parte del Concilio eran fariseos (que creen en la resurrección de los muertos), y otra parte saduceos (que no creen en la resurrección). Así que, al presentar su defensa, astutamente, dijo que estaba siendo juzgado por su esperanza en la resurrección de los muertos.

g. Sus palabras dividieron la asamblea con unos a favor y otros en contra de Pablo, lo que causó un gran desorden pues no se ponían de acuerdo. La asamblea fue suspendida, y Pablo fue devuelto a prisión.

h. Estando Pablo en prisión, los judíos tramaron un complot para traerle de vuelta al Concilio y matarlo en el camino, pero esto llegó a oídos del tribuno, quien lo envió a la ciudad de Cesarea (capital de la provincia de Judea) para ser juzgado por Félix, el gobernador romano.

i. Félix hizo venir a los líderes judíos para escuchar sus acusaciones contra Pablo. Luego de escucharlos no encontró nada que fuera contrario a las leyes romanas. Aún así lo mantuvo en prisión por dos años para congraciarse con los judíos hasta que fue relevado por el gobernador Festo.

j. Festo llegó a Jerusalén y los judíos presentaron sus acusaciones nuevamente contra Pablo, tratando de que fuera traído a Jerusalén para tenderle una emboscada en el camino.

k. Festo les dijo que él se dirigía a Cesarea, y les invitó para que presentaran su caso allá, frustrando así sus planes, sin saberlo.

l. Una vez en Cesarea, Pablo fue traído ante Festo y los judíos, quienes presentaron muchas acusaciones que no pudieron probar. Festo, para congraciarse con ellos, le preguntó a Pablo que si quería ir a Jerusalén para ser juzgado allá.

m. Pablo, consciente de que su vida correría peligro en Jerusalén, se negó, y apeló a ser juzgado en la corte de César (el emperador), a lo que tenía derecho como ciudadano romano. El emperador de ese momento era Nerón.

n. Festo no tuvo más remedio que acceder a su petición, e hizo los arreglos para enviarlo a Roma bajo la custodia de soldados romanos.

o. Se estima que Pablo estuvo preso cerca de cinco años desde su encarcelamiento en Cesarea hasta su llegada a Roma. En este tiempo, Pablo fue sometido a varios juicios, en donde tuvo la ocasión de testificar de Cristo ante autoridades romanas y judías.

p. Algunos consideran el viaje de Cesarea a Roma como el cuarto viaje misionero de Pablo. Aunque iba como prisionero, tuvo flexibilidad para predicar, y fortalecer a los creyentes en cada lugar donde se detenían, en un viaje que duró al menos seis meses por mar.

q. Incluso en Roma, Pablo estuvo en prisión domiciliaria por dos años en donde tuvo libertad total para enseñar y predicar el evangelio con aquellos que le visitaban.

r. El libro de los Hechos cierra con Pablo preso en Roma esperando a ser juzgado.

s. El libro de los Hechos nos muestra solo una parte de la expansión de la Iglesia desde sus inicios en Jerusalén, hasta expandirse más allá del imperio romano, con los apóstoles Pedro y Pablo como los actores principales.

t. Según varias tradiciones, el resto de los apóstoles llevó el mensaje del evangelio a diversas regiones del mundo antiguo, incluyendo partes de Europa, Asia Menor, África del Norte, India y más allá.

u. Aunque muchas de estas tradiciones se basan en relatos no bíblicos, reflejan la extensión global temprana del cristianismo a través del trabajo de los apóstoles, y de la segunda generación de discípulos.

6. **La Iglesia: un proyecto de Dios**

a. La Iglesia no es un proyecto humano, ni un accidente histórico, ni tampoco un fenómeno social. En la Biblia vemos con claridad que la Iglesia siempre ha sido parte del plan maestro de Dios como anunciadora de las buenas noticias de salvación, y para la edificación de los creyentes.

b. La palabra Iglesia nace del griego "ekklesía", que significa asamblea pública o reunión. En este caso, la asamblea o reunión de los creyentes en Cristo Jesús.

c. La Iglesia ha sido fundada por la voluntad expresa de Jesús (Mateo 16:18).

d. Al hablar de Iglesia nos referimos a todos los que confiesan a Jesús como Señor y Salvador en todo el mundo, y en todas las edades, no a una denominación o grupo en particular. En este sentido, la Iglesia de Jesucristo es una sola y católica, que significa: universal.

e. Siendo que cada uno de nosotros somos iglesia, podemos decir que la Iglesia de Jesucristo se manifiesta en varios niveles: personal, congregacional, denominacional y universal.

f. Cuando nos reunimos para adorar a Dios somos iglesia. Pero cuando estamos solos o desparramados en nuestro diario vivir, seguimos siendo Iglesia.

g. La Iglesia se reúne con cinco propósitos principales: adoración, edificación, apoyo mutuo, confraternización y evangelización:

    i. *Adoración* – Juan 4:20-24, Efesios 5:19, Colosenses 3:16

    ii. *Edificación* – 1 Corintios 14:26, Hechos 5:42

    iii. *Apoyo mutuo* – Gálatas 6:2, Efesios 4:2, Efesios 4:32, Efesios 5:21

    iv. *Confraternización* – Hebreos 10:24-25, Salmo 133:1, Hechos 2:46, Romanos 12:10

    v. *Evangelización* – Marcos 16:15-18, 1 Pedro 2:9, Hechos 1:8

h. Los escritores del Nuevo Testamento utilizaron varias imágenes para describir a la Iglesia:

i. *Cuerpo de Cristo* – Efesios 1:22-23, Romanos 12:5, 1 Corintios 10:17, 1 Corintios 12:12-27

ii. *Esposa de Cristo* – 2 Corintios 11:2, Apocalipsis 19:7, Apocalipsis 22:17

iii. *Templo de Dios* – Efesios 2:20-22, 1 Pedro 2:5-6

iv. *Real sacerdocio* – 1 Pedro 2:9

v. *Columna y baluarte de la verdad* – 1 Timoteo 3:15

2. **La misión de la iglesia en el plan maestro de Dios**

1. **Ser testigos de Cristo**

"...y me seréis testigos en Jerusalén, en toda Judea, en Samaria, y hasta lo último de la tierra." (Hechos 1:8b)

Un testigo es una persona que da testimonio sobre algo de lo que tiene directo y verdadero conocimiento. Nosotros damos testimonio al mundo de la obra que Dios ha hecho en nuestras vidas, y en la vida de aquellos que han recibido a Jesús como Señor y Salvador.

2. **Hacer discípulos a todas las naciones**

"[19]Por tanto, id, y haced discípulos a todas las naciones, bautizándolos en el nombre del Padre, y del Hijo, y del Espíritu Santo; [20]enseñándoles que guarden todas las cosas que os he mandado; y he aquí yo estoy con vosotros todos los días, hasta el fin del mundo." (Mateo 28:19-20)

Nuestra misión como cristianos no se limita a predicar, sino que tenemos que ir más allá y hacer discípulos. Es decir, enseñarles a los creyentes a reflejar el carácter de Cristo en sus vidas y que, a su vez, le enseñen a otros a ser discípulos.

3. **Ser agentes de reconciliación**

"[18] Y todo esto proviene de Dios, quien nos reconcilió consigo mismo por Cristo, y nos dio el ministerio de la reconciliación; [19] que Dios estaba en Cristo reconciliando consigo al mundo, no tomándoles en cuenta a los hombres sus pecados, y nos encargó a nosotros la palabra de la reconciliación." (2 Corintios 5:18-19)

Un reconciliador es alguien que logra que dos personas restablezcan su relación de amistad. La Biblia nos enseña que el ser humano está enemistado con Dios a causa del pecado. En otras palabras, el pecado nos separa de Dios. Pero, la buena noticia es que por medio de Cristo podemos reconciliarnos con nuestro creador, y a su vez, convertirnos en agentes de reconciliación.

4. **Ser embajadores de Cristo**

"[20] Así que, somos embajadores en nombre de Cristo, como si Dios rogase por medio de nosotros; os rogamos en nombre de Cristo: Reconciliaos con Dios." (2 Corintios 5:20)

Un embajador es el representante de un país ante otro, y habla en nombre de los líderes que le nombraron. Los cristianos somos representantes de Cristo ante el mundo, y hablamos en su nombre, rogando a hombres y mujeres que se reconcilien con Dios, pues sabemos que este es un asunto de vida eterna o muerte eterna.

5. **Ser representantes del Reino de Dios en la tierra**
"[13]Él nos ha librado del dominio de las tinieblas y nos ha trasladado al reino de su amado Hijo." (Colosenses 1:13)

La Iglesia es vista como la comunidad de los creyentes que participa del Reino, lo representa, y tiene autoridad espiritual en el mundo, mientras espera la plenitud del Reino en el futuro.

3. **Características de la iglesia primitiva necesarias para llevar a cabo su misión (Hechos 2:42-47 versión Nueva Traducción Viviente)**

a. Todos los creyentes se dedicaban a las enseñanzas de los apóstoles,

b. a la comunión fraternal,

c. a participar juntos en las comidas (entre ellas, la Cena del Señor),

d. y a la oración.

e. Un profundo temor reverente vino sobre todos ellos,

f. y los apóstoles realizaban muchas señales milagrosas y maravillas.

g. Todos los creyentes se reunían en un mismo lugar y compartían todo lo que tenían.

h. Vendían sus propiedades y posesiones, y compartían el dinero con aquellos en necesidad.

i. Adoraban juntos en el templo cada día,

j. se reunían en casas para la Cena del Señor

k. y compartían sus comidas con gran gozo y generosidad,

l. todo el tiempo alabando a Dios

m. y disfrutando de la buena voluntad de toda la gente.

n. Y cada día el Señor agregaba a esa comunidad cristiana los que iban siendo salvos.

Todas estas características son necesarias y pertinentes para la edificación y crecimiento de la Iglesia en todas las edades. Exhortamos a los maestros y facilitadores a promover una discusión de grupo para evaluar:

- **¿Cuáles de estas características entienden que están presentes de alguna manera en su congregación actual?**
- **¿Cuáles de estas características están presentes, pero se pueden mejorar? ¿Cómo podemos mejorar?**
- **¿Cuáles de estas características no están presentes, y qué se debe hacer para hacerlas realidad?**

D. Preguntas de reflexión

1. ¿Crees que estamos llevando a cabalidad la misión encomendada por Jesús como parte de su plan maestro para esta generación? ¿Estamos alcanzando nuevas vidas y haciendo discípulos?

2. ¿Cómo compara el fervor evangelístico de la iglesia primitiva con el de la iglesia de hoy?

3. ¿Qué piensas de aquellos que fueron antes de nosotros, a través de los cuales hemos recibido el mensaje de Jesucristo?

4. ¿Qué legado queremos dejarles a las generaciones que vienen después de nosotros con respecto al evangelio?

5. ¿Qué piensas cuando decimos que la Iglesia es una y universal?

6. La Iglesia se reúne para adoración, edificación mutua, confraternización, apoyo mutuo y evangelización. ¿Crees que estamos viviendo estos propósitos como iglesia?

7. ¿Cómo podemos ser testigos, embajadores, agentes de reconciliación y discípulos en medio de nuestras actividades diarias?

8. ¿Cómo puede ser la Iglesia un agente de reconciliación en medio de un tiempo de profunda división social?

9. ¿Cómo puede la Iglesia equilibrar la evangelización con el respeto por otras creencias y culturas?

10. ¿Es posible ser Iglesia a plenitud sin congregarnos?

E. Oración de cierre

Demos gracias a Dios por la bendición de ser parte de la Iglesia de Jesucristo y miembros los unos de los otros. Oremos para que, como cuerpo de Cristo, demos siempre un testimonio de amor, unidad y consagración. Oremos para que seamos fieles en nuestra misión de alcanzar al mundo para Cristo bajo la unción y el poder del Espíritu Santo.

CONOCE LA HISTORIA BÍBLICA
El Camino a Nuestra Salvación

—

Lección 26:
Culmina la Historia: Cielo Nuevo y Tierra Nueva

A. Texto clave (Apocalipsis 21:1-3)

"Vi un cielo nuevo y una tierra nueva; porque el primer cielo y la primera tierra pasaron, y el mar ya no existía más. ²Y yo Juan vi la santa ciudad, la nueva Jerusalén, descender del cielo, de Dios, dispuesta como una esposa ataviada para su marido. ³Y oí una gran voz del cielo que decía: He aquí el tabernáculo de Dios con los hombres, y él morará con ellos; y ellos serán su pueblo, y Dios mismo estará con ellos como su Dios."

B. Introducción

En la lección número veintidós reflexionamos sobre el Reino de Dios, y mencionamos que en las enseñanzas de Jesús el Reino tiene dos dimensiones, una presente y otra futura. En aquella lección, nos enfocamos en los aspectos del tiempo presente. En esta clase, al llegar a lo que será la culminación del plan de Dios para la salvación del ser humano, hablaremos sobre la dimensión futura. Decíamos en la clase de referencia, que el Reino de Dios se hace presente a partir del ministerio de Jesus, pero que la culminación de su Reino sucederá cuando Cristo venga en gloria por segunda vez a establecer un nuevo orden de amor, justicia y paz.

El Dr. Justo González usa una analogía que me parece muy apropiada para comprender cómo el Reino es a la vez presente y futuro. Cuando somos niños y ponen nuestro regalo de navidad debajo del árbol, sabemos que ese regalo es nuestro, pero no podemos abrirlo, verlo, ni disfrutarlo, hasta que llegue el día de Navidad y nos lo entreguen. Sin embargo, eso no impide que desde que vemos el regalo, tenemos la certeza de que es nuestro y sentimos alegría y anticipación de lo mucho que vamos a disfrutar cuando tengamos el regalo en nuestras manos. De la misma manera, desde este tiempo presente, y en virtud de las promesas de Jesus, y la presencia de su Espíritu en nosotros, podemos experimentar el gozo de aquello que el Señor nos ha prometido.

Nuestra esperanza suprema como creyentes en Cristo Jesus consiste en la certeza de que: 1) Jesús volverá por nosotros 2) resucitaremos de los muertos 3) tendremos vida eterna 4) estaremos con el Señor por toda la eternidad 5) esperamos un cielo nuevo y una tierra nueva.

Veamos qué nos dice la Biblia sobre estas verdades que representan la recompensa suprema que el Señor ha prometido a los que le aman.

Antes de continuar, debemos aclarar que hay distintas escuelas teológicas e interpretaciones sobre cómo sucederán los eventos que tienen que ver con el fin de los tiempos, especialmente sobre el orden de los eventos que culminarán con cielo nuevo y tierra nueva (Apocalipsis 21). El propósito de esta clase no es entrar en estas diferencias doctrinales sino más bien afirmar y celebrar lo que será el resultado final de la historia para los hijos de Dios: la victoria del bien sobre el mal, y la vida eterna con nuestro Señor y Salvador Jesucristo.

C. Desarrollo de la lección

1. Certeza de que Jesús volverá por nosotros

"[31] Cuando el Hijo del Hombre venga en su gloria, y todos los santos ángeles con él, entonces se sentará en su trono de gloria, [32] y serán reunidas delante de él todas las naciones; y apartará los unos de los otros, como aparta el pastor las ovejas de los cabritos. [33] Y pondrá las ovejas a su derecha, y los cabritos a su izquierda. [34] Entonces el Rey dirá a los de su derecha: Venid, benditos de mi Padre, heredad el reino preparado para vosotros desde la fundación del mundo." (Mateo 25:31-34)

"[27] Entonces verán al Hijo del Hombre, que vendrá en una nube con poder y gran gloria. [28] Cuando estas cosas comiencen a suceder, erguíos y levantad vuestra cabeza, porque vuestra redención está cerca." (Lucas 21:27-28)

"[10] Y estando ellos con los ojos puestos en el cielo, entre tanto que él se iba, he aquí se pusieron junto a ellos dos varones con vestiduras blancas, [11] los cuales también les dijeron: Varones galileos, ¿por qué estáis mirando al cielo? Este mismo Jesús, que ha sido tomado de vosotros al cielo, así vendrá como le habéis visto ir al cielo." (Hechos 1:10-11)

"[7] He aquí que viene con las nubes, y todo ojo le verá, y los que le traspasaron; y todos los linajes de la tierra harán lamentación por él. Sí, amén." (Apocalipsis 1:7)

Mientras que la primera venida de Jesús fue marcada por humildad, servicio, y sacrificio, enfocada en la redención del pecado, su segunda venida será en gloria y poder, con el propósito de establecer su Reino eterno y juzgar al mundo. Ambas venidas son aspectos esenciales del plan de salvación y el cumplimiento de las promesas de Dios. Veamos los contrastes más significativos entre la primera y la segunda venida de Jesús.

a. **Propósito de la Venida**

i. *Primera Vez:*

Jesús vino como Salvador para ofrecer redención a la humanidad. Su misión principal era reconciliar al ser humano con Dios a través de su vida, muerte y resurrección. Así se estableció el plan de la salvación, con la consumación de la muerte de Jesús en la cruz. Él se presenta como el Cordero de Dios que quita el pecado del mundo (Juan 1:29).

Se enfocó en enseñar sobre el Reino de Dios, llamar al arrepentimiento, y mostrar el amor de Dios (Marcos 1:14-15).

ii. *Segunda Vez:*

Jesús regresará como Rey y Juez para establecer plenamente el Reino de Dios y juzgar a vivos y muertos. Su propósito será restaurar la justicia divina, poner fin al pecado y el mal, y establecer un reino eterno de paz (Mateo 25:31-46, Apocalipsis 19:11-16).

b. **Forma de Manifestación**

i. *Primera Vez:*

Jesús vino en humildad, naciendo como un niño en un establo en Belén (Lucas 2:7). Fue un evento humilde y no pomposo. Su vida estuvo marcada por la sencillez, el sufrimiento y el sacrificio (Filipenses 2:5-8).

ii. *Segunda Vez:*

Jesús vendrá con gloria y poder. Su regreso será visible para todo el mundo, con ángeles y acompañado de señales cósmicas (Mateo 24:30, Apocalipsis 1:7). No será un evento oculto o humilde, sino lleno de gloria.

c. **Recepción por la Humanidad**

i. *Primera Vez:*

Jesús fue rechazado por muchos de su tiempo, especialmente por las autoridades religiosas y civiles. Aunque tuvo seguidores, muchos no reconocieron su identidad como el Mesías (Juan 1:10-11).

ii. *Segunda Vez:*

En su regreso, no habrá ambigüedad sobre su identidad. Todo ojo le verá y todas las naciones reconocerán quién es Él (Apocalipsis 1:7). Los creyentes lo recibirán con alegría, mientras que aquellos que lo rechazaron enfrentarán juicio (Mateo 25:31-32).

d. **Relación con el Pecado**

i. *Primera Vez:*

Jesús vino para llevar sobre sí el pecado del mundo y ofrecer el perdón a través de su sacrificio en la cruz (Juan 3:16, Hebreos 9:28). Fue la solución de Dios para el problema del pecado.

ii. *Segunda Vez:*

Jesús vendrá a erradicar completamente el pecado y el mal. No vendrá a ofrecer perdón, sino a ejecutar justicia y juicio sobre el pecado y sus consecuencias. A la vez establecer su reino de paz y justicia con los santos redimidos (2 Tesalonicenses 1:7-10, Apocalipsis 20:11-15).

e. **Relación con el Reino de Dios**

i. *Primera Vez:*

Jesús inauguró el Reino de Dios a través de su ministerio, enseñando que el Reino estaba cerca (Mateo 4:17), y demostrando su poder mediante milagros y señales. Sin embargo, el Reino no se estableció completamente en ese momento.

ii. *Segunda Vez:*

Jesús vendrá para establecer completa y visiblemente el Reino de Dios. Habrá una transformación total del orden presente, trayendo una nueva creación y un gobierno eterno donde reinará sobre todo (Apocalipsis 21:1-4).

f. **Efecto en los Creyentes**

i. *Primera Vez:*

Jesús trajo salvación y redención a través de su sacrificio en la cruz, dando a los creyentes acceso a una relación restaurada con Dios y la promesa de la vida eterna (Efesios 1:7).

ii. *Segunda Vez:*

En su Segunda Venida, los creyentes recibirán la plenitud de la salvación. Los muertos en Cristo resucitarán y aquellos que estén vivos serán transformados (1 Tesalonicenses 4:16-17). Vivirán eternamente con Él en su reino glorificado.

g. **Sufrimiento vs. Gloria**

i. *Primera Vez:*

Jesús vino como Siervo sufriente, experimentando dolor, rechazo y muerte en la cruz (Isaías 53:3-5). Fue sometido a juicio y humillación por los hombres.

ii. *Segunda Vez:*

Vendrá en gloria y majestad como el Rey soberano y Juez justo. No sufrirá más, sino que juzgará a las naciones y establecerá su reino de paz y justicia (Apocalipsis 19:11-16).

h. **Tiempo de Esperanza vs. Tiempo de Juicio**

i. *Primera Vez:*

La primera venida fue un tiempo de gracia y oportunidad, en el que las personas podían arrepentirse y aceptar la salvación ofrecida por Jesús (Lucas 19:10).

ii. *Segunda Vez:*

La segunda venida será un tiempo de juicio. Ya no habrá más oportunidades de arrepentimiento; será el momento en que se determine el destino eterno de todas las personas (Mateo 25:31-46, Apocalipsis 20:11-15).

2. **Certeza de que resucitaremos**

"[39]Y esta es la voluntad del Padre, el que me envió: Que de todo lo que me diere, no pierda yo nada, sino que lo resucite en el día postrero. [40]Y esta es la voluntad del que me ha enviado: Que todo aquél que ve al Hijo, y cree en él, tenga vida eterna; y yo le resucitaré en el día postrero." (Juan 6:39-40)

"[54]El que come mi carne y bebe mi sangre, tiene vida eterna; y yo le resucitaré en el día postrero." (Juan 6:54)

"[13]Pero teniendo el mismo espíritu de fe, conforme a lo que está escrito: Creí, por lo cual hablé, nosotros también creemos, por lo cual también hablamos, [14]sabiendo que el que resucitó al Señor Jesús, a nosotros también nos resucitará con Jesús, y nos presentará juntamente con vosotros." (2 Corintios 4:13-14)

"[51]He aquí, os digo un misterio: No todos dormiremos; pero todos seremos transformados, [52]en un momento, en un abrir y cerrar de ojos, a la final trompeta; porque se tocará la trompeta, y los muertos serán resucitados incorruptibles, y nosotros seremos transformados. [53]Porque es necesario que esto corruptible se vista de incorrupción, y esto mortal se vista de inmortalidad." (1 Corintios 15:51-53)

Siendo que la muerte es la separación de nuestro ser espiritual del cuerpo físico, la resurrección conlleva el que nuestra alma será revestida de un nuevo cuerpo glorificado e incorruptible. Tener un cuerpo glorificado implica las siguientes cosas:

a. **Inmortalidad:** Seremos libres de la muerte, el envejecimiento y la enfermedad.

b. **Perfección física y espiritual:** Nuestros cuerpos serán fuertes, gloriosos y en completa armonía con el espíritu.

c. **Participación en la gloria de Cristo:** El cuerpo glorificado será como el cuerpo resucitado de Jesús.

d. **Capacidad para disfrutar plenamente del Reino de Dios:** Seremos aptos para habitar en la nueva creación.

El cuerpo glorificado es la culminación de nuestra redención, una restauración perfecta del ser humano para vivir en comunión eterna con Dios.

3. **Certeza de que tendremos vida eterna**

"[16]Porque de tal manera amó Dios al mundo, que ha dado a su Hijo unigénito, para que todo aquel que en él cree, no se pierda, mas tenga vida eterna." (Juan 3:16)

"[25]Le dijo Jesús: Yo soy la resurrección y la vida; el que cree en mí, aunque esté muerto, vivirá. [26]Y todo aquel que vive y cree en mí, no morirá eternamente. ¿Crees esto?" (Juan 11:25-26)

"[11]Y este es el testimonio: que Dios nos ha dado vida eterna; y esta vida está en su Hijo. [12]El que tiene al Hijo, tiene la vida; el que no tiene al Hijo de Dios no tiene la vida." (1 Juan 5:11-12)

La vida eterna implica vencer el temor a la muerte, alcanzar la herencia que Dios ha prometido a los santos, y vivir libres del pecado para siempre. El gozo y la paz que anhelamos con todo nuestro corazón serán eternos en la presencia de Dios. Compartiremos la adoración a Dios con los ángeles, y tendremos comunión con nuestros hermanos en Cristo por toda la eternidad. Allá en la eternidad nos reencontraremos con nuestros seres queridos y amigos que se nos adelantaron al encuentro con Dios.

4. **Certeza de que estaremos con el Señor por la eternidad**

"No se turbe vuestro corazón; creéis en Dios, creed también en mí. [2]En la casa de mi Padre muchas moradas hay; si así no fuera, yo os lo hubiera dicho; voy, pues, a preparar lugar para vosotros. [3]Y si me fuere y os preparare lugar, vendré otra vez, y os tomaré a mí mismo, para que donde yo estoy, vosotros también estéis." (Juan 14:1-3)

"[24]Padre, aquellos que me has dado, quiero que donde yo estoy, también ellos estén conmigo, para que vean mi gloria que me has dado; porque me has amado desde antes de la fundación del mundo." (Juan 17:24)

"[16]Porque el Señor mismo con voz de mando, con voz de arcángel, y con trompeta de Dios, descenderá del cielo; y los muertos en

Cristo resucitarán primero. [17]Luego nosotros los que vivimos, los que hayamos quedado, seremos arrebatados juntamente con ellos en las nubes para recibir al Señor en el aire, y así estaremos siempre con el Señor. [18]Por tanto, alentaos los unos a los otros con estas palabras." (1Tesalonicenses 4:16-18)

Los primeros dos versículos citados se dan en el contexto de la conversación que tiene Jesús con sus discípulos justo antes de ser arrestado. Jesús les dijo que tenía que irse pero que ellos no podían seguirle a donde Él iba. Esto les causó gran tristeza y confusión. Aún no habían comprendido lo que les había predicho en el sentido de que sería arrestado por los principales sacerdotes y los escribas y que sería condenado a muerte.

Como respuesta a sus temores, Jesús les exhorta más que nada a creer en Él, y les asegura que la separación será temporera pues regresará por ellos. Cuando regrese, les tomará consigo, para que participen de su gloria y de las moradas celestiales que fue a preparar para ellos. Esta promesa es para todos los creyentes, y la confirma el apóstol Pablo en su carta a los tesalonicenses cuando dice que llegado el momento, el Señor mismo descenderá del cielo, nos levantará y estaremos siempre con el Señor (1 Tesalonicenses 4:16-18). Nuestro anhelo no es solo tener vida eterna, sino disfrutarla en la presencia del Señor que nos amó, y dio su vida por nosotros.

5. **Cielo Nuevo y Tierra Nueva: Culminación del Reino de los Cielos**

Lamentablemente, el pecado ha torcido este mundo con antivalores en donde prevalecen el egoísmo, la explotación de unos por otros, y la injusticia. Se justifica la guerra, la violencia y la represión como necesarias para "mantener la paz". A diario, vemos noticias que presentan el sufrimiento de la humanidad debido a enfermedades, plagas, desastres naturales, hambrunas, guerras y corrupción. El enemigo de las almas, quien es padre de toda mentira (Juan 8:44), se ha dedicado a *"hurtar, matar y destruir"* (Juan 10:10).

Vemos todo esto y nos preguntamos: ¿hasta cuándo, Señor? Debemos tener claro que aun cuando es nuestro deber luchar contra toda injusticia y promover un mundo de amor, el mundo de paz y armonía que anhelamos no lo veremos hasta que lleguemos a la plenitud del Reino de Dios al final de los tiempos. Esta plenitud consistirá en una nueva creación: Cielo Nuevo y Tierra Nueva. El Reino de Dios implica no solo la restauración final del ser humano, sino que también implica la restauración de toda la creación en el orden perfecto de Dios.

El apóstol Pablo habló sobre la futura redención de la creación afectada por el pecado cuando escribió:

> *"[21]porque también la creación misma será libertada de la esclavitud de corrupción, a la libertad gloriosa de los hijos de Dios. [22]Porque sabemos que toda la creación gime a una, y a una está con dolores de parto hasta ahora; [23]y no sólo ella, sino que también nosotros mismos, que tenemos las primicias del Espíritu, nosotros también gemimos dentro de nosotros mismos, esperando la adopción, la redención de nuestro cuerpo."* (Romanos 8:21-23)

Todo será renovado y glorificado. Dios mismo vivirá con su pueblo en este nuevo mundo perfecto. Al final de los tiempos, los redimidos por la sangre de Cristo veremos el cumplimiento de lo que anticipó el apóstol Pedro cuando dijo:

"[13]Pero nosotros esperamos, según sus promesas, cielos nuevos y tierra nueva, en los cuales mora la justicia." (2 Pedro 3:13)

En resumen, el Cielo Nuevo y la Tierra Nueva serán el escenario final en el que el Reino de Dios, que comenzó en los corazones de los creyentes con la llegada de Jesús, será culminado y establecido de manera permanente. Será el nuevo estado eterno en el que vivirán los redimidos de Dios, libres de pecado, en una creación restaurada. La esperanza de esta nueva creación debe alentarnos en los momentos de prueba, pues como dijo el apóstol Pablo tras sufrir un sinnúmero de vicisitudes en su ministerio: tenemos *"por cierto que las aflicciones del tiempo presente no son comparables con la gloria venidera que en nosotros ha de manifestarse"* (Romanos 8:18).

a. **¿Cómo será el Reino de Dios?**

   i. **Una nueva creación**

   "Vi un cielo nuevo y una tierra nueva; porque el primer cielo y la primera tierra pasaron, y el mar ya no existía más." (Apocalipsis 21:1)

   ii. **Moraremos en la presencia de Dios**

   "[2]Y yo Juan vi la santa ciudad, la nueva Jerusalén, descender del cielo, de Dios, dispuesta como una esposa ataviada para su marido. [3]Y oí una gran voz del cielo que decía: He aquí el tabernáculo de Dios con los hombres, y él morará con ellos; y ellos serán su pueblo, y Dios mismo estará con ellos como su Dios." (Apocalipsis 21:2-3)

iii. **No habrá muerte, ni sufrimiento**

"[4]Enjugará Dios toda lágrima de los ojos de ellos; y ya no habrá muerte, ni habrá más llanto, ni clamor, ni dolor; porque las primeras cosas pasaron." (Apocalipsis 21:4)

iv. **Todas las cosas serán hechas nuevas**

"[5]Y el que estaba sentado en el trono dijo: He aquí, yo hago nuevas todas las cosas. Y me dijo: Escribe; porque estas palabras son fieles y verdaderas." (Apocalipsis 21:5)

v. **Bendiciones que no podemos ni imaginar**

"[9]Antes bien, como está escrito:

Cosas que ojo no vio, ni oído oyó,
Ni han subido en corazón de hombre,
Son las que Dios ha preparado para los que le aman."

(1 Corintios 2:9)

vi. **Derrota definitiva de Satanás**

"[10]Y el diablo que los engañaba fue lanzado en el lago de fuego y azufre, donde estaban la bestia y el falso profeta; y serán atormentados día y noche por los siglos de los siglos." (Apocalipsis 20:10)

vii. **La salvación es gratuita (por medio de la fe), pero también seremos recompensados de acuerdo con nuestras obras**

"[12]He aquí yo vengo pronto, y mi galardón conmigo, para recompensar a cada uno según sea su obra." (Apocalipsis 22:12)

viii. **Será un lugar de salud y vida**

"[2]En medio de la calle de la ciudad, y a uno y otro lado del río, estaba el árbol de la vida, que produce doce frutos, dando cada mes su fruto; y las hojas del árbol eran para la sanidad de las naciones." (Apocalipsis 22:2)

El árbol de la vida que estaba en el paraíso, que nos fue negado debido a la caída del hombre, lo vemos ahora en Apocalipsis, accesible a los salvados en Cristo, trayendo salud y vida.

6. **Estando convencidos de estas cosas: ¿qué debemos hacer?**

a. **Confiar en que, aunque el camino del creyente está lleno de pruebas y tribulaciones, al final tendremos la victoria si nos mantenemos fieles**

"[57]Mas gracias sean dadas a Dios, que nos da la victoria por medio de nuestro Señor Jesucristo.

[58]Así que, hermanos míos amados, estad firmes y constantes, creciendo en la obra del Señor siempre, sabiendo que vuestro trabajo en el Señor no es en vano." (1 Corintios 15:57-58)

b. **Cuidar de nuestra salvación con diligencia**

"[13]Pero nosotros esperamos, según sus promesas, cielos nuevos y tierra nueva, en los cuales mora la justicia.

[14]Por lo cual, oh amados, estando en espera de estas cosas, procurad con diligencia ser hallados por él sin mancha e irreprensibles, en paz." (2 Pedro 3:13-14)

c. **No descuidar una salvación tan grande**

"Por tanto, es necesario que con más diligencia atendamos a las cosas que hemos oído, no sea que nos deslicemos. [2]Porque si la palabra dicha por medio de los ángeles fue firme, y toda transgresión y desobediencia recibió justa retribución, [3]¿cómo escaparemos nosotros, si descuidamos una salvación tan grande? La cual, habiendo sido anunciada primeramente por el Señor, nos fue confirmada por los que oyeron, [4]testificando Dios juntamente con ellos, con señales y prodigios y diversos milagros y repartimientos del Espíritu Santo según su voluntad." (Hebreos 2:1-4)

d. **Renunciar a la puerta ancha y entrar por la puerta estrecha**

"[13]Entrad por la puerta estrecha; porque ancha es la puerta, y espacioso el camino que lleva a la perdición, y muchos son los que entran por ella; [14]porque estrecha es la puerta, y angosto el camino que lleva a la vida, y pocos son los que la hallan." (Mateo 7:13-14)

e. **Procurar que todos conozcan el camino de salvación**

"[13]porque todo aquel que invocare el nombre del Señor, será salvo.

[14]¿Cómo, pues, invocarán a aquel en el cual no han creído? ¿Y cómo creerán en aquel de quien no han oído? ¿Y cómo oirán sin haber quien les predique? [15]¿Y cómo predicarán si no fueren enviados? Como está escrito: ¡Cuán hermosos son los pies de los que anuncian la paz, de los que anuncian buenas nuevas!" (Romanos 10:13-15)

D. Preguntas de reflexión

1. ¿Qué produce en ti la esperanza de vivir en un mundo sin injusticias?

2. ¿Qué sientes ante la esperanza de un mundo sin dolor, enfermedades, ni conflictos?

3. ¿Qué significa para ti proteger nuestra salvación con diligencia?

4. ¿Por qué crees que son más los que van por el camino ancho que lleva a la perdición, versus aquellos que van por el camino estrecho que lleva a la vida?

5. ¿Qué cosas podrían ser una amenaza para nuestra salvación?

6. ¿Sientes que desde ahora estas viviendo algún anticipo o adelanto del Reino de Dios?

7. ¿Cuán responsable te sientes por la salvación de quienes te rodean?

E. Oración de cierre

Oremos dando gracias a Dios por la esperanza gloriosa de vida eterna en Cristo Jesús, en cielo nuevo y nueva tierra, en donde no habrá más llanto, dolor, ni sufrimiento, sino solo gozo y paz en el Señor.

PALABRAS FINALES DEL AUTOR

Deseo con todo mi corazón que esta serie de lecciones haya sido de bendición para tu vida, al conocer con mayor claridad el plan trazado por Dios para la redención de la humanidad. Más importante aún, oro para que hayas comprendido que este plan, nacido del amor de Dios para con nosotros, fue puesto en marcha hace siglos con el solo propósito de que tú y yo podamos ser salvos por medio de Jesucristo. En su infinito amor y misericordia, Dios trazó un camino para reconciliarnos consigo mismo a través del sacrificio de su amado Hijo. Estando plenamente conscientes de esta verdad, nos corresponde entonces responder a su oferta de perdón y salvación con amor, gratitud, obediencia y fidelidad.

***"Porque de tal manera amó Dios al mundo, que ha dado a su Hijo unigénito, para que todo aquel que en él cree, no se pierda, mas tenga vida eterna."* (Juan 3:16)**

¡Que Dios te bendiga!

Krenly Cruz Medina

REFERENCIAS BIBLIOGRÁFICAS

- (1960). *Santa Biblia (Reina-Valera).* Sociedades Bíblicas Unidas.
- (1966). *Santa Biblia (Dios Habla Hoy).* Sociedades Bíblicas Unidas.
- (1995). *Vox Diccionario Escolar de la Lengua Española.* Biblograf, S.A.
- VV.AA. (1997). *Nuevo Diccionario Bíblico.* Ediciones Certeza.
- González, J. L. (2010). *Diccionario manual teológico.* Editorial CLIE.
- Cruz Medina, K. (2021). *Discípulos como el Maestro.* Editorial Buena Semilla.

Acerca del autor

Krenly Cruz Medina

Krenly Cruz Medina es farmacéutico licenciado, graduado de la Escuela de Farmacia de la Universidad de Puerto Rico. Por cuarenta años trabajó en la industria farmacéutica con compañías multinacionales, entre ellas, Upjohn Manufacturing Company, Roche Products Inc. y Johnson & Johnson. Trabajando para Johnson & Johnson ocupó posiciones de liderato desde gerente de área hasta la posición de Gerente de Planta, y Gerente General, en cuatro de sus operaciones de manufactura farmacéutica en Puerto Rico. En los últimos diez años de carrera con Johnson & Johnson ocupó la posición de Director Senior de Compras, apoyando las plantas de manufactura en Puerto Rico de los sectores farmacéutico, dispositivos médicos y consumo; así como, las del sector farmacéutico en Brazil y México. Como parte de su rol en el área de compras desempeñó funciones relacionadas con el desarrollo de suplidores, compras de bienes y servicios, y compra de materia prima, además de participar en varios proyectos especiales.

Desde su juventud, Krenly Cruz ha participado activamente en la vida de iglesia de su denominación sirviendo a nivel local, y nacional en varios ministerios, especialmente en las áreas de: música, educación cristiana, educación en mayordomía, evangelismo y administración. Por más de cuarenta años ha servido como maestro de escuela bíblica, enseñando a grupos de jóvenes, nuevos creyentes, líderes, y matrimonios, en los fundamentos de la fe cristiana y el servicio cristiano. Como resultado de su experiencia como maestro de Biblia ha publicado dos libros, a saber: *"Discípulos como el Maestro – Creciendo en la Vida Cristiana"* y el presente trabajo, *"Conoce la Historia Bíblica – El Camino a Nuestra Salvación"*. Krenly Cruz es un apasionado de la historia, especialmente la historia eclesiástica, lo que le ha llevado a publicar dos libros relacionados con eventos trascendentales en la historia de la iglesia cristiana en Puerto Rico: *"Historia del Avivamiento del '33 de los Discípulos de Cristo en Puerto Rico"*, y *"Para ustedes es la promesa – Historia del Avivamiento de los '70 en Puerto Rico"*.

Krenly Cruz está casado con la Rvda. Dra. Marta Ramírez, con quien reside en Bayamón, su pueblo natal en la isla de Puerto Rico. Krenly y Marta son los orgullosos padres de una hija y dos hijos, así como los felices abuelos de dos nietas y dos nietos. Inspirado en sus nietos, publicó el libro *"Historias del Yucayeque – Cuentos Taínos"* con historias didácticas para niños.

Para comunicarse con Krenly Cruz Medina y obtener más información sobre estas publicaciones, puede contactarle por medio de su correo electrónico: **krenlysr@gmail.com**

Made in the USA
Columbia, SC
27 May 2026